U0944942

裴广发，1945年农历正月初二出生于辽宁省葫芦岛市南票区暖池塘镇。1969年7月于吉林工业大学机械二系管理专业毕业后留校工作。教授、国务院政府特殊津贴专家。被中共中央组织部等5单位授予“全国普通高等学校优秀思想政治工作者”称号。享受省（部）级劳动模范待遇。历任吉林工业大学团委书记、党委学生工作部部长、校党委副书记，燕山大学党委书记，深圳中机实业开发中心总经理、党委书记，深圳中机实业有限公司董事长、总经理、党委书记。现任华夏文化促进会裴氏委员会理事会理事长，吉林大学深圳校友会名誉会长。已出版的代表著作有《大学生思想品德修养讲话》《思想政治工作原理》《春华桃李》《十年深圳路》《我在燕山大学》《峥嵘岁月》《广发诗集》。《千年荣显》是作者的最新作品。

裴广发 编著

# 千年荣昱

燕山大学出版社
·秦皇岛·

图书在版编目（CIP）数据

千年荣显 / 裴广发编著 .—秦皇岛：燕山大学出版社，2020.12
ISBN 978-7-5761-0136-2

Ⅰ . ①千… Ⅱ . ①裴… Ⅲ . ①家族—史料—中国Ⅳ . ① K820.9

中国版本图书馆 CIP 数据核字（2020）第 241469 号

# 千年荣显

裴广发 编著

出 版 人：陈 玉
责任编辑：裴立超
出版发行：燕山大学出版社 YANSHAN UNIVERSITY PRESS
地　　址：河北省秦皇岛市河北大街西段 438 号
邮政编码：066004
电　　话：0335-8387555
印　　刷：深圳市彩之龙印刷技术有限公司
经　　销：全国新华书店

开　本：700mm × 1000mm 1/16　　印　张：23　　字　数：268 千字
版　次：2020 年 12 月第 1 版　　印　次：2020 年 12 月第 1 次印刷
书　号：ISBN 978-7-5761-0136-2
定　价：88.00 元

# 序言

泱泱五千年之中华古国，孕育了一代又一代华夏子孙，造就了一批又一批民族精英。且不说五十六个民族五十六朵花，都在中华民族百花园中争奇斗艳，仅就汉族百家姓中的诸多姓氏而言，也大多可以列举出其家族中很多造福国家民族的翘楚骄子。这些优秀人物早已成为激励后人奋发进取的楷模典范，具有超越时空的感召力量。

裴氏家族显于汉魏，盛于隋唐，曾是显赫数朝的名门望族。裴氏先贤人物灿若群星，在政治、经济、军事、文化、历史、艺术、科技诸方面都作出了杰出贡献，不仅为当世之人所称道，而且也借此载入史册。正因为如此，毛泽东主席曾赞叹过裴氏家族千年荣显！追昔怀远，作为族人后裔，每念及此，难免心潮澎湃，既感仰之弥高，也觉与有荣焉！

古往今来，优秀人物的成长，无不得益于优秀传统文化的滋养和良好家风家教的熏陶。大到四书五经中的家国情怀和修齐治平理论，小到各种“家书”“治家格言”“诫子书”“劝学篇”中的名言警句，都早已脍炙人口，深入人心。

天下国家，本同一理，天下之本在国，国之本在家，家之本在身。家风是建立在中华文化之根上的族群认同，是流淌在家族成员血液中的教育基因。诚如习近平主席所言：“家风好，就能家道兴盛、和顺美满；家风差，难免殃及子孙、贻害社会。”无论沧海桑田、时代变迁，培养千千万万在生活中闪耀真善美光芒的人，造就千千万万在工作中为国家民族作出贡献的人，都需要从每个家庭做起，都需要从优秀家风的传承开始。只有正家风家教，才能树清风正气，育时代新人。

我认为，在了解众多裴氏宰相和大将军文治武功故事的同时，应该更多地关注“千年荣显”背后的家风传承特点和人才辈出效应，这才更是本书的价值所在。

广发教授钟情历史文化，退而未休，于古稀之年，披阅三载，潜心梳理人物故事，重点归纳家风家训，写成《千年荣显》，读来引人入胜，令人受益良多。其敬祖修德的宏愿和成就，可敬可佩！

相信本书的出版，能够对良好家风的传承和优秀文化的弘扬起到应有的积极作用。

是为序。

裴显鼎
最高人民法院审判委员会
专职委员、二级大法官
2020 年 7 月 12 日

# 代序

党的十八大以来，习近平总书记在多种场合讲到家庭建设和家风问题，他说：“家庭是社会的基本细胞，是人生的第一所学校。不论时代发生多大变化，不论生活格局发生多大变化，我们都要重视家庭建设，注重家庭、注重家教、注重家风。”他要求：“各级领导干部要带头抓好家风，做好家风建设的表率。”习近平总书记的这个重要思想，抓住了当前影响党风政风建设的一个关键点。

所谓家风，我认为，说到底就是一个家族、一个家庭的价值观，这种价值观可以内涵于先人们留下的家训家规之中，也可以表现在父辈的一言一行之中。家风是有形的，但也是无形的。家规家训可以写在纸上，可以刻在碑上，是一种有形的文化。言传身教是无形的，是潜移默化、传帮带的一个实践。这两者共同构成了家风传承。

从功能作用上讲，家风既是私事，也是公事。家风连着民风、社风、政风，家事连着国事、政事、天下事。中国传统文化强调修身齐家治国平天下，有深刻的文化内涵和实践基础，一个人只有先修身齐家，然后才能治国平天下。很多实践证明，好的家风，可以造就、成就一个人；坏的家风，则可以毁掉一个家庭，甚至一个家族。

从党风政风来讲，家风是基础，抓家风、促民风，家是最小国，国是千万家。家风不正，则政风难正、党风难正。如何培育良好家风？一靠自律，二靠他律。所谓自律，就是要把齐家作为修心养性的必修课。在日常工作生活中，孝顺父母、夫妻和睦，通过言传身教为家庭成员当楷模，这是家风的最低要求。对于领导干部来讲，仅仅做到这一点还是不够的，关键是言行一致，不要做“两面人”，要为部属作表率。

所谓他律，就是组织要为领导干部的家风划定底线，设定高压线。

新修订的《中国共产党廉洁自律准则》《中国共产党纪律处分条例》，对领导干部“修身齐家”都提出了要求，划定了底线。这些重大的历史性进步，也抓住了解决家风问题的关键所在。习主席讲：“有规定就要执行，否则就会成为稻草人。”这就给我们各级党组织提了个醒：家风既是私事也是公事，要敢于触及，敢于碰硬，对家风不正的干部及时问责，对败坏家风的干部坚决处理。

以上代为《千年荣显》序言。

裴怀亮

国防大学原校长、上将

2020 年 6 月 15 日

# 目 录

# 第一篇
# 将 相 世 家

# 第一章 裴氏起源

参天之木，必有其根，怀山之水，必有其源。河东裴氏也有自己的祖先，也在一代又一代地传述着祖先历史的悠长、艰难和辉煌。

## 一、颛顼裔孙、伯益之后

华夏民族的历史，要从三皇五帝说起。三皇者，燧人氏、伏羲氏、神农氏是也。五帝者，黄帝、帝颛顼、帝喾、帝尧、帝舜是也。裴氏家族的起源，离不开伯益。

《史记·秦本纪》开头便说："秦之先，帝颛顼之苗裔孙曰女修。"女修生大业，大业娶女华生大费。据《史记·正义》记载，大业即皋陶；《史记·索隐》记载，大费即是伯益。

颛顼是黄帝之孙，伯益是颛顼之后裔。《尚书》称益，《史记》称大费、柏翳、伯翳，《世本》《汉书》称化益、伯益。虞舜时，伯益与大禹同时为官，因善于狩猎与畜牧，被任为虞官，负责治理山泽、管理草木，并佐舜调驯鸟兽。由于他有丰富的实践经验，熟悉鸟兽习性，鸟兽多被其驯服，因而在畜牧方面多有建树，被舜赐嬴姓。

夏桀之时，伯益的后人费昌投奔商族，为商汤驾车，并参加了商汤发动的推翻夏朝的战争，在鸣条之战中打败了夏桀。商朝建立后，其后人孟戏、仲衍也为商朝做事。因为"遂世有功，以佐殷国，故嬴姓多显；遂为诸侯。"特别是他的后人中潏，为保卫殷的边陲，来到渭水中游一带。其子蜚廉、孙恶来，都忠诚地服侍于殷纣王，以致后来武王伐纣，并杀恶来，蜚廉则为殷人殉死于霍太山。

蜚廉有子曰季胜，季胜有子曰孟增。孟增之孙造父因为擅长驾驭，成了周缪王的车夫。周缪王曾经到西方巡游，为他驾车的就是造父。造父驾驭技术精湛，赶的车可以日行千里，很讨周缪王的欢喜，在平定徐国叛乱中立了功劳。据《史记·秦本纪》记载："造父以善御幸于周缪王，得骥温骊骅骝騄耳之驷，西巡狩，乐而忘归。徐偃王作乱，造父为缪王御，长驱归周，一日千里以救乱。"后被封赵城（今山西省洪洞县赵城镇），这样，造父就成了赵姓的始祖。

非子是造父的侄孙，特别善于养马。周孝王时，由于战争的需要，他对养马业十分重视，于是，他把非子招来，让他在汧水和渭水汇合处（今陕西宝鸡一带）的平原上主管养马之类的事宜。非子对马调教有方，马群繁殖很快，周孝王对非子十分赏识，便将非子的异母弟成封于秦（今甘肃天水附近），作为周王的一个附庸，继承嬴氏血缘，号称秦嬴。周天子还允许他们在"秦"筑城。据《史记·秦本纪》载："非子居犬丘，好马及畜，善养息之。犬丘人言之周孝王，孝王召使主马于汧渭之间，马大繁息……于是孝王曰：'昔伯翳为舜主畜，畜多息，故有土，赐姓嬴。今其后世亦为朕息马，朕其分土为附庸。'邑之秦，使复续嬴氏祀，号曰秦嬴。"尽管为"附庸"，但嬴氏在这时的地位高了许多，使衰落数百年的嬴氏不仅改变了奴隶身份，而且有了封地。秦之得名，从此开始。于是非子便成为秦姓的始祖。

欧阳修在《新唐书·宰相世系表》的序言中说："非子之支孙封𨛬乡，因以为氏，今闻喜裴城是也。六世孙陵，当周僖王之时，封为解邑君，乃去'邑'从'衣'为裴。裴，衣长貌。"可见，从姓氏源流上说，嬴、赵、秦、裴出自同一祖先，都是伯益之后。

陵公

**二、解“谁是裴氏一世始祖”之疑**

欧阳修在阐述裴陵是裴氏始祖的同时，还提出：“一云晋平公封颛顼之孙鍼于周川之裴中，号裴君，疑不可辨。”

究竟裴氏的一世始祖是裴陵还是裴君嬴鍼呢？欧阳修不能决断。对此，闻喜人，近代“戊戌六君子”之一的杨深秀在所撰《闻喜县志斠》中分辨说：

“周川即《竹书》所称晋献公二十五年狄人伐晋周，有白兔舞于市，《水经》涑水又西过周原，今其地乃与裴城毗邻，俱在闻喜县境。二说实不相悖，永叔何疑之有！”

有人说，杨深秀的分辨没有解决问题。那么，这个问题怎样才能解决呢？有人又提出了新的论据，那就是唐代河东裴氏碑刻、墓志提供了一些证据，以此来证明裴鍼是裴氏的始祖。其内容如下：

《裴抣墓志》：“其先，帝颛顼之苗裔，周封为秦，秦景公母弟曰鍼者，始居于晋，平公邑之同川之裴中，因而得姓。”

《李公故夫人河东裴氏墓志》：“昔秦鍼出奔，晋封受氏，厥后繁衍，贤良间生。”

《于公故夫人裴氏墓志》：“初，伯益为虞，以掌山泽，自任好有国以霸诸侯。鍼适晋食裴，因以命氏。”

《裴宥墓志》：“其先，秦景公之母弟，自秦归晋，封于同川，因而得姓。”

《裴耀卿神道碑》：“伯益裔孙非子，周封于秦。自桓公少子鍼，去国食采于晋，其邑曰蜚，遂为氏焉。”

以上墓志资料大致可以从《春秋》《左传》和《史记》等先秦和汉代的史籍中得到证实。

秦公子鍼，又名伯车，后子，秦穆公之玄孙，秦桓公之子，秦景公之弟。秦景公统治时期，秦的国势衰弱，在与晋国的对抗中，秦屡吃败仗。秦景公二十七年（前550年），景公亲自到晋国，与晋平公重结盟好。然而景公回秦后又背弃了这次秦晋之盟。公元前549年，晋国又派韩起到秦。秦景公三十年（前547年），秦国也派后子鍼到晋国谋求媾和。后子鍼代表秦国执行这次重大的外交使命，说明他在当时秦国政治上的重要地位和外交才干。

这时，在外交活动中显露锋芒的后子鍼在国内的噩运却开始了。后子鍼的母亲担心景公会加害于他，就让他赶快逃离秦国。秦景公三十六年（前541年），后子鍼出奔晋国，带着千乘车辆，作为送给晋侯的礼物。当时，楚公子干也出奔在晋。按照晋国的规定，上大夫来了，给一卒之田，即100名奴隶和100顷田。秦楚二位公子都是上大夫，所以都给予一卒之田。

后子鍼身在晋国，心系秦国。秦景公四十年（前537年）卒，子哀公立。公元前536年，后子鍼又回到了秦国。秦后子鍼在晋国前后6年。这些碑刻、墓志及这段历史，说明了裴鍼这个人在历史上的真实存在，并且在晋国同川之裴中，因邑命氏，被称为裴公。他虽然回秦国去了，但是在晋国的同川之裴中，留下了他的后代。

历史记录可以因为史料的阙如而出现空白，但历史的发展绝不会因为史料的缺失而出现空白。在文字记录并不发达的年代，后子鍼的后人在只知道有裴鍼而不知道有裴陵的情况下，认定裴鍼是裴氏始祖并不奇怪。但是，当历史的发展补充了裴陵真实存在的史料之后，再重新审视谁是裴氏的一世始祖，那就另当别论了。

为什么在裴氏家族的族谱中，都认定裴陵就是裴氏家族的一世始祖呢？要回答这个问题，必须搞清以下三点：

**第一，𨛬乡侯与裴陵是什么关系？**

根据欧阳修在《裴氏世系表》的序言表述，许多书都把陵公当作是非子的六世孙。那么，陵公到底是不是非子的六世孙呢？让我们回到非子后世所处的年代进行一下考究。周宣王六年（前

822年)，周宣王封非子的四世孙、秦的首领秦仲公为大夫，命他率秦人去西方攻打戎狄，秦仲公在伐戎中丧命。仲公的五个儿子、非子的五世孙，在秦庄公的带领下，又领兵七千人伐西戎得胜。周宣王因功封秦庄公为西垂大夫，封仲公的小儿子梁康于夏阳的梁山(今陕西澄城县东北)，号梁康伯，史称“西梁”，成为梁姓的始祖。就在这一年(前822年)，周宣王封非子的又一后人为蒀乡侯。至于乡侯为什么受封，他是不是秦仲公没有留下名字的三个儿子之一，现在尚无资料可以证明，但乡侯与庄公、梁康是同一辈分，都是非子的五世孙，这一点是明确的。当陵公被封为解邑君时，已经进入了周僖王时代，也就是公元前681年，此时，正是秦德公、秦出公的时间段。秦德公、秦出公都是非子的十世孙，所以，陵公应该是非子的十世孙，是蒀乡侯的六世孙。关于这一观点，一些历史资料可作为佐证。唐朝杜光庭编著的《道德真经广圣义》里，作者引用了李氏大宗谱的一部分内容，原文是这样的：“谥曰非公，至宣王赐姓裴氏。”另外，裴倖度也说：“按象陆氏谱，系以颛项为一世，至二十二世非子之孙封蒀乡侯，二十七世陵，周僖王封解邑君。”从二十二世到二十七世，也充分说明，陵公是蒀乡侯的六世孙。

那么，蒀乡侯是否是一个真实存在的历史人物呢？除了《新唐书·宰相世系表》中有翔实的记载，一些出土文物也告诉了我们历史的真相。目前，在博物馆馆藏的文物中，晋南曾出土了带有“蒀乡器”三个字的陶罐。另外，在《大唐故金紫光禄大夫吏部尚书□□□□□□留守东都贞孝公赠司空裴府君(裴遵庆690—775年)神道碑铭并序》中就有这样的记载：“非子之后，则封蒀乡，遂以为氏。”上述资料足以证明，蒀乡侯是一个真实存在的历史人物，裴氏的直接起源是：非子之支孙蒀乡侯。遗憾的是，在现有的历史资料中，没有留下乡侯的个人名讳，到了乡侯的六世孙陵公，才有了裴氏始祖的名讳。

陵公虽然被封为解邑君，但世居裴城。陵公不忘故土，不忘祖先，改邑从衣，既没有改变古时以封乡侯为氏的礼制，又显示了自己爵位变化而带来的衣饰上的变化。在春秋时期，有国、邑、关、乡、亭五等封地。裴陵被封为解邑君，其爵位已由六世祖的乡侯跨级升迁为邑君，这意味着，无论在社会上还是在家族内，他的身份和地位等级都得到了提升，获得了穿着君服的待遇。裴字，衣长貌，既保留了萉乡侯时地名的发音，保留了非字，表明是非子的后代，又显示了裴氏家族在社会地位上的不同。裴陵，不仅是“裴”字文化的创始人，也是裴姓源头的继承人。萉乡侯，作为裴氏起源的地位是毋容置疑的。但是，萉乡侯的具体名讳我们目前尚不得知。何况，今天的裴姓的“裴”，是从裴陵开始的。因此，我们只能说，裴姓的一世始祖是源于萉乡侯，始于陵公。到目前为止，只能称陵公为裴姓的一世始祖，这是历史上存在的事实。

**第二，裴陵与裴鍼的关系？**

前面已经说过，裴鍼受晋平公所封之地是同川之裴中。因为“裴”字是从裴陵而始的，没有裴陵之“裴”，何来裴中之“裴”？可见，裴中是裴陵后人居住过的地方，裴鍼应该是裴陵的后世辈。那么，裴鍼是裴陵的几世后人呢？清《裴氏世谱》中将裴鍼列为裴陵的二世。因为二者之间相隔140年，显然这是不可能的。裴新生主编的《中华裴氏宗谱》将裴鍼列为裴陵的四世孙。这种列法是否符合实际呢？我们应该按历史的实际来考究一下。裴陵与裴鍼同是非子后代，天下无二裴。前面已经说过，裴陵是非子的十世孙。裴鍼受封的年代是公元前541年，为秦景公时期。秦景公是非子的十五世孙，裴鍼是秦景公的弟弟，当然也是非子的十五世孙。从十世到十五世，恰好是六世。可见，裴鍼是裴陵的六世孙。清《裴氏世谱》中关于裴鍼是裴

陵的二世孙，以及《中华裴氏宗谱》中关于裴鍼是裴陵的四世孙的说法，都应该加以纠正。

**第三，裴氏的祖居地在什么地方？**

一曰“非子之支孙封蒀乡，因以为氏，今闻喜裴城是也。”一云“晋平公封颛顼之孙鍼于周川之裴中。”一云周川，一曰同川。到底是周川，还是同川？经考证，欧阳修所说的周川，实际上指的就是同川。周川乃同川之误。那么同川与裴城又是什么关系呢？同川，古时也叫桐川。闻喜县古称桐乡，秦时更名为左邑县，汉武帝刘彻在此欣闻平南越大捷而赐名“闻喜”。隋炀帝大业末，还曾将闻喜县改为桐乡县。唐高祖武德初复为闻喜。后来唐人就把桐乡叫桐川，或简化为同川了。可见，同川、桐川或桐乡，就是裴氏祖先集中居住的地方。裴氏的祖居地在闻喜县城东北 25 千米的裴城和裴柏村一带。晋平公把后子鍼安置在同川之裴中，就是在今闻喜县裴城或裴柏村，或其附近某地，年代之远，不可确考，大致地望不会错。同川则是闻喜县下属包括管辖裴中在内的一个乡级单位名称，在县之东北。

以上三点足以证明，裴陵是裴氏家族真正的一世始祖。那些搞不清楚裴陵与裴鉞究竟谁是一世始祖者，应该不会再疑不可辨了吧。裴陵是裴氏家族的一世始祖，这不是我们今天重新认定，而是在恢复历史的本来面目。裴徫度早在清《裴氏世谱》跋中就说过：“按象陆氏谱，系以颛顼为一世，至二十二世非子之孙封萯乡侯，二十七世陵，周僖王封解邑君，除‘邑’从‘衣’，始著裴氏姓。闻喜东五十里有萯城，其世居也。源远流长，世系井然。第非子以前，号嬴秦，与秦、赵同姓，虽出一源，其派攸分各有姓氏，史记详载人所共祖，既叙入源流考，似不必更列世系矣。又陵孙盖，盖九世孙汉敦煌太守遵，自云中徙居安邑，曾孙晔迁闻喜东五十里裴柏而家焉。庙祀遂以遵为始祖。但按闻喜，古曲沃地，得名於汉武，周尚无此名。晋县东五十里裴柏村即古之萯城也。自陵即居其地，何以又有迁徙之说。或子孙有别居云中而回桑梓者，抑或地同时異，因代而名，皆不可考也。粤稽往古，咸以得姓为始，今谱系似应以解邑君陵始著裴氏姓者为一世，而陵居萯城庙祀，即应以陵为始祖，亦古之因封爵而著姓，随居地而立始之义也。其他悉遵旧式，仍以仕宦封阴贤孝科目者录之，余各另有谱不备载。其先世旧谱俱不传，所存惟无知事再兴祖抄本耳，即翟氏亦遵与谱而参以史记、唐世系表诸书所成也。仅存此谱切不可外视以致散逸，其子孙世世谨守之而勿失。”

### 三、纠《裴氏世谱》计代之误

翻开清《裴氏世谱》和《中华裴氏宗谱》，我们会发现，同是裴氏家族的族谱，但在计代问题上却相差甚远，各不相同。比如，裴茂，在清《裴氏世谱》中计为裴陵的第十六世孙，而在《中华裴氏宗谱》中计为裴陵的第二十七世孙。裴茂是裴潜、裴绾、裴辑、裴徽的父亲。裴茂之子又是裴氏中眷、东眷、西眷的始祖。三眷始祖与裴陵之间的计代都不能明确，那么所有后世与一世始祖裴陵的计代又怎么能确定呢？

因此，明确两部族谱之间，以哪部族谱的计代为准，这是裴氏文化必须要解决的一个问题。

据《中华裴氏宗谱》介绍：现存较为全面的《裴氏世谱》，是200多年前清代裴徫度公祖孙三代，历时80多年，在清康熙三年（1664年）翟凤翥编修《裴氏世牒》的基础上重修的。它是裴氏家族珍贵的文化瑰宝，为研究裴氏文化和续修《中华裴氏宗谱》提供了珍贵的史料，具有极其重要的文史价值。由于历史条件的诸多限制，《裴氏世谱》尚有不少缺陷，错讹之处甚多；人物资料收集，偏重裴氏官员的世系人才而对裴氏平民后裔的始迁祖及其繁衍情况收录甚少。人物世系中将茂公定为陵公第十六世孙，则是世谱中最大的错讹之处。试想，陵茂二公相距810年左右，其间繁衍16代，且代代相隔51年，明显不符合人类生育繁衍的规律，更有违裴氏家族繁衍播迁的客观事实。《中华裴氏宗谱》编委会就这一问题花了10多年的时间，查阅了全国100多套谱序资料，没有一处能印证清代世谱的计代结论。例如：

1. 山西闻喜裴柏村的裴氏是度公的后裔，无论是以陵公作为第一始祖，还是以度公作为始祖，得出的结论均是34—35年一代。

2. 山西乡宁余凹裴氏始祖自动公于1775年迁入，现已繁衍10代，约24年一代。

3. 山西原平市西头裴氏始祖有惠公于明成化年间（约1432年）迁入，现已繁衍20代，约29年一代。

4. 山西兴县裴家湾裴氏始祖智公于明景泰年（约1450年）迁入，距今560多年，现已繁衍20代，约28年一代。

5. 浙江金华裴氏始祖延昕公是唐咸通二年出生（约860年）的人物。他到金华出任刺史，后定居金华，现已繁衍34代，约34年一代。

6. 浙江天台裴氏始祖承宝公于明初迁入，现已繁衍22代，约28年一代。

7. 江苏泗洪泗阳裴氏始祖裴文、裴芳、裴锦、裴繍公四兄弟于1351年迁入，现已繁衍24代，约28年一代。

8. 江苏宜兴裴氏始祖从矩公于唐僖宗（约873年）迁入宜兴当县宰，现已繁衍38代，约30年一代。

9. 江苏阜宁县周门裴氏始重公于明洪武年间迁入，现已繁衍22代，约30年一代。

10. 江苏阜宁裴家桥裴氏始祖国才公于明初迁入，现已繁衍22代，约29—30年一代。

11. 江西吉安庐陵裴氏始祖佋公，字有善，于唐咸通二年（约860年）到吉州任刺史，据家谱记载，已繁衍了45代，约27年一代。

12. 江西贵溪裴源裴氏始祖璩公于唐武宗会昌二年（约842年）迁入，现已繁衍44代，约27—28年一代。

13. 安徽肥东裴氏始祖汉龙公于清初（约1860年）迁入，距今350年，现已繁衍11代，约30年一代。

14. 江西丰城裴氏始祖哲公出生于1288年，现已繁衍25代，约29年一代。

15. 福建安溪仙都裴氏始祖洙公生于1127年，距今888年，现已繁衍30代，约30年一代。

16. 福建清流裴氏始祖三郎、元季公约于1230年迁入，现已繁衍21代，约30年一代。

17. 广东电白裴氏始祖衡鼎公是明举人，现已繁衍23代，约29年一代。

18. 湖北洪湖裴氏始祖彝宣公于明洪武年间迁入，现已繁衍后代共八房，其中七房是20代左右，一房26代，约27—30年一代。

19. 湖北裴氏始祖文达公，1805年出生，现已繁衍41代，约27年一代。

20. 河南偃师、洛阳、新安等13个县市的裴氏始祖成公于明洪武年间从闻喜迁出，现已繁衍20—22代，约27—28年一代。

21. 四川成都裴氏始祖復一公之子裴泰公于明洪武年间迁入，

现已繁衍23代（实际只有22代，因裴復一未入川），约30年一代。

22.辽宁铁岭裴氏始祖永山公于清道光年间从河北迁入，现已繁衍了20代，约28年一代。

23.广西裴氏始迁祖奭公从山东青州府益都县于明洪武七年（1374年）赐进士第，现繁衍了22代，约30年一代。

24.海南裴氏始迁祖球公、字文璧，任雷州太守，辞官后入住海南。他属南宋初期的人物，入琼已有800年左右的历史，现共繁衍后代32代，约28年一代。

25.河南固始裴氏始迁祖志刚公系裴休公第20代孙，约于1337年迁入，现已繁衍22代，约30年一代。

从以上25处家谱记载的繁衍情况可以看出，各地始迁祖平均30年一代的占多数，还没有发现何地的始迁祖繁衍后代超过了36年，更不要说是51年一代的周期。所以，《裴氏世谱》计茂公为陵公的第十六世孙的错讹必须纠正。

针对《裴氏世谱》世系的计代问题，河南宜阳裴耀光先生从20多年前开始潜心研究，提出："查证过吾族古今和外族世谱世辈年限，一世辈少者十九年，多则四十年，多数为三十年左右，在吾判定本族失讳空缺之世系时，参照古代规定，一世取数三十年，辑成《裴氏溯源世系考》这部资料，进一步追溯吾裴氏源流，重考吾裴氏世系，其结果，增加十一世（针对茂公定为陵公第十六世孙而言），望全国各地支族考证无误后统一之。"他提出的30年为一世，将茂公从原十六世调整为二十七世。其实，早在《唐宋八大家书系·苏洵卷》中就提到"以三十年而一易世"解决断代的计代办法问题。裴耀光研究的这一成果不是心血来潮，而是有依据的，已被河南、浙江、江苏、江西、湖北、广西等地宗亲修谱时广泛采用。

有鉴于此，编委会在《中华裴氏宗谱》凡例中明确规定：统修《中华裴氏宗谱》的纵向世系，采用裴耀光先生辑成的《裴氏溯源世系考》新方法计代，并将裴耀光先生的贡献载入《中华裴氏宗谱》名人篇内。

通过《中华裴氏宗谱》与清《裴氏世谱》在计代问题上的比较，发现《中华裴氏宗谱》更接近于实际。因此，在计代问题上，应该纠正清《裴氏世谱》之错讹，统一到《中华裴氏宗谱》的认知上来。天下无二裴，一个裴氏家族，不应该存在两种不同的计代办法。错误的计代，既然已经成为历史，在重新认知中，就不能继续以讹传讹。

# 第二章 五十九位宰相

宰相，我国古代辅助君主掌管国事的最高官员。宰相一词，始见于《韩非子·显学》，但唯辽用作正式官名。其他各代所用官名与职权广狭程度则各有不同。

秦汉时期，丞相、御史大夫、司徒、司空、尚书令，都相当于宰相。

三国两晋南北朝时期，中书省长官中书监、中书令、侍中、尚书令、仆射或将军，都相当于宰相，司徒、司空则成为名誉宰相。

隋唐时期，中书省的长官为中书令，门下省的长官为侍中，尚书省的长官为尚书令，三省长官都行使宰相职权。中唐以后，逐渐确立为“同中书门下三品”和“同中书门下平章事”两个名称，行使宰相职权。唐朝后期，宰相名号几乎统一到“同平章事”一个称谓上。

宋元时期，宰相正职，以同

平章事为正式官名。元丰改制，以尚书左仆射兼门下侍郎、尚书右仆射兼中书侍郎为宰相，另设四名副宰相，即门下侍郎、中书侍郎、尚书左丞、尚书右丞。乾道八年(1172年)，又改宰相为左、右丞相。副相为参知政事。

自秦汉魏晋至唐宋，在大量的历史资料中发现，出自裴氏家族的宰相有六十多位。在清《裴氏世谱》中记录的宰相有五十九位，故习惯称之为裴氏家族出现过五十九位宰相。本书中仍以五十九位宰相进行介绍，只是介绍的人物略有调整。如裴行俭、裴泰，将其从宰相名单中移出，只在五十九位大将军中进行介绍。这样，就在原清《裴氏世谱》的五十九位宰相中增加了裴彻、裴烟。另外，在清《裴氏世谱》及《中华裴氏宗谱》中发现了一些错误，本书进行了修订。如把裴行本说成是裴仁基的儿子，经仔细查阅发现，裴行本的父亲名义山，祖父名献。再如裴公尹，《中华裴氏宗谱》中将其写成是裴氏家族第四十四世，裴神符之子。实际上他是裴氏家族第四十二世，是裴神符曾孙。又如裴陟，《中华裴氏宗谱》中将其写成是裴氏家族第四十四世，裴休之子。实际上他是裴氏家族第四十世，是裴怀感之子，是裴鸿的曾孙(见《中华裴氏宗谱》第一册第945页)。

## 裴羲

裴羲，东汉山西闻喜县人。为裴氏家族第二十七世，裴晔之子。汉桓帝时曾任尚书令、行侍中，封开国公，是裴氏家族的第一位宰相。

## 裴绾

裴绾，裴茂之子，裴氏家族第二十八世。裴氏中眷之祖。约活动于汉灵帝至曹魏时期。建安年间受封尚书令。

其兄弟四人，均在朝为重臣，或为封疆大吏。

卒葬于闻喜县凤凰垣。

**裴茂**

裴茂，字巨光，后汉人，高祖遵。父晔，并州刺史，渡辽将军，安顺之际徙闻喜。茂公为裴氏家族第二十七世，乃裴氏东眷、西眷、中眷之祖。汉灵帝时，历县令、郡守、尚书。

东汉献帝建安三年（198年），谒者仆射（相当于省部级副职），裴茂奉朝廷之命，率领关中诸将段煨等讨伐董卓部将李傕等。在各路兵马的围攻下，李傕被段煨所杀，郭汜被部将所杀，并夷灭三族。裴茂因功封为阳吉平侯。

建安十九年（214年），汉献帝被迫册封曹操为魏公，左中郎将杨宣、亭侯裴茂持节、印授之。从这里也可以看出裴茂在当时的政治地位和社会影响力。裴茂在汉献帝政权中，实际上已经接触了曹操集团的高层官僚和曹操本人，从而为其子孙在曹魏、西晋的迅猛发展埋下了重要的伏笔，具有里程碑式的意义。

茂公四个儿子游宦迁居华夏各地：裴潜、裴绾居闻喜裴柏，为“中眷裴氏”；裴徽定居西凉，为“西眷裴氏”；裴辑移居幽燕，为“东眷裴氏”，分立祖。

**裴潜**

裴潜，字文行，裴氏家族第二十八世，裴氏中眷之祖。河东闻喜人，先归荆州刘表，后在曹操政权中历任县令、代郡太守、沛国相、兖州刺史等职；曹丕建立魏国后，历任散骑常侍、魏郡、颍川典农中郎将，迁荆州刺史，赐爵关内侯；明帝朝任尚书，出为河南尹，转太尉军师、大司农，封清阳亭侯，出为尚书令，因丧父去官，后拜光禄大夫。死后追赠太常，谥曰贞侯。裴潜一生历武帝、文帝、明帝三朝，在地方上曾任太守、刺史等独当一面的封疆大吏，进爵为侯；晚年进入中央机构，拜尚书令、光禄大夫等显要之职；死后还被追赠九卿之一的“太常”，并赐谥号“贞侯”。其在政治上已是相当显赫。

汉末三国，中原战乱，而地处长江之中上游的荆州却比较安宁，许多中原人士为躲避战争，游集于此，以观时变。青年时期的裴潜，也随中原人士一起避乱于荆州，经常同在那里的王粲、司马芝等人谈论学问，议论政事，很受荆州刺史刘表的器重与优待。然而，裴潜对刘表的政治才干却颇不以为然。他认为刘表虽据荆州有利之地，并常以周文王自诩，准备收拾天下残局，继承汉统，但他柔弱寡断，不具霸主之才，其败无日。因此，他很快就离开荆州，远适长沙。曹操定荆州，以潜参丞相军事，出历三县令，入为仓曹属。曹操问裴潜：“卿之前与刘备俱在荆州，卿以为刘备才略如何？”裴潜曰：“使居中国，能乱人而不能为治也。若乘间守险，足以为一方主。”在弱肉强食的诸侯纷争中，裴潜看清了刘表只求自保、无心开拓的保守心态，认为其不久必被强者吞噬，于是果断地离他而去；归曹后，跟曹操讨论刘备的一段对话也显示出其识鉴之能。后来果如其言，刘备只为川地之主，最后统一中原的还是曹操所代表的北方军事集团。裴潜在这个时候投奔曹操，在政治上取得了主动，为家族发展打下了根基。

建安二十一年（216年），代郡乌桓部族首领自称单于，反对统领他们的汉族官吏，在地方作乱，郡守不能治理。于是，曹操派裴潜出领代郡太守。其时，代郡乌桓有万骑兵，势力相当强大，但裴潜深信，只要妥善处理，就可使一触即发的民族矛盾平息下来。因此，他拒绝曹操要他率重兵前去镇压的主张，只身前往代郡。乌桓众族看到新郡守不带一兵一卒，对他们依旧信任，表示欢迎。由于裴潜的安抚，乌桓族人将虏掠的财产、妇女、兵器等归还给了汉人。对于那些刻薄、搜刮少数民族的汉族官吏，裴潜给以严厉打击，一郡为之震动，一场混乱得到平息。

代郡是曹魏的北边要塞，也是汉族和其他少数民族杂居的地方。发展与巩固这里的民族团结，尊重少数民族的利益，就成为治理这一地区的核心。裴潜正是认识到这一点，并能正确处理民族矛盾，使得境内汉族与少数民族和睦相处，社会安定、人民安居乐业。他在郡三年，治绩显著，受到曹操的称赞。

魏明帝时，裴潜由河南府尹转升太尉、大司农、尚书令，位至光禄大夫。此时，他已是曹魏政权中心的老臣，颇有威信。以其在政府中的威望，魏明帝为了整肃吏治，让他制定了各级官吏的考核制度。这个制度仿照两汉州刺史纠察官吏的六条原则，提出各级官吏的考核标准，简便易行，颇见成效。

裴潜历仕三朝，始终清廉自守，不以高官显位谋取特权。他多次调迁，从未带过妻室。他的妻子生活贫困，以编织藜芘为生，他自己的生活也十分简朴。他在兖州任上，自制胡床一张，在他离任时，把胡床挂在墙柱上，留给下任官员使用，从此留下了“胡床挂柱”的美谈。他出入京师，从不乘坐华丽的官车，而只坐仅能挡风雨的“车”。他的兄弟居家务农，亦都十分节俭。他的清廉自洁，在当时就受到人们的赞扬。刘备的荆州守将关羽，北上包围了曹操的江北重镇樊城和襄阳，为了解救襄、樊之围，曹操调集地方军，并亲临前线指挥。时裴潜任兖州刺史，也率军前往增援。各地大军集结于汝水北岸之摩陂（今河南郏县北），兖州的军队部伍齐整，威严肃静，曹操检阅部队，深为叹服，夸赞裴潜治军有方，并给予赏赐。

魏文帝曹丕即位后，裴潜任散骑常侍，负责规劝他人向皇帝进谏。不久，他出任魏郡典农中郎将。

曹魏的屯田包括军屯和民屯，民屯占主要地位，它是以招募组织流民施行的，其组织形式是军事制度。因此，无论屯田军民，还是下级官吏，基本没有进身之路。大规模战争基本结束后，军民也逐渐在屯田地区内定居下来。这种军事性的组织形式已不能调动军民的生产积极性，管理屯田的下级官吏也因无进身之门而逐渐怠惰。根据这种情况，裴潜上奏魏文帝，建议仿照郡国九品中正制，在屯田区内实行自下而上推荐选拔官吏的贡举制度。文帝采纳了他的建议，使贡举制在各个屯田区内推行开来。贡举制的实行，使军民逐渐从长期的兵营生活中解脱出来，获得了人身自由，为国家扩大了选拔人才的范围。

正始五年（244 年），裴潜去世，追赠太常，谥号称贞侯。儿子裴秀继承爵位。裴潜的遗嘱吩咐葬事从俭，墓中只放置一个座位、几件瓦器，其余的什么也不设置。

## 裴秀

裴秀(224—271年)，字季彦，河东闻喜人，裴氏家族第二十九世。祖父裴茂，是汉朝的尚书令。父亲裴潜，是魏的尚书令。裴秀少年时好学，有风度节操，八岁能写文章。叔父裴徽有名望，宾客很多。裴秀十多岁时，有拜访裴徽的人，出来时顺便见裴秀。然而裴秀的生母卑微，嫡母宣氏对她无礼，曾让她给客人端饭菜，见到她的人都为她起立。裴秀生母说："我这么低贱，这是为了我小儿子的缘故。"宣氏知道了此事，以后就不再那么做。当时的人说："后辈的领袖是裴秀。"

渡辽将军毋丘俭曾向大将军曹爽推荐裴秀，说："生下来就聪慧，长循自然；幽思清静，坚守正道；博学强记，精通文章；孝顺与友善在乡里闻名，好名声远近周知。实在应该辅佐谋略，协助政务，赞助贵府，光大教化。裴秀不仅仅是子奇、甘罗一类人物，他兼有颜、冉、游、夏的美德。"曹爽于是征召裴秀为属官，继承父亲清阳亭侯的爵位，迁升黄门侍郎。曹爽被杀，他因旧官吏的身份被罢免。不久，裴秀任廷尉正，历任文帝安东及卫将军司马，提出的国政军政，多见信纳。升任散骑常侍。

皇帝讨伐诸葛诞时，裴秀与尚书仆射陈泰、黄门侍郎钟会随从行台，参与谋略。诸葛诞被平定，转任尚书，进封鲁阳乡侯，增加食邑一千户。常道乡公继位，裴秀因为参与立位，进爵位为县侯，增加食邑七百户，升任尚书仆射。

魏咸熙初年（265年），改革宪司。当时荀觊修定礼仪，贾充修订法律，而裴秀改官制。裴秀奏议五等爵位，自骑督以上六百多人都受封。于是裴秀被封为济川侯，封地方圆六十里，食邑一千四百户，以高苑县济川墟为侯国。

当初，文帝还没确定继承人，而有意立舞阳侯司马攸，武帝怕不立自己，问裴秀说："人有没有相貌之说？"表示自己相貌奇突。裴秀后来对文帝说："中抚军声望高，又有帝王的仪容，肯定不是做臣之相。"由此定了世子。武帝登上王位以后，裴秀官拜尚书令，右光禄大夫，与御史大夫王沈、卫将军贾充都为开府，加给事中。武帝接受禅让，加封左光禄大夫，封钜鹿郡公，食邑三千户。

当时，安远护军郝诩给朋友写信说："我与尚书令裴秀相互了解，看到他谋私利。"有关官吏奏请罢免裴秀的官职，皇帝下诏书说："不能防止不加罪人，这是古人所难。串通勾结，是郝诩的罪责，难道尚书令能防范吗！不要过问这件事。"司隶校尉李憙又上言，说骑都尉刘尚为尚书令裴秀侵占公稻田，请求限制裴秀行动自由。诏书又说裴秀辅佐朝政，对王室有勋绩，不能因为小的缺点掩盖了大的美德，派人推究刘尚的罪责而解除对裴秀的限制。

很久之后，皇帝下诏书说："三司的责任，是辅佐皇室，佐助王事。因而治国论道，依赖的是他们的明哲，如果用人不当，官职就虚设了。尚书令、左光禄大夫裴秀，器量博大，用心深远，先帝登皇位，他辅助前朝。我接受天命，他佐助大业，功勋道德盛大，实是朝廷重臣。应当名实相副，以褒彰他功绩，以裴秀为司空。"

裴秀学问广博，而且留心政事，在禅代之时，总管禅让礼仪，他所裁定的事，没有违背礼的。又因为他的职务是地官，认为《禹贡》山川地名，由来久远，变化很多。后代解说的人有的牵强附会，因而逐渐令人不明白。于是他甄别选取旧有文献，有疑点的就缺而不论，古代有的地名而今天没有的，都随事作注，作《禹贡地域图》十八篇，奏报，收藏在秘府。序文说：

“图书的撰写，由来久远。自古仿效万物形象绘制定制，都依赖图书。三代设有关官员，国史掌管这一职务。到了汉攻屠咸阳，丞相萧何把秦的图籍全部收集起来。如今宫中藏书既没有古代的地图，又没有萧何所收集的图书，只有汉代《舆地》及《括地》等杂图。这些图既不设统一比例，又不考证方位，名山大川的记载也不完备。虽然有粗略的形制，但都不精当，不能作为依据。有的关于荒远地区的荒唐记载，不合事实，没有可取之处。

“大晋王朝兴起，统一天下，以荡清宇宙，从庸蜀开始，更加险阻。文皇帝于是命令有关官吏，编撰访求吴蜀地图。蜀国被平定以后，六军所经之地，地域的远近，山川的险易，征途的曲直，校验地图记载，汝有差错。如今上推考证《禹贡》中记载的山海川流，平原洼地池塘沼泽，古代的九州，及现代的十六州，郡国县邑，疆界乡村，及古国盟会的旧地名，水路陆路，绘编成地图十八篇。

“编制地图的体例有六条。第一是分率，即按统一比例缩小画方。第二是准望，即辨正彼此间的地理方位。第三是道里，即道路相距的里数。第四是高下。第五是方邪。第六是迂直。这三条各因地制宜，分别表示平坦险阻曲折的区别。有图像而没有分率，就没办法辨别远近的差异；有分率而没有准望，虽然在某一地方准确，必定在其他地方有误；有准望而没有道里，则用在山海隔绝的地方，不能相通；有道里而没有高下、方邪、迂直的校对，道路里数一定与远近的实际相违背，失去地理方位的准确性，因而要用这六条相互考证。然后远近的实数由分率决定，彼此之间的实际由准望决定，道路的实际距离由道里决定，路途难易程度的实际由高下、方邪、迂直的推算决定。因而虽然有高山大海的阻隔，有与世隔绝的異域他乡的遥远，有登高下山迂迴的原因，都可以依地图而定。准望之法确定后，那么曲直远近就很清楚了。”

裴秀创立制定朝廷礼仪，广泛陈述刑法政令，朝廷多遵从采用，作为先例。在位四年，是当时有名的大臣。裴秀穿衣单薄吃饭不按时，该喝热酒时喝冷酒，泰始七年（271年）去世，时年四十八岁。昭书说：“司空为人明哲有美德，行为儒雅，佐助皇帝辅翼王朝，功勋业绩宏大。正要有所作为修定国家法制，作为世上的宗师模范，不幸去世，我很是悲痛，赐他高贵棺材、朝服一套、衣一件、钱三十万、布百匹。谥号元。”

当初，裴秀认为尚书36个部门的管事不明确，应该让众卿任职，未来得及上奏就去世了。他的朋友整理他的文稿，发现了上表的草稿，上面写的是：“……我虽然已经说了多次，但没有写成奏章。如今我病重，恭敬地再次陈述。愿陛下适时施行。”朋友便把上表封起来上奏。诏书答复说：“司空去世，沉痛的哀思不能从心中抹去。又得到上奏草稿，虽在病重，不忘王室，尽忠为国。越看越伤心，这就与众贤臣一起讨论。”

咸宁初年（275年），裴秀和石苞等人都是王公，配享皇庙。有两个儿子：裴濬、裴頠。裴濬继嗣，官至散骑常侍，死得早。裴濬的庶子裴憬不聪慧，另封高阳亭侯。让裴濬的弟弟裴頠继嗣。

## 裴侨卿

裴侨卿，唐代人，裴守真之子，裴耀卿之弟，裴氏家族第四十二世。

历官起居郎、中书令。

## 裴楷

裴楷（237—291年），字叔则，裴氏家族第二十九世。西晋河东闻喜人。

父亲裴徽，任魏冀州刺史。裴楷聪明有见识，二十岁就与当时的王戎齐名。他的学识渊博，对《老子》《易经》等经典研读得尤为精通，被黄门侍郎钟会举荐给文帝，辟为相国椽，再为中书郎。

晋王司马炎称帝之后深感前代的刑律“烦杂严酷，未可承用”，因而命贾充负责修撰律令，以裴楷为定科郎。完成后，诏裴楷主御前执读，讲释新律的内容及其意义。裴楷在宣讲中，言辞流利，善于谈吐，使大家听得入迷，忘记了疲倦。裴楷等新撰《晋律》的实行，对当时减轻农民负担，缓和阶级矛盾，提高和发展社会生产力曾起到积极的作用。

武帝为抚远大将军时，以裴楷为参军事。吏部郎人缺，文帝问钟会：“谁能担此重任？”钟会答：“裴楷清通，王戎简要。”意思是裴楷清雅博学，通达事理，王戎处理问题简明扼要。于是裴楷又擢升为吏部郎。

裴楷风采高迈，容貌英俊，博猎群书，特别精通理义，当时的人称他为“玉人”。又说：“见到裴叔则就好像走近玉山，光彩照人。”转任中书郎，出入宫廷，见到他的人都肃然起敬。

西晋刚建立时，武帝司马炎曾在朝占卦，想预测晋朝世数如何，孰料所得卦象竟然是“一”。

武帝拂然不悦，唯有博闻强识的裴楷，从容上前，奏道："臣听说天得一，就澄彻清明；地得一，就宁静安详；王侯得了一，为天下正主。"他的解释出自《老子》及其注文："一"是"数之始，物之极"，是万物的本原和归宿。虽然卦象中的"一"不同于玄学中的"一"，但裴楷急中生智，偷换了概念。晋武帝终于释然，群臣皆称万岁。后来，裴楷又被擢升为中书郎、散骑侍郎、右军将军等职。

石崇是功臣后代，又有才气，与裴楷志趣不同，不跟裴楷交往。长水校尉季舒曾经与石崇畅饮，傲慢过度，石崇想上表罢免他。裴楷听说了，对石崇说："足下请人喝下狂药，又要求别人遵守正礼，这不有些矛盾吗？"石崇于是作罢。

裴楷生性宽厚，与人无仇。不持俭素，每游荣贵，辄取其珍玩。即便是车马器具服饰，短时间内就送给穷困的人。裴楷曾经经营了一处别墅，他的堂兄裴衍见到后很喜欢，裴楷就把房子送给了裴衍。梁、赵两位王，是国君的近亲，在当时地位显赫，裴楷每年请两封国租钱百万，散给亲族。有人讥讽裴楷，裴楷说："损有余补不足，这是天道。"他不在乎别人的诋毁，做自己想做的事，都是这类情况。

裴楷与山涛、和峤当官都有品德好的名声，皇帝曾问："我顺应天时，海内重更，天下的舆论，谈论有什么得失？"裴楷回答说："陛下接受天命，四海响应，之所以政德不能和尧舜相比，是因为贾充一类人还在朝廷。正应该吸引天下贤人，参与共事并使之光大，不宜向人们展示私情。"当时，任恺、庾纯也这样评说贾充，皇帝于是任贾充为关中都督。贾充向太子献出女儿，才留下。平定吴国之后，皇帝开始力求天下太平，常常邀请公卿，与他们讨论政道。裴楷陈述三皇、五帝的风范，接着叙述汉魏盛衰的原因。皇帝叫好，在座的人叹服。

裴楷的儿子裴瓒娶了杨骏的

女儿，然而裴楷一向看不起杨骏，与他不和。杨骏执政后，裴楷转任卫尉，改任太子少师，清闲无事，若无其事，泰然处之。杨骏被杀后，裴楷因为姻亲被捕交付廷尉，将要被加以惩罚。那天事发仓促，杀人遍地，大家为此惊恐。裴楷神色不变，举动自如，索要纸笔给亲友写信，幸而侍中傅祗救护得以免于一死，但还是被坐罪罢官。太保卫瓘、太宰司马亮称赞裴楷忠贞正直、不阿谀奉承，应受到封地，于是被封为临海侯，食邑两千户。代替楚王司马玮任北军中侯，加散骑常侍。司马玮怨恨卫瓘、司马亮排斥自己而任用裴楷，裴楷听说后，不敢接受任命，转为尚书。

裴楷的长子裴舆娶了司马亮的女儿，裴楷的女儿嫁了卫瓘的儿子，裴楷考虑到内乱未止，请求出京任职，改任安南将军，假节、都督荆州诸军事，正要出发，而司马玮果然假借诏书名义诛杀司马亮、卫瓘。司马玮因为裴楷先前夺取自己的中侯职位，又跟司马亮、卫瓘是姻亲，秘密派人去讨伐裴楷。裴楷平素就知道司马玮对自己有怨恨，听说有了变故，一人乘车入城，藏匿在岳父王浑家中，与司马亮的小儿子一晚上八次换住处，因而得以免于灾难。司马玮被诛杀以后，任命裴楷为中书令、加侍中，与张华、王戎共同管理中书事。

裴楷有渴利病，不喜欢特权仗势。王浑为裴楷请求说："裴楷受到先帝提拔的恩典，又受到陛下的宠幸知遇，正是竭尽忠诚之秋，但是裴楷的性格是不与人争名夺利，过去任常侍，请求出任河内太守；后任侍中，又请求出任河南尹；与杨骏不和，求任卫尉；等到转入东宫，位次在当时同类人之下，但他安心于淡泊退稳，有见识的人可以看到他的心迹。裴楷如今委身下僚，仕途困顿，臣深感担忧。光禄勋缺，我认为可以任用。如今张华在中书，王戎在尚书，完全能推举与他合得来的人，没必要再让裴楷介入。名臣不多，应当矜悯供养。

不违背他的意愿，希望取得让他深谋远虑，以成事辅国的效果。”不被采纳，就加任光禄大夫、开府仪同三司。等到病重，下诏派遣黄门郎王衍探视，裴楷回头看着他说：“未曾见过。”王衍对其才智超群深为赞叹。

裴楷去世，时年五十五岁，谥号元。有五个儿子：裴舆、裴瓒、裴宪、裴礼、裴逊。

### 裴昶

裴昶，西晋人，裴氏家族第二十九世，裴辑之子。据《裴氏人物世系表》载，裴昶曾任西晋江华太守。死后追赠吏部侍郎、雍州郡刺史、司空。

### 裴頠

裴頠（267—300 年），字逸民，裴秀子，裴氏家族第三十世，是我国历史上著名的唯物主义哲学家。西晋河东闻喜人，官至侍中。

晋太康二年（281 年），裴頠出任太子中庶子，后升至散骑常侍、国子祭酒兼右将军、侍中、尚书左仆射等职。

当初，裴頠兄长裴濬的儿子裴憬没做官，裴頠论述世代的勋绩，裴憬被赐予高阳亭侯的爵位。杨骏将要被杀时，杨骏的同党左军将军刘豫在大门陈列兵士，遇见裴頠，问杨骏太傅何在。裴頠骗他说："在西掖门附近遇见太傅乘坐素车，跟从两人向西去了。"刘豫说："我去哪里？"裴頠说："应该到廷尉那里去。"刘豫听从了裴頠的话，于是放弃抵御而离开。

不久诏书命令裴頠代替刘豫兼左军将军，屯兵于万春门。等到杨骏被杀，裴頠因为有功应当封武昌侯，裴頠请求把爵位封给裴憬，皇帝最终封给了裴頠的次子裴该。裴頠反复陈述："裴憬本是嫡传，应该承袭钜鹿郡公，先帝施恩下旨，我推辞不掉。武昌的封赐是我应该蒙受的，特此请求封给裴憬。"裴该当时娶皇家公主为妻，因而皇帝不听裴頠的请求。裴頠多次升迁为侍中。

当时天下暂时安定，裴頠奏请建国学，刻石写经。皇太子开始读书，祭祀孔子，宴饮射侯，很有礼仪秩序。又命令荀藩完成他父亲荀勖的志向，铸钟凿磬，用作郊庙祭祀朝会宴享的礼乐。裴頠学识广博，兼明医术。荀勖在修订律历度量时，检验出古代的尺，比当世的尺短四分多。裴頠上疏说："应当改正各种度量衡。如果不能全改，可以先改太医的量器。这些量器如果有误差，那就失去了神农、岐伯的规定了。药物的轻重，分量的差异，使药性不一，可以使人受伤致死，造成的祸害更大。古人长寿而今人短命夭折的情况，未必不是因为这个。"最终未被采纳。乐广曾与裴頠清谈，想用理说服他，而裴頠言理广博，乐广笑着不说话。当时的人说裴頠言谈丰富，无所不晓。

裴頠因贾后不喜欢太子，上表直言请求提高太子的生母谢淑妃的地位封号，反复陈述增设后卫官吏，给三千兵士，于是东宫宿卫达到一万人，裴頠升任尚书，侍中的职位依旧，加光禄大夫。每授他一个职位，没有一次不诚心坚决推让，十余次上表，广泛地引用古今成败作为论据，读到的人没有不叹赞的。

裴頠很担心贾后扰乱国政，

与司空张华、侍中贾模商议废置贾后而立谢淑妃。张华、贾模都说："皇帝没有废黜她的意思，如果我们这些人自作主张那么干，皇帝不认为那是对的。况且，诸王势力正强，朋党意见不一，恐怕祸患就像待发的机关一样会立即降临。自己丧命国家危亡，对国家没有益处。"裴頠说："的确像你们担心的那样。可昏庸暴虐的人，无所顾忌，变乱马上可以到来，将怎么应付呢？"张华说："你们二人还被信任，经常在皇上左右陈述有关祸福的警告，希望没有大悖逆。幸亏天下还安定，差不多可以安度余年了。"废贾后的谋略就此搁置。裴頠每天劝说姨母广城君，让她劝告贾后善待太子。有人对裴頠说："希望与后宫内外把话说透，所说的如果行不通，就以有病为由辞官隐退。要是这两条都做不到，虽然有十次上表，还是难以免难。"裴頠感叹了半天，而最终没能做到。

裴頠升为尚书左仆射，侍中的职务依旧。虽然是皇后的亲属，然而他的名望向来很高，全国各地的人不认为他是因亲戚关系得以升迁，而且唯恐他不居高位。不久，又让裴頠专任门下事，裴頠坚决推辞，皇上不允许。裴頠上疏说："贾模刚去世，又让我代替他，扩大了外戚的名望，更成了偏私之举。皇后的族人怎能常有自我保全的，都知道被重用的亲属没有能逃脱灾难的。然而汉代二十四朝皇帝唯有孝文、光武、明帝不重外戚，那些外戚都保全了他们的宗族，我岂止是想要求得自身的美名，实在是因为要安于道的缘故。过去穆叔不接受超越礼法的宴飨，我也不敢听到不寻常的诏书。"又上表说："咎繇为舜谋划，伊尹辅佐商，吕望辅佐周，萧何、张良辅佐汉，都播散了功德教化，光亮遍及四方。等到继承了这种王统的根本，咎单、傅说、祖已、樊仲，使朝廷中兴昌隆。有的人英明的美誉在边远地带传扬，有的由庶族兴起，难道不是崇尚美德的盛大举措，使之得以这样完美吗？历览近代，做不到仰慕较疏远的人的清德，只溺爱宠信近亲的人，朝廷多任用皇后的亲戚，以致招来世道不安宁。过去疎广劝戒太子别任用舅舅一家人为属官，前代认为他通晓礼制。何况朝廷哪里有求于外戚，正应该重新公平地选用才俊，提拔应当首先考虑那些关系疏远的人，以表明极为公正。汉代不用冯野王，就是这种事例呀！”表呈上，每次都被皇帝下达诏书，好言敦勉。

当时任用陈准的儿子陈匡、韩蔚的儿子韩嵩一同侍奉太子，裴頠劝谏说：“东宫的设置是用来蕴储教诲太子治国之道的。那些与太子交往相处的人，必须选择英才俊彦，应该选用修德完善的人。陈匡、韩嵩太幼小，还不懂做人的道理、立身的节操。东宫太子确有早慧速成的表现，而现在身边却有儿童侍从的声音，这不符合发扬光大良好作风的大道理呀。”愍怀太子被废时，裴頠与张华苦苦争辩不被听从，事情记载在《张华传》中。

裴頠很担心当时风俗的放荡，不尊崇儒家。何晏、阮籍素来有显赫的名声，而言谈浮夸虚幻，不遵循礼法，空受俸禄而不治事，沉溺于恩宠优遇之中，当官不干事；至于王衍一类人，声誉太盛，地位高权势重，不以从事政务约束自己，于是互相仿效，风俗教化衰败，因而著《崇有》之论以消弭其流弊：

聚合万物的根本，是至高无上之道。用事物种类的差异加以限定，是对万物的品评。形象明显分别，是有生命的物体。变化影响错综，是探究事理的根本。通过品评而区分族类，所依靠的时有偏颇，偏颇得无法让自己满足，因而要凭外力相助。因此事物一发生就有迹可寻，这就是所谓的理。理所体察的，就是所谓有。有所必须的，就是所谓资。资与有配合，就是所谓宜。选择这种宜，就是所谓情。人有了知识以后，虽然进仕退隐不一，沉默言语方式不同，但都是为了珍爱生命保存合宜，这里的情是一样的。

各种事理同时存在而无害，因而就表现出了贵与贱。得与失就在于贵贱的区别，因而吉与凶都有征兆。因此贤人君子，知道欲望不可断绝，于是与人结交时，在来往中观察，决定如何行事。唯有顺应天时地利，尽力而为，付出辛劳然后享受。处事坚持仁顺，坚持恭敬俭朴，行为依据忠诚信义，依据谦恭退让，立志不求过高，行事不求过分，这样便可以成事。因此，努力达到极致，安抚治理百姓，顺从事物之理，为后世留下典范，就在于此，这是圣人为政之道。

如果锋芒毕露欺凌放肆，那么危害就萌生了。因此，欲漫延就会加速祸患，情没有节制结怨就会增多，专权放纵就会招致进攻，独霸利益就会引来敌人，可以说，是想使生活充裕而适得其反。庸俗的人们，害怕这类争端，于是寻找争执的缘由。看到偏而责难崇有，又看到简损的好处，于是就阐述贵无之议，又提出贱有之论。贬低崇有就必定有外在表现，外在表现就必定抛弃规制，抛弃规制就必定忽略防范，忽略防范就必定忘掉礼制。礼制不存在，就无法为政了。百姓顺从地位高的人，如同水在器皿。因此，百姓的性情，相信他们所习惯的；习惯就安心于其业，安于其业就说这是理所当然。因此，统治人要慎重教化，颁布政令刑法等一切事情，让不同的人从事士农工商业，能让接受命令的人不严峻而安定，在短时间内忘掉异端，没有变迁的想法。何况依据君、师、父的尊贵地位，心怀所尊崇之情，当作训令呢！这是昏庸与圣明的区别，不能不审慎。

过分的欲望可以减损但不能因此而断绝，过头的物质享用可以节省但不能就此说没有富贵。那些高谈阔论的人，罗列崇有的弊端，盛赞虚无的美好。器物是有外形特征的，可是空无义理难于检验，雄辩乖巧的言辞可以使人高兴，貌似真实的言论足以让人迷惑，众人的视听被迷惑，沉溺于已形成的说法。即便有不同的意见，言论不被接受，委屈于自己所喜爱的，于是说虚无的理论，不能被掩盖。有唱有和，在虚无的路上一去不回，于是菲薄治理，贬低功利、推崇轻浮游荡的行径，贬低务实的贤能之人。人情所追逐的，实在就是名利。于是，善写文章的人夸大其词，不善言辞的人称赞他们的观点，因而感染了民众。因此，根据虚无而立论，就被称为玄妙；做官不关心职守，被称作高雅脱俗；做人不廉洁自律，被称作旷达。于是努力的风气，就更衰落了。狂放的人因为虚无的世风，有的违背吉凶事的礼仪，忽视举止仪容，轻慢长幼之间的礼教，扰乱贵贱等级。其中最过分的人甚至裸身，说笑不顾时宜，把不顾一切当作豁达，士大夫的德行又受到了损害。

老子著述了五千字的文章，明示了污秽繁杂的弊病，甄别列举了清静专一的道理，有令人释然醒悟的作用，符合《易》之《损》《谦》《艮》《节》之要旨。而清静专一守本分，没有虚无的意思；《损》《艮》这一类大概只是君子的一种道德，不是《易》的本意。观看老子的著作虽然广博有道，而说“有生于无”，以虚为主，有别于众人自立一家学说，恐怕是有原因的吧！人出生以后，以保全生命为第一，保全生命所凭借的，最重要的是顺从自己的感觉。如果旨趣接近于损害事业，那么沉溺的迹象就开始了；如果怀末而忘本，那么天理也就灭绝了。因此，行动前后交替，关系到存亡之机。在崇有之时否定有，在贵无之时否定无；在贵无之时否定无，便是在崇有之时否定有。因此，申述放纵之弊端，而著述贵无论。将以灭绝他所否定的谬误，保存大善而合乎法度，结束过度的放荡，在心中返回到清静端正。适合贵无之论，而主旨在于崇有。因而有“说得还不够充分”这样的文辞。如果是这样，就是所表达的道理，是一种学说而已。如果认为至理就是以贵无为根本，就偏颇而不恰当了。

古代贤人见识通达，没有被禁锢，发表了高深的言论。只有班固著作艰深，难以判断他的看法。孙卿、杨雄大体压抑虚无论，但还是有所赞许。而虚无之论，逐日播散，众家煽动兴起，各自推出自己的学说。上至大自然，下至万事，没有不贵无的，所保留的都相同。人情因为人多而顽固，于是凡崇有的道理，在义理上都是被贬低的人，遭到菲薄鄙视。辩论人伦及经义的学说，于是都改换门庭。裴頠为此惊恐，申述心中想法，而攻击我的人众多。有人认为这是一时的言论。有人见到我，责我写文章，选列虚无偏颇的例子。如果不能每件事都解释纠正，那么贵无之论就不能推翻。我退下以后思考，虽然君子顺应人情，不求显赫，但到了立论的时候，就要表达自己的观念。然而现在距圣人时代久远，不同的看法纷争纠缠，假如稍有相似，可以光大先代经典，扶助大业，对时代有益，就唯恐自己的言论达不到要求了，怎能沉默，至于未能列举事例，是因为只是略微表示一下心中所想的而已！

极端的贵无论不能存在，因而开始出现时是自生的。自生就必定包容崇有，那么抛弃有就会受到损害。一旦崇有与贵无有了区分，那么虚无是崇有所谓的遗留而已。因此，说到底即化为有，不是无用论所能包容的；理是有的聚合，不是无为所能包容的。心不是事，而办事必定出于思考，然而不能说办事不是事，认为心是无。工匠不是器皿，而制作器皿必须靠工匠，然而不能说制作的器皿不是器皿，认为工匠是没有的。因此，想捕获深渊中的鱼龙，不是安卧就能得到的；想打下高墙上的禽鸟，不是静心拱手就能完成的；精心地拉弓弦下诱饵，不是无知所能做的。由此看来，崇有者都有，虚无对已经存在的民众有什么好处呢？

王衍一类人的攻击责难先后到来，都不能使裴頠屈服。裴頠又著《辩才论》，古今的精华大义都有所辨别解释，没有完成就遇到了灾难。

当初，赵王司马伦奉承贾后，裴頠很厌恶他。赵王司马伦数次要求官位，裴頠和张华多次坚决反对，因此，深为司马伦所怨恨。赵王司马伦又暗怀篡权谋反之心，想先除掉朝中有威望的人，趁着废黜贾后的机会杀了裴頠，那年他三十四岁。他的两个儿子裴嵩、裴该，赵王司马伦也想杀害他们。梁王司马肜、东海王司马越说裴頠的父亲裴秀对王室有功勋，配享于太庙，不宜灭绝他的后代，因而免于一死，流放到带方。惠帝复立，追认裴頠原官，按卿的礼节改葬，谥号成。让裴嵩继承爵位，任中书黄门侍郎。裴该出京后跟頠侄伯凯，任散骑常侍。后来都被流窜的强盗、王弥原部将陈午杀害。

裴頠以自己高尚的人格、无与伦比的才华，在荒诞颓废的西晋末年掀起了一股清新之风，也为裴氏家族留下了光辉灿烂的一页，令后人永远敬佩。

**裴邈**

裴邈，字景初，又作景声。祖父裴徽，父裴绰，裴氏家族第三十世。

晋时官历散骑常侍、太傅、左司马、监东海王军事。

裴頠对他非常器重欣赏，每次同他清谈，连日连夜不倦。《晋书·刘舆传》：“时称越府有三才：潘滔大才，刘舆长才，裴邈清才。”卒谥简。

葬于闻喜凤凰垣。

## 裴宪

裴宪，字景思，西晋河东闻喜人，父裴楷，裴氏家族第三十世。

在西晋曾历官黄门吏部郎、侍中、豫州刺史，北中郎将、假节等职。后来被石勒所破，被用作从事中郎、长乐太守，曾经为后赵制定朝仪，受到重用，升为太中大夫、司徒。

永嘉末年（313年），王浚被石勒打败，枣嵩等人没有不去军门谢罪的，上贡贿赂的人你来我往，唯有裴宪及荀绰安然地待在家中。石勒平素知道他们的名声，召他们来，对他俩说："王浚在幽州暴虐，人鬼都怨恨他。我亲行天道，拯救百姓，困苦者都欢喜，庆贺感谢者布满道路。你二人都厌恶淫威，诚信阻断，防风那样的杀戮，将归罪于谁呢？"裴宪神色从容，哭着回答说："我们世代享受晋的荣耀，恩典礼遇隆重。王浚凶蛮粗野，但还是晋留下来的藩国。我虽然为圣明教化欢欣，但义阻碍我的诚心。再说武王伐纣，修饰商容的大门，没听说商容参与倒戈反商的事。大王既然不愿用道来感化万物，必定以残酷作为治理手段，防风那样的杀戮，是我的责任，请把我交官吏依法处置。"不行拜礼就退出。

石勒很赞许他，用宾客的礼节来对待他。石勒于是登记王浚的官员亲属的财产，都有数万财富，只有裴宪和荀绰家中有百余函书，盐米各十几斛而已。石勒听说此事，对他的长史张宾说："名不虚传。我得到幽州没有欢喜，欢喜的是得到这两个人。”于是让裴宪代理从事中郎，出任长乐太守。等到石勒僭越名号，来不及顾及制度，裴宪与王波为他撰写朝廷礼仪，于是宪章文物，比拟帝王。石勒十分高兴，任命裴宪代理太中大夫，升任司徒。

季龙时代，更加受礼遇器重。裴宪有两个儿子：裴挹、裴毂，都因文才知名。裴毂任季龙太子中庶子、散骑常侍。裴挹、裴毂都豪爽侠义沉溺于饮酒，喜好褒贬人物，与河间邢鱼有矛盾。邢鱼偷骑裴毂的马投奔段辽，被人抓获，邢鱼谎称裴毂派自己来的，因季龙要偷袭鲜卑，告诉他们做好准备。当时，季龙正谋划讨伐段辽，与邢鱼的话正好吻合。季龙杀掉了裴挹、裴毂，裴宪也定罪免官。

不久，又任命裴宪为右光禄大夫、司徒、太傅，封为安定郡公。

裴宪历居官位没有能干的政绩，然而在朝廷静默，不曾把名利放在心上。但因为德高望重，一举一动都被尊重礼遇。最终死在石氏手中，用族人裴峙的儿子裴迈作为后人。

## 裴道护

裴道护，晋末南北朝人，裴氏家族第三十四世，裴辑的第六世孙。祖父裴范，晋河南太守、并州刺史，升平初赠司徒。父裴冲，晋安帝初建威大将军，后秦并州刺史，封夷陵侯、开国公。

裴道护历南朝宋武帝大将军、尚书令，受封河东郡公。

## 裴延儁

裴延儁，北魏河东闻喜人，字平子，裴氏家族第三十六世。曾祖父裴奣，曾任谘议参军、并州别驾。祖父裴双虎，是河东太守，死后追赠平远将军，雍州刺史，谥号顺。父亲裴崧，任官为州主簿，行平阳郡事，因平定蜀地盗贼丁虫有战功，死后追赠为东雍州刺史。

裴延儁幼年时父亲和生母都死去，对待后母以孝顺闻名。少年时代的裴延儁酷爱经史，有文学才华。被推举为秀才后，任著作佐郎，开始其官宦生涯。不久，升迁为尚书仪曹郎，调任殿中郎、太子洗马，又兼任本郡的中正官和太子宾友。北魏高祖废太子元恂时，裴延儁因任职东宫，受到牵连，亦被免官。不久后被起用担任太尉府属官，兼任太子中舍人。

北魏世宗宣武帝（500—515年）即位之初，裴延儁转任散骑侍郎，随后出任雍州平西府长史，提升为建威将军，但很快又被调回朝中任中书侍郎。

当时，世宗皇帝专心于佛教经典，而对儒学经籍很少接触。针对这种状况，延儁上疏谏道：“臣听说尧帝的才智道德，是历代君主的指南；虞舜的哲学道理，是圣贤要典的结晶。东汉光武帝虽天资神奇睿智，也在繁忙的军务中勤奋读书；魏武帝曹操尽管英明多识，也常在戎马倥偬之际鉴赏典籍。我大魏先帝，天赋奇能，多才多艺，能文能武，经营迁都，筹划征战，日理万机之余，仍然手不释卷，孜孜以求。确实是因为经史之义无比深奥，其作用和利益非常广泛，所以先圣们虽然军国大事那么忙碌和辛苦，也从不停止读圣贤经典。这些事例是先王们的光辉实践，也是留给后世帝王们的宝贵经验和永恒的楷模。好的帝王足以遵循，恶的君主应该借鉴。陛下悟性高深，见识独到，在宫廷中设法座，在朝会时谈佛教，凡是有幸见到或听到的臣民，无不尘俗尽扫，茅塞顿开。然而《五经》毕竟是治世的标准，六艺才是规范社会的根本。因为任何事物都是逐渐发展的，不可一蹴而就，竞追时尚不一定是件好事。学习与办事都必须先粗后精，先近后远。诚恳地希望陛下儒经佛教兼顾，孔子和释迦牟尼并行互存，如此才能达到内外都周全，信教者与世俗之人都能心情顺畅的局面。”

裴延儁后来任司州别驾，加镇远将军。皇上下诏建立明堂，群臣广泛讨论，延儁熟知礼仪，独著一堂之论。太傅、清河王元怿当时负责讨论明堂之事，读了延儁的文章后，笑道：“先生特意要以远臣身份和仆射（宰相）的见解一致呀。”他在兼任太子中庶子，不久就任正职，执掌权柄，依旧兼任别驾之职，又加冠军将军。

肃宗初年，升任散骑常侍，负责起居注，又加前将军，升平西将军，授廷尉卿。改授平北将军、幽州刺史。

在幽州刺史任内，针对当地的社会状况，裴延儁做过一些有益的工作。当时，范阳郡（治所在今河北涿县）有一条旧水渠，叫督亢渠，长五十里；渔阳燕郡（治所在今天津市武清西北）有戾陵等一些坎堰，方圆约三十里。这些设施是当地的水利命脉，由于年久失修，已不能发挥调节水利的作用。而当时水旱灾害频繁，百姓饥饿不堪。延儁认为修复旧渠堰，一定能够成功，于是上表请求批准动工。在他的表章议被批复后，身体力行，亲自勘测水利地形，对各种施工都检查督促。不久，工程竣工，可灌溉田地百万余亩，效益提高了十倍，老自姓至今生产还依赖它们。

在兴修水利、发展农业生产的同时，裴延儁还注重文化教育。他认为儒家文化是规范人民行动的最好工具，故在刺史任内，命州主簿郦恽修建学校，教化百姓，使管辖州内礼教大行，百姓以民谣称颂他。任州官五年，政绩考核为天下第一。

延儁的继母随他住在蓟州，当时病得很严重，延儁写信向朝廷申请送继母回京治病。回京不久，被任命为太常卿。当时汾州有山胡凭借险峻地势据山为寇，正平、平阳两郡遭到这股盗贼的严重骚扰，于是朝廷任命延儁为尚书兼西北道行台，统率各路军队讨伐山胡。不久，因患疾病而被批准回京。这时，三鸦群蛮也纷纷为盗寇，皇帝准备亲率大军征讨，延儁便在病中上书谏诤。不久被任命为七兵尚书、安南将军，转为殿中尚书，加中军将军，再调任为散骑常侍、中书令、御史中尉，又以原职兼侍中、吏部尚书。

庄帝初年，在河阴遇害而亡，死后赠官为都督雍歧豳三州诸军事、仪同三司、本将军、雍州刺史。

儿子裴元直，是尚书郎中。元直的弟弟敬猷，官至员外常侍。兄弟俩都有学问，不幸在河阴与父亲同时遇害。元直死后赠官为光州刺史。敬猷因妻子是丞相、高阳王元雍的外孙女，所以被破格追赠为尚书仆射。

### 裴公尹

裴公尹，唐代人，裴氏家族第四十二世，中眷裴。曾祖裴神符，祖父裴茂宗，父亲裴晀。

历官侍中，左仆射，拜金紫光禄大夫，官至中书令。

## 裴粲

裴粲，字文亮，北魏河东闻喜人。叔宝四子，裴徽八世孙，裴氏家族第三十六世。北魏时任中书令。

景明初年，赐爵位为舒县子。沉着凝重，风度仪态很好，但过于骄傲豪放。历任正平、恒农二郡太守。高阳王元雍曾经将某事交给裴粲去办，裴粲未应从，元雍怀恨在心。后来因参加九月九日马射活动，敕令京畿内各郡太守都要赴京。元雍当时是司州刺史，裴粲前往拜谒，元雍含怒接待他，裴粲却神情闲适，一举一动不慌不忙，举止抑扬潇洒，元雍看着不知不觉怒颜渐消。待宾主坐定之后，元雍对裴粲说：“我欣赏你的一举一动，再走一遍给我看看。”裴粲于是起身下席，走了一遭，然后从容而出。因受某事牵连而被免官。后来世宗听说裴粲善于自我表现，想一睹他的风度，突然下令传诏到他家紧急召见，须臾之间，朝廷使者相继来到，他全家慌张恐惧，不知道发生了什么事，只有裴粲一人，怡然置之，神色不变。世宗因此很叹赏他。

当时仆射高肇以外戚的高贵身份权倾一时，朝臣一见到他都望尘拜谒，唯独裴粲对待高肇，仅拱手作揖而已。回家后，家人为此严厉责怪他，裴粲说：“怎么能将自己混同凡俗之流呢？”又曾经拜访清河王元怿，下车后刚准备进门，暴雨就开始下起来，裴粲照样步履闲适，从容舒缓，不因为大雨淋湿衣冠而乱了风度。元怿命令手下打伞为他避雨，对左右之人感叹道：“每个朝代都有奇人啊！”裴粲嗜好佛学，亲自升座演讲，虽然所持的观点未必精当，但风韵可嘉。只是不涉猎经史学问,终究被朋友们所轻视。

世宗末年（515 年），授前将军、太中大夫、扬州大中正，迁安南将军、中书令。肃宗行视学之礼，亲行释奠，以裴粲为侍讲。转金紫光禄大夫。后来元颢进入洛阳,任裴粲为西兖州刺史。不久被濮阳太守崔巨伦赶跑，他离开该州逃入嵩山。

前废帝在位初期，被征为骠骑将军、左光禄大夫，重新为中书令。在正月末的一天，皇上出宫游览洛水之滨，裴粲在御座前再拜，说：“今年节和乐，圣驾出游，臣有幸参与陪从，侍奉宴乐，不胜欢欣和感激，冒昧奉敬贺酒一杯。”皇上说：“往年北海入朝，篡夺江山，窃国据位，听说那天卿当面劝他少饮酒，而今日卿却要我饮酒，为何与从前的态度不一样？”裴粲说：“北海沉湎于酒色，所以要谏诫其缺点。陛下具有圣贤般的修养与善德，故臣敢奉献美酒以表微诚。”皇帝说：“朕实在惭愧，不敢当卿的赞誉。”同意酌酒尽饮。

出帝在位之初，出任骠骑大将军，胶州刺史。正逢大旱之年，当地官吏民众均请求祈祷海神。裴粲怕违背众心，于是主持祈祷，靠在胡床上，举杯而言：“臣仆告诉神君。”左右随从的人说，前后按惯例应该拜谒。裴粲说道：“五岳视同三公，四渎视同诸侯，哪有方伯给海神行拜礼的道理。”终不肯拜。

正光元年（520 年），裴粲为中书令，至二年。孝庄帝永安三年（530 年），裴粲再为中书令。节闵帝普泰元年（531 年），粲为中书令。永熙元年（532 年），粲为中书令。永熙二年（533 年），粲为骠骑大将军，至三年。

青州之乱中，城破被杀，时年六十五岁。

**裴叔祉**

裴叔祉，北朝人，名子祥，字叔祉。裴良第五子、裴氏家族第三十七世。

他在文学方面有一定造诣，举秀才,居官颇有声名,政绩突出。二十五岁时，释褐员外郎，广平王开府录事参军、谏议大夫典仪注。东魏武定末年当过太子洗马（相当于现代的厅局级副职），后为尚书郎、太子中舍骠骑大将军、巨鹿浮阳长乐三郡太守，冀州长史、太府卿、使持节、都督南光州诸军事、南光州刺史。西魏时官至司空。

**裴炯**

裴炯，北魏河东闻喜人，字休光，父裴飏，裴徽第九世孙，裴氏家族第三十七世。

裴炯颇有文学，善事权门。领军元叉纳其金帛，就授予他镇远将军、散骑侍郎、扬州大中正、城平县开国伯，后改封高城县开国郡侯，增加封邑至一千户。接着兼任尚书右丞，出为东郡（治今河南滑县东滑县旧城）太守。北魏孝明帝孝昌三年（527 年），为乱民所害。赠散骑常侍、镇东将军，青州(治今山东益都)刺史，谥曰简。

**裴良**

裴良(475—535年),字元宾,延儁从祖堂弟,父保欢,祖父万虎,裴氏家族第三十六世。后魏考功郎兼尚书左丞,汾州刺史,赠侍中,尚书仆射。

裴良从小志向宏大。北魏孝文帝元宏太和十五年(491年),他受朝廷征召,任北中郎府功曹参军,后任南绛县(今侯马市)宰。因政绩卓著,被仆射游肇考核为第一。遂调任龙门宰,转任正平府丞,羽林监、并州安北府长史、尚书考功郎中,加中散大夫。

北部边塞烽火四起,西南部的胡人也蠢蠢欲动,京师骚动,裴良充当慰劳使,奉旨至动荡不安的地方宣谕朝廷诏命。他西到玉门关,东到海滨,南到长江边,克服重重困难,不辱使命。因其才干十分出众,不久,朝廷又命他以本职为行台,代行汾州政事。

汾州的薛羽等胡匪作乱,汾州守将李德龙想弃城而逃,裴良坚决不许。他同刺史汝阴王元景,三年固守城池,魏世宗派裴延儁前来驰援,他们协同作战,把乱兵打得落花流水,在阵前杀死了冯宜都、贺悦两个胡酋。元景去世,朝廷很快正式任命裴良为汾州刺史、辅国将军,兼尚书左丞,行台一职如故。等到北魏国都迁到邺城,长安以北甘泉一带,烽火再起,谍报频传。刘蠡升来势凶猛,都督高防的援兵也被其击败,汾州又被围困。时当金秋,庄稼满野,无法收割,裴良便打开官仓,供给兵民。但是,不久粮草殆尽,裴良在山穷水尽之际,带领人马冲出重围,奔赴西河,并以此为基地，重整旗鼓，终于击败了胡人，保全了二郡。因功，裴良被封为前将军、太中大夫，朝廷特诏让他担任正平邑中正。

永安年间，由于连年征战，国库空虚，朝廷下诏，让裴良以本职兼散骑常侍，和尚书辛雄一同充当大使，巡行天下，征发粮草。他们制定了五条措施，拖欠的租调不征，停止非战时徭役，按丰欠征课调，抚恤阵亡将士家属，表彰孝悌之家。由于常侍的职位太轻，朝廷就将裴良任命为兼尚书衔。不久国库便充盈起来，朝廷又将裴良改任为平东将军、银青光禄大夫。

孝庄帝永安末年（530 年），尔朱天光拥兵关西，与北魏朝廷对峙。朝廷让裴良以本职代理安西将军、潼关都督，终于挫败了尔朱氏觊觎中原的企图。由于战功赫赫，裴良后历拜征东将军、金紫光禄大夫、御史中丞、卫大将军、太府卿等职。另外，他还著《宗制》十卷。著作宗旨是：“使夫后生稚识，知在宗之为重；少长晚辈，悟收族之有归。”今则行于宗族，以为不刊之训。这是裴氏家族最早的家训，也是我国历史上的第一部家训。

孝静帝天平二年（535 年），裴良病卒，时年六十一岁。死后，朝廷追赠他为使持节、散骑常侍、都督雍华陕三州诸军事、雍州刺史、吏部尚书、尚书仆射、侍中。

裴良有八子三女。长子子恳，字建扶；第二子子诞，字仲睿；第三子子升，字仲仙；第四子子通，字叔灵；第五子子祥，字叔祉；第六子子休，字季祥；第七子子阐，字季猷；第八子辅翼。

长女绛辉，第二女玉辉，第三女琰辉。

**裴烟**

裴烟，唐代人，名臣裴授之子。裴氏家族第四十四世。

历官定州刺史，吏部侍郎、中书门下平章事。

## 裴询

裴询，字敬叔，其父裴修；其祖父裴骏；裴徽第九世孙；裴氏家族第三十六世。北魏河东闻喜人。

裴询仪表容貌美好，多技艺才能，对音律棋艺都有了解，出仕任奉朝请，太尉集曹参军，改任长流尚书起郭郎中、平昌太守。当时太原长公主寡居，与裴询通奸，肃宗于是命令裴询娶为妻。不久因为是公主的丈夫，特别授任为散骑常侍。当时本县中正缺任，司徒召裴询来担中正。裴询本家族叔父裴晒自己表示情愿担任这一官职，裴询就让给他，受到舆论称赞。不久主管起居事宜，升任秘书监。

出任平原将军、郢州刺史、七兵尚书等职。裴询以为凡司戍守头领蛮人首领田朴特地处险要，部下有几万人，是以捍卫边境，于是奏请朴特为西郢州刺史。朝廷决议允许他的请求。萧衍派遣将领李国兴侵犯边境，当时四方多事，朝廷未遑顾及外国的侵略，缘边城堡据点，大多被国兴攻克。贼军随即乘胜，全力向州城进攻。裴询坚守将近百日，援军到来以后贼军才退走，保住了郢州，因功加授散骑常侍、安南将军，封绛国公。

武泰元年（528 年）诏令裴询以现任官职兼侍中，任关右大使，赏赐提拔向慕道义的人。还没有出发，适逢尔朱荣叛乱，裴询遇害，终年五十一岁。追赠为侍中、车骑大将军、雍州刺史、司空，谥曰贞烈。没有儿子。

## 裴衍

裴衍，北魏河东人，字文舒，叔宝五子，裴徽八世孙，裴氏家族第三十六世，仕齐至阴平太守。魏相州刺史，安阳子。临汝开国公。赠司空。

学识比诸位兄长优秀，才能和德行也超过他们。侍奉父母以孝顺闻名，还有将帅的谋略。出仕萧宝卷政权，官至阴平太守。宣武帝景明二年（501年），才得以从南齐回到北魏，授予通直郎。

裴衍想辞去朝廷的任命，请求隐居于嵩山，于是上表道："臣有幸遇上昌平盛世，得以效力圣朝，沐浴着炎黄的春风，吸收着陶唐的养分。我这一生命运，荣幸已满。但天生弱质，常有病恙。近来风吹露浸，精神和形体都受到耗损。区区小人，无远大怀抱，只愿赋闲静养。我知道嵩山高耸入云，孕育着名花异草，想修生救病之人，多往游此山。臣资质无灵秀的天分，性情也与山水不太融洽，不敢追踵古代高士的足迹，确实只希望疗治顽疾，保养元气而已。如果疗效稍佳，贱体微愈，希望遇上风云际会的时候，尽量歌颂我皇大德。荷衣葛鞋，已裁缝就绪；拄仗穿鞋，准备登山。谨上此请求，乞盼恩许。"诏书答道："听说，你要去中岳嵩山养病，在嵩岭炼丹，栖身云山，在幽壑间服食灵芝。这种超凡的情操，应大加表彰。但治理天下的人中深乏这种古朴的风气，实在对你这样的隐士有愧，爱卿呀！既是你心去难留，怎么容我抑制你的雅兴呢，那么就顺从你所请求的意思吧。”

世宗末年（515年），裴衍开始出山，追求禄位，干预国事。肃宗任命他为散骑侍郎，代行河内郡事。接着任命他为建兴太守，改任河内太守，加征虏将军。因为母亲守丧而解职。裴衍历任两郡，都是清廉寡欲，善于安抚百姓，平民和官吏都很怀念他。

孝昌初年（525年），南朝萧衍派遣将领曹敬宗寇掠荆州，本地山蛮响应，大路被切断。都督崔进率领数万大军徘徊在鲁阳，不能前进讨敌。荆州形势危急，朝廷深为忧虑。诏令裴衍为别将，假前将军，与恒农太守五罴一道，率一万军队从武关出发，去救援荆州。贼军在淅阳迎战，裴衍大破贼军，贼军于是退却逃跑，荆州之围被解除。授以使持节、散骑常侍、平东将军、假安东将军、北道都督，镇守邺西的武城，封爵安阳县开国子，食邑三百户。

那时，相州刺史安乐王元鉴密谋叛逆，裴衍察觉他情形异常，密送报告奏于皇上。不久元鉴的部将嵇宗飞马驰报元鉴叛变。于是诏令裴衍与都督源子邕、李神轨等一道征伐元鉴，叛乱被平定。授以抚军将军、相州刺史、假镇北将军、北道大都督，进封临汝县开国公，封邑增至一千二百户，常侍之职仍旧。接着又诏命裴衍与源子邕北讨葛荣。军队驻扎于阳平东北部的漳河湾时，贼军前来迎战，裴衍战败被杀害。朝野闻讯，莫不惊骇惋惜。将其追赠为使持节、车骑大将军、司空、相州刺史。他的儿子裴嵩继承爵位。

### 裴彻

裴彻，唐代人，裴氏家族第五十一世。祖父裴郁，唐忠州刺史，河东县公。父亲裴谦。

官至同平章事。

裴邃

裴邃，字渊明，又作深明，南北朝时河东闻喜人，父仲穆，骁骑将军。祖寿孙，寄居寿阳，任宋武帝前军长史。魏冀州刺史裴徽的后代，裴氏家族第三十六世。

裴邃出身官宦人家。受家庭熏陶，裴邃十岁时就做文章，并精通《左氏春秋》。南朝齐建武年间（494—498 年），因有文才被刺史萧遥昌辟为府内主簿。梁武帝天监五年（506 年），时任右军将军的裴邃领军进攻北魏邵阳州（安徽凤阳县东北），南北两军首先在淮水上展开激战。北魏先在淮河上架桥运送军队过河。裴邃则领军建堡垒，又秘密建造没突舰以便靠近北魏运军桥。此时，正逢大雨，淮河暴涨，裴邃乘势乘没突舰攻至北魏运兵桥下，北魏军队惊慌失措，纷纷溃逃。裴邃领军乘胜追击，大破北魏军，并攻克羊石城（安徽霍丘县南），斩北魏城主元康；又攻破霍丘城，斩城主宁水仁；后攻克小岘（安徽合肥县东七十里）。回师后，裴邃因功被封为夷陵县（今宜昌市西北）子爵，并赏食邑三百户，同时升为冠军长史、广陵(今扬州）太守。

迁任广陵太守，与乡人一同进入魏武庙，评议帝王的功业。他的妻甥王篆之秘密向梁武帝陈述：“裴邃常常夸大其词，有不忠于君王的言行。”因此降为始安太守。

裴邃任竟陵太守（治所在湖北石头城）期间，设立屯田，开垦土地。屯田的设立，使官府有收入，百姓有粮吃，公私有利。在任北梁秦二州刺史时，裴邃继续执行屯田政策，开垦屯田数千顷，使得仓廪丰实，又省去往边境运粮的大量劳动力，使百姓免去劳役之苦，而获得大量时间从事生产耕作。裴邃推行的屯田政策，是三国以来屯田政策的继续，它为南朝边境的巩固起到了一定作用。

梁武帝普通二年（521 年），义州刺史文僧明率军叛梁入北魏。梁武帝即任裴邃为信武将军，率军进攻北魏，追讨文僧明叛军，以便收复失地义州。裴邃带军深入魏境，出魏军不意将北魏义州刺史封寿包围于檀公岘，封寿请求投降，义州复归梁。战后，裴邃被升迁为豫州刺史，坐镇合肥。

普通四年（523 年），裴邃进号宣毅将军。是年，梁军将大举北伐，梁武帝以裴邃总督征讨诸军事，并率军三千先行袭击北魏的寿阳，一天交战九次，因援军迷路无援而被迫退还。裴邃重新整顿军队，要求将领的战服颜色相区别，便于一致行动。裴邃自己身穿黄色战袍，率军再次进攻北魏,先后攻占北魏许多城镇。普通五年（524 年），又攻破北魏北蔡郡（河南固阳县东），将梁的北境开拓到郑城。裴邃的连续进攻掀起南朝北进的高潮，这无疑为腐朽的南朝士族注入了一定活力。普通六年（525 年），裴邃卒于军中，被追赠侍中，左卫将军，进爵为侯，增邑七百户，谥号烈。

裴邃深沉有谋略，治理政事宽容而严明，得到士兵的信赖。为人正直，有威严，将吏畏惧他，很少犯法。得知他逝世，淮、肥一带没有人不流眼泪，认为如果裴邃不死，还会开辟扩大封疆领土。子之礼继嗣。

**裴敬猷**

裴敬猷，北魏河东闻喜人，其父裴延儁,裴氏家族第三十七世。

裴敬猷和兄长裴元直都有文名，举文学。裴敬猷娶了丞相高阳王元雍的外孙女，曾任员外常侍、散骑常侍。

528 年，尔朱荣在河阴发动政变，裴敬猷与父兄同时遇害。后来,朝廷破格追赠为尚书仆射。

**裴泽**

裴泽，北齐河东闻喜人。裴鉴子，裴氏家族第三十八世。

裴泽颇有学问，为人正直。北齐孝昭初年（560 年），为北齐的斋仗之长,奏舍人。孝昭去世,魏收建议谥号为恭烈皇帝，裴泽表情严肃地反驳说：“魏收死后，也不肯接受恭烈的谥号，又怎能容许作为皇帝的谥号，况且皇太后去世时,孝昭皇帝寝食都失常，自己贬损到这种程度，今天给他追赠庙号，一定要加孝字。”于是改为孝昭。因此而违背了当时皇上的旨意，外任为广州司马。不久改任散骑侍郎。裴泽曾任北齐黄门侍郎、清河太守，官至尚书左丞。天保元年（550 年），北齐文宣帝高洋践祚，欲迁都晋阳，裴泽与众朝官联名劝阻文宣帝，激怒圣上。因裴泽居首，被斩于殿庭。

### 裴万顷

裴万顷，唐代人，裴氏家族第四十七世。

曾任冀州刺史，封冀国公官至右丞相。

### 裴矩

裴矩，字弘大，北齐至唐时人。裴氏家族第三十八世，是隋唐之际著名的政治家、外交家。祖父裴他，是魏都官尚书。父亲裴讷之，是齐太子舍人。

裴矩幼年丧父，为其伯父裴让之所收养，等到年龄稍大，博学有智数，留心世务。伯父对裴矩说："观察你的精神和智慧，足以成为有才之士，想追求官位显达，应当具备通达世事的资质。"裴矩开始留意人情世故。齐北平王萧贞担任司州牧，征召裴矩为兵曹从事，改任高平王的文学掾。等到齐灭亡，未能选调。隋文帝杨坚担任定州总管时，征召补为记室，很是亲近敬重他。后因母亲的丧事离职。

杨坚担任丞相时，派使者驰马征召裴矩，参与相府记室的事务。等到杨坚接受皇位，裴矩升任给事郎，负责舍人一职的进言奏事。开皇八年（588年），隋文帝派兵五十二万，战线从海滨到四川，水陆并进，大举伐陈，于次年春天灭陈，统一全国。裴矩在攻打陈的战役中，兼元帅记室。大破丹阳之后，晋王杨广命令裴矩和高显收取了陈的地图和户籍。

第二年，遵奉诏令到岭南巡察安抚，还未成行，高智慧、汪文进等人聚集制造叛乱，吴、越的道路被堵，皇上难以派遣裴矩出行。裴矩请求尽快出发，皇上准许了他。走到南京，求得军队几千人。当时俚的首领王仲宣逼近广州，派遣他部下的武将周师举围攻东衡州（今湖南衡阳市），裴矩与他手下的将领鹿愿赴之。叛贼建立了九处营寨，驻兵在大庾岭，互相遥作支援。裴矩进攻并且打败了他们，叛贼害怕了，放弃东衡州，占据原长岭。裴矩又攻破了叛军。于是斩杀周师举，从南海进军支援广州。王仲宣害怕了，叛军溃败逃散。裴矩又在安抚的二十多个州县中，秉承皇帝旨意方便行事，安排叛军首领担任刺史、县令。等到凯旋报功，皇上非常高兴，命令升登殿堂慰劳他们。皇上环顾高熲、杨素说："韦洸率领两万军队，无法早日打过五岭。我总是担心他军队太少。裴矩率领三千疲惫的兵士，径直到了南康。拥有他这样的大臣，我还担忧什么呢？"裴矩凭借军功受任开府，赐予爵位闻喜县公，赏赠物品两千件，授任民部侍郎，不久升任内史侍郎。

当时突厥强大兴盛，都蓝可汗娶大义公主为妻，即宇文氏的女儿，因此边境多次受到侵犯，成为祸患。后来因为大义公主和归顺的胡人勾结，长孙晟首先告发这件事，裴矩请求派使者劝说都蓝，杀死宇文氏，明正典刑，陈尸示众。皇上听从了他。最终应了裴矩的话，公主被杀。后来都蓝和突利可汗结成怨仇，多次侵犯边境堡垒。诏书命令太平公史万岁担任行军总管，从定襄一路出发，派裴矩做行军长史，在塞外打败达头可汗。史万岁被杀，战绩最后未被记录。皇上因为启民可汗刚刚归附，命令裴矩安抚存恤他们，回朝后裴矩担任尚书左丞。那一年，文献皇后驾崩，太常府过去没有这方面制度，裴矩和牛弘根据《齐礼》进行了参酌商定。裴矩改任吏部侍郎，以称职闻名。

炀帝就位，兴建东都，裴矩统领修府省，九十天就完成了。当时西域各少数民族，多到张掖和中原互为贸易活动。皇帝命令裴矩掌管这方面的事务。裴矩知道皇帝正致力于经略远方，各少数民族的商人一到中原，裴矩就引导他们讲述自己国家的风俗习惯和山河地理的险阻或平易。撰写《西域图记》三卷，上朝进献了它。书中序文说：

“我听说大禹平定九州，疏导黄河不超过积石山；秦国兼并六国，设置防卫限于临洮县。因此知道西胡等少数民族，偏僻地居住在遥远的边陲，礼仪教化不曾到达，典籍史书极少记载。自从汉朝创建，到黄河以西扩展疆土，开始称号的有三十六个小国，他们的后代分别独立，就有五十五个王。汉代仍旧设置校尉、都护，用来使他们归顺。但是他们背叛或归顺不定，经历多次征战。后汉时多次废除这些官任。虽然自从大宛以来，大致知道人口的数目，但各国的山河没有名称。至于姓氏、气候、土地、衣饰和物产，都没有编撰记载，世人不曾听说。又因为春秋更替，年代久远，兼并讨伐，各有兴盛衰亡。或者地方属原来的国家，却改从现在的名号；或者老百姓已不是旧族类，却沿袭过去的称号。加上统属的老百姓相互往来，疆界移动改变，北狄西戎方言不同，情况难以穷尽考核。于阗以北，葱岭以东，从以前的史书考察，有三十多个国家。他们的后代互相屠杀，只有十个国家被保存下来。其余的沦陷，全被消灭，只剩下空山丘，无法标记。

“皇上承受天命，养育万物，不分汉族和少数民族，整片国土的老百姓，没有不向慕归化的。风能吹到的地方，太阳能照到的地方，少数民族对朝廷的进贡都畅通无阻，没有什么偏远地方不来的。我奉命安抚招纳他们之后，监督主持边境通商事务，寻求探讨典籍，搜寻采访胡人，如果有什么疑点，就详察众人的言论。依照他们本国的衣冠服饰、仪容形貌，从国王到老百姓，各自表现出不同的仪容举止。用丹砂和青雘照原样描画，撰写成《西域图记》，共三卷，包括四十四个国家。又另绘地图，详尽地画出这些国家的军事要地。从西顷开始，直到北海以南，纵横所贯通的，将近两万里。因为富裕的生意人和大商贾到处游历，所以各个国家的情况没有不详细知道的。又有荒远之地，最终寻访难以知晓，不能虚构，所以留下空白。而两汉前后相继，给西域作的文字记载，老百姓的户数只有几十，就号称国王，空有名号，和实际情况不符。现在我编撰的，都有一千多户，获利直达西海，大多出产珍贵奇异的东西。那些住在山中，没有国家名号，以及部落较小的，多数都不记载。

“从敦煌出发，到达西海，共分三道，各有如襟似带的险要山川。北道从伊吾开始，经蒲类海（今新疆巴里坤哈萨克自治县西北巴里坤湖）铁勒部，突厥可汗庭，渡过北流河水，到拂菻国，直达西海。其中道从高昌、焉耆、龟兹、疏勒，翻过葱岭，又经钹汗（今乌兹别克斯坦塔什干东南卡散赛）、苏对沙那国（今塔吉克斯坦乌拉秋别）、康国、曹国（今山东定陶县西北）、何国（今乌兹别克斯坦撒马尔罕西北）、大安国、小安国（今乌兹别克斯坦布哈拉）、穆国（在中亚）至波斯（今伊朗），达于西海。南道从鄯善、于阗、朱俱波、喝槃陁、度葱岭（均在今新疆），又经护密（今阿富汗）、吐火罗、挹怛、忛延、漕国至北婆罗门，直达西海。那三道各个国家中，也都有道路，南北交相通达。所以其东女国（今四川西北，青海东南一带）、南婆罗门国等，都顺着道路所向，每处地方都能到达。所以说伊吾（今新疆哈密县）、高昌、鄯善，都是西域的门户。汇聚敦煌，成为西域的咽喉之地。

“凭借国家的刑罚和恩惠，将士们勇猛雄武，渡过蒙汜高举军旗，越过昆仑策马驰骋，易如反掌，哪儿不能到达！只是突厥、吐谷浑分别挖制了羌胡的国土，被他们阻止，所以入朝进贡的物品不能到达。如今羌胡等国通过商人暗中传达了他们的忠诚，伸长脖子，翘起脑袋，希望成为隋的附属国。圣明的皇上心怀养育万民之心，恩泽广施天下，征服并安抚新近归附的百姓，主要在于安宁和睦。所以皇帝派遣使者，不动兵器。各藩邦既已归附顺从，突厥可以消灭。统一各少数民族和华夏，大概就在这一次了。不记载下来，就无法体现国威盛化达到了远方呀！”

裴矩在书中不但用大量文字介绍了西域四十四国的国情，还绘制了许多地图，标出了从敦煌到地中海的三条大道，并详细叙述了三条大道的路线，其中中道和南道即为历史上有名的“丝绸之路”。《西域图记》成为后人研究丝绸之路的唯一地图。裴矩由此成为当时有名的“西域通”。

当时，皇帝大悦，赏赐裴矩五百匹绸缎。每天拉着裴矩到皇座前，亲自询问西疆的事务。裴矩极力夸赞胡人有很多各样的宝物，吐谷浑容易吞并。皇帝因此非常羡慕，准备和西域交往，并将四方少数民族的经营管理都交付给裴矩。

裴矩改任民部侍郎，还没就职治事，就升任黄门侍郎。皇帝又命令裴矩前往张掖，拉拢西部少数民族，到的有十多个国家。

大业三年，皇帝在恒岳举行祭祀，这些国家都出资帮助皇帝祭祀。皇帝准备到黄河以西巡行，又命令裴矩前往敦煌。裴矩派使者游说高昌王和伊吾的吐屯设等，用重利引诱他们，带领他们入朝晋见。等到皇帝到西部巡行，住在燕支山，高昌王、伊吾设等人，以及西部的二十七个少数民族国家，在道路左边拜见皇帝。裴矩让他们都戴上金玉饰物，穿着丝毛织品，点燃檀香，奏响音乐，载歌载舞，喧哗热闹。又命武威、张掖的青年男女装扮华丽随意观看，车马拥挤，横贯数十里，以显示中原的强大。皇帝见此景非常高兴。最后打败吐谷浑，扩展疆土数千里，并且派遣军队驻守。每年转运的物资多以亿万计，各少数民族害怕了，入朝进贡的接连不断。皇帝认为裴矩有安抚怀柔的谋略，进升官位银青光禄大夫。那年冬天，皇帝到东都，裴矩因为少数民族入朝进贡的人很多，劝皇帝命东都举行大型歌舞表演。征集四方奇异的歌舞杂耍，排列在端午门街，穿彩色丝绸服、戴黄金翠玉的人共有十多万。又勒令各官员及老百姓、青年男女按次序坐在竹木篷架上恣意观看。人们都穿着华丽鲜艳，一个月才停止。裴矩又下令闹市商店都张设帷幕，摆好丰盛的酒菜，派掌藩带领外族人和老百姓做买卖，所到之处，都给邀请入座，喝醉吃饱才离开。外族人感叹，说中原人是神仙。皇帝称赞裴矩的忠诚，看着宇文述、牛弘说："裴矩很能体察我的心意，凡是他进言上书的，都是我已定的计划。话还没说出来时，裴矩就说给我听了。如果不是为国非常用心，哪能像这样？"

皇帝派遣将军薛世雄防守伊吾，命裴矩一同前往经营管理。裴矩委婉劝说西域各国："天子因为和你们做买卖相距太远，所以派军驻守伊吾。"西域各国都认为合理，不再来争。回朝后，赏赐裴矩四十万钱币。裴矩又启奏皇上，下令反间射匮，秘密袭击处罗，事见《西突厥传》。后来，处罗被射匮逼迫，最终跟随使者入朝晋见。皇帝非常高兴，把貂皮大衣以及西域的珍贵器物赏赐给裴矩。

裴矩跟从皇帝到塞北巡行，来到启民帷幕。当时高丽派使者先和突厥交往，启民不敢隐瞒，带着使者来见皇帝。裴矩趁势上奏说："高丽这地方，本是孤竹国，周朝把它分封给箕子，汉时划分为三个郡，晋代也隶属于辽东。如今不守臣道，另作了我国以外的一个国家，所以先王对此痛恨，想征伐它已经很久了。只因为杨谅无能，出兵没有成效。陛下在这时候，哪能不致力于这事，难道让礼仪教化之邦，就此成为蛮貊等落后部族的地方吗？现在他们的使者向突厥朝觐，亲自拜见启民，整个国家归顺，必定惧怕皇上的高远豁达，考虑投降前预先逃跑。逼迫命令他们朝见皇上，应当是可以使他们来的。"皇帝问："怎么做？"裴矩说："请允许我当面告诉高丽使者，放他回去本国，派他转告高丽王，命令高丽速来朝见。不这样的话，就率领突厥，马上讨伐高丽。"皇帝接受了裴矩的意见。隋将高元不肯效力尽忠，朝廷开始确立征伐辽的计策。朝廷军队前往辽，裴矩以原有官职领武贲郎将。第二年，又跟从到了辽东。兵部侍郎斛斯政逃入高丽，皇帝命令裴矩兼管军事。凭借征伐辽的前后战绩，裴矩进升为右光禄大夫。当时朝廷的纲纪缺乏整顿，官员大都失节，左翊卫大将军宇文述、内史侍郎虞世基等主管国事，文武官员多数因贪污受贿闻名。只有裴矩固守常法，没有贪赃纳贿的传闻，因此被世人称许。

裴矩回到涿郡，皇帝因为杨玄感兵变刚刚被平息，命令裴矩安定和睦陇西。裴矩趁势到会宁，慰问曷萨那部落，派阙达度设侵犯吐谷浑，常有缴获物，部落因此致富。裴矩回朝启奏，皇帝大大奖赏他。裴矩后来跟从军队到怀道镇，皇帝诏令他统辖北方少数民族的军事。裴矩因为始毕可汗部族的兵众逐渐增多，向皇帝献计削分他们的势力，准备把皇上同宗之女嫁给可汗的弟弟叱吉设，拜授他为南面可汗。叱吉设不敢接受。始毕听说这件事逐渐生出怨恨。裴矩又向皇帝进言说："突厥本来淳朴简单，能被离间，只因为他们内部有很多胡人，全都凶悍狡黠，教唆他们罢了。我听说史蜀胡悉特别多奸计，被始毕宠幸，请允许我引诱他出来将他杀死。"皇帝说："好吧。"裴矩于是派人告诉胡悉说："天子拿出大量珍贵的物品，现放在马邑，准备和各少数民族广做交易。如果能提前来的，就可以得到好东西。"胡悉贪财就相信了这些话，不报告始毕，率领他的部落，赶出全部牛羊牲畜，如流星飞奔，争着向前，期望先做交易。裴矩在马邑埋下伏兵，诱杀了胡悉。派人报告始毕说："史蜀胡悉忽然率领部落跑到这里，说背叛了可汗，希望我收纳他们。突厥已经是我们的臣国，他们有背叛行为，我应当一并处斩。现在已杀死他们，所以派人来报信。"始毕也知道那些情况，从此不再上朝。

大业十一年，皇帝到北方巡猎，始毕率领数十万骑兵，在雁门围攻皇帝。皇帝下诏命令裴矩和虞世基每晚住在朝堂，以等待咨询。等到围困被解，裴矩跟从皇上到了东都。归顺的射匮可汗派遣他的侄子，率领西方少数民族和各胡人部落上朝进贡，诏书命令裴矩设宴接待他们。

不久，裴矩跟从皇帝到江都宫。当时四方叛贼蜂拥而起，郡县上奏的无法计算。裴矩说了这些事，皇帝发怒，派裴矩到京城接待迎候各少数民族客人，裴矩因为生病没有成行。等到义军进入函谷关，皇帝派虞世基到裴矩的宅府询问对策。裴矩说："太原发生变故，京城所在地区不安宁，远作调度，恐怕错失行事的良机，只希望皇上车驾早日还归，才能太平安定。"裴矩又开始就职治事。

不久，骁卫大将军屈突通失败的消息到了，裴矩把它告诉了皇帝，皇帝变了脸色。裴矩一向勤勉谨慎，不曾触犯过人，又见到天下混乱，恐怕招致自身的灾祸，他对待别人，大都超过这些人所期望的，所以即使是干难事的奴仆都能取得他们的欢心。当时跟从的骑兵和勇士多有逃散，皇帝对此感到担忧，拿这事去问裴矩，裴矩答道："如今车马羁留在这儿，已经过了两年，这些勇士，全都没有家属，人人都无配偶，这样就不能长期安心。我请求听凭将士们在这儿娶妻。"皇帝非常高兴说："先生到底智谋多，这真是奇计啊。"于是命令裴矩查核察看，为将士们娶妻。裴矩召集江都境内的寡妇以及未出嫁的女孩，都集中在宫监中，然后召见将领及士兵等，任凭他们挑选。并趁势听取将士们自行报案，先前有和妇女以及尼姑、女道人通奸的，全都马上许配给他们。因此勇士们非常高兴，都竞相说："这是裴公的恩惠呀。"

宇文化及叛乱的时候，裴矩早晨起来准备上朝，到街巷门口碰上几个叛党，拉着裴矩的马到了孟景的住宅。叛贼们都说："和裴黄门无关。"不一会儿，化及带着一百多骑兵到了，裴矩迎接拜见了他，化及宽慰了裴矩。命令裴矩参酌商定制度，推举杨浩为皇帝，封裴矩做侍内，跟随化及前往黄河以北。等到僭越皇位，拜授裴矩为尚书右仆射，加光禄大夫，封为蔡国公，担任河北道安抚大使。

宇文氏失败后，裴矩被窦建德俘虏，因为裴矩是隋期的旧臣，窦建德对待他很宽厚。又让他担任吏部尚书，不久改任尚书右仆射，专门掌管选考官职的事务。建德出身绿林，没有礼节仪式，裴矩为他制定了各种朝廷的礼仪。旬月之间，宪章制度非常完备了，和帝王相似。建德很高兴，经常到裴矩处访问咨询。建德渡过黄河讨伐孟海公，裴矩和曹旦等在洺州留守。建德在武牢被打败，各位将领不知道该归属谁，曹旦的长史李公淹、大唐使者魏徵等劝服曹旦及齐善行使他们归顺大唐。曹旦等听从了他们，就下令裴矩和魏徵、李公淹带着曹旦和八颗玉玺，包举太行山以东的地方归服大唐。

武德五年（622 年），授任太子左庶子。不久升太子詹事。裴矩受命与虞世南撰写《吉凶书仪》，他参考旧有事例，写得非常适合礼仪法度，受到学者称赞，到今天还在实行。武德八年（625 年），兼任检校侍中。太子李建成被杀以后，他的余党尚且据守宫城，要与秦王决战，秦王派裴矩晓谕他们，东宫兵士才解散。不久升任户部尚书。裴矩将近八十，而精神爽朗毫不衰老，因熟习旧制，很受推重。

太宗刚即位，任裴矩为吏部尚书（相当于国家级副职）。皇帝一心防范奸邪官吏，有时听说各曹案典中，收受贿赂的人很多，于是派人拿财物来加以试探。有个司门令史接受了馈赠的一匹绢，太宗大怒，准备杀掉他。裴矩进谏说："这个人接受贿赂确实应重重惩罚。但是陛下用财物试探他，就处以死刑，这是引诱别人犯罪，恐怕不符合引导人尊礼重德之义。"太宗采纳了他的意见，因而召来百官对他们说："裴矩能当廷谏诤，不肯面从，每件事都这样，还有什么可担忧天下不能治理的。"大唐名相魏徵对裴矩也有很高的评价。他在《隋书》中对裴矩大加赞扬。

裴矩贞观元年（627 年）去世，享年 81 岁。追赠绛州刺史，谥号为敬。撰写《开业平陈记》十二卷，流传在世。

## 裴寂

裴寂（570—629年），字玄贞，隋薄州桑泉人。祖父裴融，任司木大夫。父亲裴孝瑜，任绛州刺史。裴氏家族第四十世。唐初“佐命功臣”。武德九年（626年），唐太宗定四十三名功臣的实封等第，裴寂第一。

裴寂小时候丧失双亲，由各兄长抚养。十四岁时，任州主簿。到长大，眉目清秀，身材魁伟。

隋开皇年间，任左亲卫。家里贫穷没有自己的产业，常常步行到京城，经过华岳庙，祭祀祷告说：“我穷困到这一步，冒昧修身致诚前来拜谒，神要有灵，指出我的命运。如果富贵有望，就给我降下好梦。”拜了两拜离开了。夜里梦见白发老翁对裴寂说：“你三十岁以后才能得志，最终官位可达人臣的最高极限。”后来任齐州司户。

大业年间，历任侍御史、驾部承务郎、晋阳宫副监。唐公李渊做太原留守时，与裴寂关系密切、情投意和，常常请他宴饮交谈，有时一起下棋，以至通宵达旦，情绪很高忘记疲倦。当时李世民准备起兵但不敢说，看到裴寂很受其父厚待，就拿出自己的几百万钱，暗中结交龙山令高斌廉，让他和裴寂赌博游戏，慢慢输给他。裴寂得到很多钱后，非常高兴，每天跟随李世民出游，李世民见他很高兴，就把情况告诉了他，裴寂立刻答应了。裴寂又派晋阳宫人私下去侍奉李渊，有一次李渊让裴寂陪他饮酒，喝到畅快时，裴寂告诉他情况说：

“二郎秘密集聚兵马，要举义旗起兵，全是为我裴寂派了宫人侍奉您，害怕事情泄露被处死，情况紧急才这样做。现在天下大乱，城门外面都是盗贼。假如保持小节，早晚是死；如果举兵起事，必定得到天子地位。大家的意见已统一，您的意见怎样？”李渊说：“我儿确实有这计划，而且既然已经决定了，可以依从他。”

等到义兵起事，裴寂进献宫女五百人，并献上九万斛米、五万段各种丝绸、四十万领甲衣，作为军用。建立大将军府后，任裴寂为长史，赐爵位闻喜县公。跟随到河东，屈突通抵御坚守，攻打不下，三辅豪杰每天有数千人归顺义军。唐公李渊准备先平定京城，商议的人怕屈突通成为后患，犹豫不决。裴寂上前劝说：“现在屈突通占据蒲关，如果不先平定他，前面有京城的守卫，后面有屈突通援助，这样就会腹背受敌，是失败的策略。不如攻打蒲州，攻下后再进关。京城断绝了后援，可以不用攻打就平定。”秦王李世民说：“不是这样。兵法崇尚诡变，诡变在于迅速。应趁机早些渡河，来震骇他们的内心。况且关中（群盗）各路起义军四处屯驻集结。怀疑自身力量而需互相依仗，容易以关怀的方法来招抚，通过招抚而具有了这些力量，众人归附，力量强大，打什么地方没有攻不下的。屈突通仅是个守城的贼子，怎么能成为我们的心腹大患？一旦失去了这次机会，胜负就不再能筹划了。”唐公两从之，留下一部分兵力围蒲，而又派遣秦王带军入关。待到京城平定后，赐裴寂良田千顷，上等住宅一处，布帛四万段，改任大丞相府长史，进封为魏国公，食邑三百户。

隋恭帝杨侑于618年禅位于李渊。唐国公李渊坚决推辞皇位。裴寂劝他答应，还不答复。裴寂请求拜见说：“夏桀、殷纣灭亡时，也都有儿子，未闻汤、商武臣辅之，可以用作借鉴，不要再迟疑了。我裴寂的封邑、地位，都是大唐给的，陛下不做唐朝皇帝，臣自应辞去官职了。”又陈符命十余事，高祖这才答应。裴寂出来，命令太常准备礼仪，选择吉日。李渊于618年6月于长安太极殿即皇帝位，国号唐，改元武德。随后对裴寂说：“使我到这一地位，是裴公呀。”授任裴寂为尚书右仆射，赐给服饰珍玩，不可胜数，还下诏尚食奉御，每天赐给裴寂御膳。高祖每天处理朝政，必定和他同坐，入阁就请他进卧室，他的话没有不听的，称作裴监而不称名。当时朝廷贵戚，受亲重礼遇没有能和他相比的。

武德二年（619年），刘武周手下将领黄子英、宋金刚不断进犯太原，行军总管姜宣谊、李仲文相继覆败沦陷贼中，高祖很担心。裴寂亲自请求出征，高祖任他为吾州道行军总管，可以随机行事。军队驻在介休，而宋金刚依据城池来抵抗裴寂。裴寂守在度素原（今山西介休市东南处），贼军在河上筑坝拦水。裴寂军营缺水，因此危急困迫。想转移到有水的方位安营，贼兵乘机进犯，裴寂军于是大败溃散，几乎全部死伤逃跑了。裴寂骑马奔驰一天一夜逃到平阳，晋州以东的城镇全部陷落敌手。宋金刚进逼绛州。裴寂上表请罪，高祖抚慰他，又让他镇守安抚河东地方。裴寂秉性怯懦，没有抵御捍卫的才能，只是不断地派出使者，督促虞、秦二州的居民，强令进入城堡，焚毁积聚的粮食。百姓惊慌害怕，又想作乱。夏繇人吕崇茂于是杀死县令举兵反叛，招引宋金刚作援助。裴寂攻打，又被吕崇茂打败了。被召回朝，高祖责备他说：“起兵初期，公有辅佐拥戴的功劳，官爵也到了顶点。前面抵御刘武周，兵力足够打败敌人的，却失败到这种地步，难道你对朕就不感到有愧吗？”把他交给有关官吏处理，不久又释放了。照顾待遇更为加重。

高祖只要外出巡视，必定让他留守，麟州刺史韦云起上告裴寂图谋反叛，审问却知毫无原由。高祖对裴寂说：“朕之所以能有天下，本来就是您所促成的，现在怎能有二心？应当分清黑白，所以使人推求验证罢了。”于是让贵妃三人带着珍稀饮食、宝物器玩到裴寂的府中，尽情饮宴作乐，过了一夜才离开。高祖还曾经从容地对裴寂说：“前代帝王大多由微贱兴起，经过艰苦战争然后才取得成功。我家是陇西古老的贵族，世代与王室通婚。一声高呼，首倡起义，不到三个月就踞有了天下。裴公也是（华胄）世家贵族的后代子孙，职位光耀显赫，不是刘邦亭长、萧何、曹参等刀笔小吏所能相比，我与裴公对职位是当之无愧的呀。”这一年，改铸钱币，特赐裴寂可以自己铸造。又给赵王李元景聘娶裴寂的女儿做妃。

武德六年（623年），升任尚书左仆射，在含章殿赐宴，高祖很高兴，裴寂叩头而拜说：“臣当初在太原时，已得到过恩旨，天下太平以后，允许我回家耕地。现在四海平安，恳请赐臣退休。”高祖泪流沾襟说：“现在还不行，我们要一起安度晚年。您任职台司，我做太上皇，逍遥一世，难道不快乐！”不久封为司空，赐实封五百户，每天派一位尚书员外郎到裴寂的府第值班，他就是如此受尊崇。

贞观元年（627年），增加实封和前面的共一千五百户。贞观二年(628年),太宗在南郊祭祀，让裴寂和长孙无忌一起升坐金辂车，裴寂推辞，太宗说：“因您有辅佐王命的功勋，长孙无忌也为朕出力，不是你们两人，谁还可以作为朕的参乘呢？”于是同车而回。

贞观三年（629年），有个和尚法雅，起初因受宠出入两宫，这时被禁止在外，法雅心怀不满，散布怪诞的邪说，被定罪处死。兵部尚书杜如晦审他的案子，法雅就说裴寂知道他的话，裴寂回答说：“法雅只说到某个时候要流行疾疫，开始没听到怪诞邪说。”法雅证明他知道，因此受牵连被免官，削减一半食邑，遣回故乡。裴寂请求住在京城，太宗责备他说：“裴公功勋与职位不相称，仅凭太上皇的恩泽位居第一，武德年间的政治，偶尔废弛紊乱，完全是任用你造成的。现在让你回家祭扫祖坟,还有什么说的？”裴寂于是回到蒲州。

不久，有个狂妄之人自称信行，寄居在汾阴，所说的话多是不真实的言辞，曾对裴寂的家僮说：“裴公有做天子的福分。”这时信行已死，裴寂家奴恭命把信行的话报告裴寂，裴寂惊惶不安不敢上报，暗中叫恭命杀死传说这话的人。恭命却放了他，让他逃跑躲藏起来，裴寂不知道这些。裴寂派恭命前去封邑收纳贡赋，得到一百多万钱，恭命因要用钱就将钱全部用光了。裴寂大怒，要派人逮捕他，恭命害怕就向朝廷密报裴寂谋反。太宗大怒，对侍臣说：“裴寂有四条死罪：位居三公而和妖人法雅亲近，是第一条罪；已经免官，却口出怨言说国家的兴盛都是他的谋划，这是第二条；隐匿妖人的话不上奏，这是第三条；专断杀人灭口，这是第四条。我杀他不是没有理由。参议的人多建议流放发配，朕就听从众人的意见吧。”因此，裴寂被流放交州,最终流放到静州。不久碰上山羌作乱，有人传说造反的獠人劫持裴寂作为君主。太宗听说这事后说：“我国家对裴寂有活命之恩，肯定不会这样。”没多久，果然传来裴寂率家僮打败叛贼的消息。太宗想到裴寂有辅助朝廷的功劳，征召入朝，正巧去世，终年六十岁。追赠相州刺史、工部尚书、河东郡公。

儿子裴律师继嗣，娶太宗的妹妹临海公主为妻，官做到汴州刺史。开始，高祖评定太原首功，下诏书令秦王、尚书左仆射裴寂、纳言刘文静可特许宽恕两次死罪；左骁卫大将军长孙顺德，右骁卫大将军刘宏基，右屯卫大将军窦琮，左翊卫大将军柴绍，内史侍郎唐俭，吏部侍郎殷开山，鸿胪卿刘世龙，卫尉少卿刘政会，都水监赵文恪，库部郎中武士护，骠骑将军张平高,李思行、李高迁，左屯卫府长史许世绪等十四人特许可宽恕一次死罪。

武德九年（626年）十月，太宗又确定功臣的封护。当时刘文静已死，于是从裴寂往下按功劳大小依次排列，一共四十三人。裴寂封一千五百户，长孙无忌、王君廓、尉迟敬德、房玄龄、杜如晦封一千三百户，长孙顺德、柴绍、罗艺、赵郡王孝恭封一千二百户，侯君集、张公谨、刘师立封一千户，李勣、刘弘基封九百户，高士廉、宇文玻、秦叔宝、程知节封七百户，安兴贵、安修仁、唐俭、窦轨、屈突通、萧瑀、封德彝、刘义节封六百户，钱九陇、樊兴、公孙武达、李孟尝、段志玄、庞卿恽、张亮、李药师、杜淹、元仲文封四百户，张长逊、张平高、李安远、奎和、秦行师、马三宝封三百户。

**裴炎**

裴炎，字子隆，祖父裴仁素，父亲裴大同，裴徽第十一世孙，裴氏家族第三十八世。唐明经及第侍中、中书令，封爵晋国公，是位以身殉唐的著名宰相。

裴炎年轻时做了弘文生，每遇休假，众生大多外出游玩，唯独裴炎依然学习不止。一年以后，有关官员将要推荐他应考，他以学业未精作借口而推辞。在弘文馆近十年，尤其通晓《春秋左氏传》和《汉书》，考中明经科，不久任濮州司仓参军。历任兵部侍郎，中书门下平章事、侍中、中书令。

永淳元年（682年），高宗到东都，太子李哲留守京城，命令裴炎和刘仁轨、薛元超辅佐太子。第二年，高宗患病，裴炎随同太子赶赴东都服侍皇上疾病。

十一月，高宗病重，命令太子代行主持国事，裴炎受诏和黄门侍郎刘齐贤、中书侍郎郭正一都在东宫商议决定国事。

等到高宗病情大为加重，受遗诏辅佐中宗。十二月丁巳日，高宗去世，太子即位，是为唐中宗，改为中书令。旧时，宰相议事门下省，号政事堂，长孙无忌以司空，房玄龄以仆射，魏徵以太子太师皆知门下省事。到了裴炎时，以中书令执政事笔，故徙政事堂于中书省。中宗即位后，打算任命皇后的父亲韦玄贞为侍中，又想授乳母之子五品官职，裴炎执意规劝认为不可。

中宗不高兴了，怒曰："我就是把国家让给韦玄贞又怎么不行，为何吝惜一个侍中呢？"裴炎害怕了，于是和武则天定计废掉中宗另立皇帝。裴炎和中书侍郎刘祎之，羽林将军程务挺、张虔勖等人带兵入宫，宣读太后诏令，扶皇帝下殿。皇帝问："我有什么罪？"太后回答："你想将天下让给韦玄贞，怎能说是无罪。"于是，废中宗为卢陵王，立豫王李旦做了皇帝。裴炎因定计之功，封为永清县男。

太后临朝听政，天授初年，又将豫王降为皇嗣。当时太后之侄武承嗣请求建立武氏七庙并且追封父祖为王，太后准备答应。裴炎进谏说："皇太后是天下之母，因圣德临朝，应当心存至公，不应追封祖宗为王建庙祭祀，显示自私。况且难道没见到吕氏失败之事吗？臣担心后人看待现在，也就像现在看待过去一样。"太后说："吕氏封王，大权握在活人之手；现在追尊为王，全是封给前人，生死不同，怎可相提并论？"裴炎说："杂草蔓延难以铲除，要在初生时就不能任其生长，殷商之鉴不远，应当斩断祸源。”太后不悦，于是作罢。当时韩王李元嘉、鲁王李灵夔等人都是皇族近亲，武承嗣和堂弟武三思多次劝太后借事杀死他们，来断绝李氏宗室的希望。刘祎之、韦仁约都胆小害怕，唯唯诺诺不敢直言，只有裴炎坚决规劝，以为不可，武承嗣非常恨他。出于政治需要，没过多久，武后又封裴炎为河东县侯。

豫王虽然是皇帝，却不曾处理天下事务。裴炎谋划趁太后出游龙门时，派兵拘捕她，将国政归还天子。正值久雨，太后不出游而停止此事。徐敬业起兵，太后提议讨伐他，裴炎说：“天子长大了，不参与国政，因此小人有借口。如今假如还给儿子明君之政，逆贼不用征讨就会自行瓦解。”御史崔詧说：“裴炎受先帝顾命之托，大权在手，听说叛乱不去征讨，却请求太后归还国政，此中必生有异图。”太后便拘捕裴炎押送诏狱，派遣御史大夫骞味道、御史鱼承晔共同审讯他。凤阁侍郎胡元范说：“裴炎是国家大臣，有功于国，一心服侍皇上，天下共知，臣明白他不谋反。”纳言刘齐贤、左卫率蒋俨相继为他辩解，太后说：“裴炎谋反已有端倪，只是卿等不知道罢了。”胡元范、刘齐贤说：“如果裴炎能谋反，我们也能谋反了。”太后说：“朕知道裴炎谋反，你们不能反。”便在都亭驿杀了裴炎。

裴炎被弹劾时，有人劝他说些恭顺的话，裴炎说：“宰相下狱，没有自我保全的道理。”最终不屈服。官府抄没他的家财，没有一石粮的积蓄。睿宗即位，追赠裴炎为太尉、益州大都督，谥号忠。

**裴胄**

裴胄（729—803 年），字胤叔，裴氏家族第四十三世，唐代人，父裴京，唐汝州别驾，祖父裴安，字无晦，唐袁州刺史。

裴胄考中明经，出仕补太仆寺主簿。正值西京长安、东京洛阳沦陷。裴胄躲避他州。叛贼平定后，授秘书省正字，多次转任为秘书郎，陈少游任陈郑节度留后，奏请裴胄试大理司直。陈少游被罢官后，陇右节度使李抱玉奏请授裴胄为监察史。裴胄做官不得志，免官回乡。陈少游任宣歙观察使，再次征入幕府中任职，李抱玉恼怒，奏请朝廷将他贬为桐庐县尉。浙西观察使李栖筠威望很高，虚心礼待士人，幕府中广泛选取有才学的俊杰。观察判官许鸿谦有学识，李栖筠经常从自己的席位来到他的席位请教，经常向他咨询，崔造等人都是出于他的引荐。许鸿谦一见到裴胄，十分器重他，向李栖筠推荐裴胄，李栖筠奏请他为大理评事、观察支度使。代宗鉴于元载毁坏扰乱了朝廷法纪，征召李栖筠入朝，内定下制授他为御史大夫，正准备重用，元载以仗权势，让李栖筠担任顾问监察的官职，二人不和。等到李栖筠去世，裴胄护送李栖筠灵柩返回洛阳，众人认为他这样做很危险，裴胄坦然行事，没有什么顾忌，淮南节度使陈少游奏请授他检校主客员外郎，兼侍御史、观察判官。不久任行军司马，升任宣州刺史。

杨炎刚任相，专意替元载报仇，所有元载政敌的党羽都不遗漏。适逢裴胄的属下将裴胄曾在任时所累积的杂俸据为己有，杨炎派员寓借题发挥竭力诋毁他，裴胄被贬为汀州司马。不久征入朝任少府少监，授京兆少尹，因所拜的官犯父名讳而不就任，改任国子司业，升任湖南观察都团练使，移任江南西道观察都团练使。前任江西观察使李兼裁减南昌军一千多人，收回这部分的资粮，作为月进按月献给朝廷，裴胄到任，向朝廷奏报事情的始末，取消了月进。适逢淮南节度使樊泽移军镇守襄阳，宰相正商议替代他的人选，皇上首先提出任命裴胄接樊泽，并兼御史大夫。

裴胄一贯简易节省，当时各道节度观察使竞相盘剥百姓增加赋税收入，以进奉为名制作奇锦异绫。另外，宦官前来宣读诏命，总是竭尽公府钱财赠送给他们以博取他们的欢心。裴胄对待他们很有分寸，都不过数金而已，为政除一般赋税之外没有横征暴敛，设宴慰劳的礼节也不过在酒宴上慰劳以敬三爵为限，从不狂饮作乐。当时武臣多数蓄养宾客侍从，宾客稍有过失就要被奏请流放处死。裴胄出身于书生，奏请将其手下的掌表书记梁易从贬退，君子鄙视他进用废退、宾客不按礼法行事，众议也轻视他。贞元十九年（803年）十月，裴胃去世，时年七十五岁，追赠右仆射，谥曰成。

史臣曰：“……胄抱义危行，守正奉公。皆贤帅矣。……赞曰：……裴（胄），守忠臣之道，皆贤帅之才。”

## 裴行本

裴行本，唐代人，裴氏家族第四十世，属西眷裴（南来吴裴）。祖献，扶州刺史、临汾公。父义山。

裴行本为武太后时的宰相。当时，身为冬官侍郎的裴行本和凤阁侍郎任知古等七人被酷吏来俊臣构陷当死。这时，幕后操纵者武太后忽然大发善心，竟对公卿大臣说：“古人以杀止杀，我今以恩止杀。你们都给行本、知古等人说情，我就给他们一条活命，各授以官职，以观后效。”来俊臣等酷吏不知趣又请求对他们施行大法，太后不许。天授二年（691 年）九月，冬官侍郎裴行本和狄仁杰并一同任凤鸾台平章事，成为武则天朝的宰相。不过，好景不长，次年，长寿元年（692 年）一月，贬任知古为江夏令，狄仁杰为彭泽令，流放裴行本于岭南。卒葬闻喜凤凰垣。

## 裴京掾

裴京掾，唐代人，裴氏家族第四十四世。祖父裴歆，父亲裴高。

历任金紫光禄大夫、尚书左仆射，官至中书令。

## 裴谈

裴谈，唐代人，裴氏家族第三十九世，裴徽第十二世孙。祖父裴错；父亲裴弘献，贞观元年任刑部郎中，颍州刺史。

唐高宗时，曾任黄门侍部。永隆二年（681 年），迁任侍中。后历任刑部尚书、工部尚书，封金紫光禄大夫。睿宗景云元年（710 年），拜同中书门下平章事，封晋国公。后因故左迁蒲州刺史。

裴谈的升迁，和他清除酷吏有关。监察御史魏靖说："俊臣死，推者获功，胡元礼超迁，裴谈显授，中外称庆，朝廷载安。"

## 裴世举

裴世举，唐寿州寿春（今安徽寿县）人。父裴怀古，历唐监察御史，相州（今河南安阳市北）刺史，幽州都督，左威卫大将军。世举，裴氏家族第四十世。历景云中金紫光禄大夫，尚书左仆射，同平章事。

**裴居道**

裴居道，唐绛州闻喜人，属东眷裴，裴氏家族第四十世。父名熙载，唐冀州刺史，兵部侍郎，贞观年间任尚书左丞。祖父裴镜民，隋朝兵部侍郎。

武则天是中国历史上唯一的女皇帝，给唐朝历史，也给中国古代历史留下了深深的印记。这段曲折的历史，也使河东裴氏有了一段曲折的经历。在此期间产生的四位宰相：裴炎、裴居道、裴行本、裴谈，前三位都在捍卫唐室的统治中献出了自己的生命，只有裴谈在中宗复位后清除武则天时的酷吏的斗争中，取得了成功。

裴居道在高宗咸亨四年（673年）为左金吾将军。女为高宗第五子李弘妃。弘在显庆元年（656年）立为皇太子，咸亨二年（671年）纳居道女为妃，甚有妇德。高宗曾谓侍臣曰："东宫内政吾无忧矣。"上元二年（675年），武后为了夺权，悍然毒死李弘。唐中宗李显即位时，裴居道女儿已死，被追赠哀皇后（李弘被谥曰孝敬皇帝）。

武则天窃权后，裴居道又历任纳言、尚书左丞、太子少保、中书令，拜金紫光禄大夫，封冀国公。载初元年（689年），在武后称帝前夕，裴居道被酷吏陷害，下狱冤死。

裴孝源（577—640 年），北朝至隋唐时人。父延归，后魏中书令。祖父双硕，后魏闻喜令，建威将军，恒农太守。封安邑子，赠平南将军，东雍州刺史，闻喜侯。裴徽八世孙。裴氏家族第三十五世。裴孝源是我国美术鉴赏的鼻祖。

裴孝源活动在南北期末至唐代初期，历仕后魏昌平太守，唐吏部尚书、尚书令、中书令、吏部员外郎等职。

唐太宗时汉王李元昌酷爱书画，他常与裴孝源等人谈论绘画的精妙之处，发现裴孝源的艺术品位相当高，就于贞观十三年（639 年），让他甄别并记录魏晋以来国家所藏的绘画遗作。此事正是投其所好，裴孝源自然不遗余力地投入此项工作。他仔细分类，认真筛选，对比品评，精心撰录。直至该年八月，他的《贞观公私画史》才终于面世。《贞观公私画史》在体例上分为序言、著录、正文和结论四大部分，共收录魏晋至唐初五十四位画家及其作品，另外还收录了四十七所寺庙道观的壁画。

裴孝源对绘画有着独特的认识和精辟的见解。他认为绘画在我国有着悠久的历史，历代名家辈出，题材多样，风格独特，而且历代珍重。他在《贞观公私画史》中阐述了绘画的历史、题材、流派、风格等重大问题，并高度评价了绘画的教育功能，还反映了北朝至隋唐时代绘画的盛况。《贞观公私画史》为我们了解、探究、评价古代绘画发展史、绘画种类、画家流派作品的实绩，以及绘画题材与品位提供了丰富的资料。因此，该书被誉为“美术鉴赏祖本”。裴孝源也因其在该书中的精妙论述，被誉为我国的“美术鉴赏之鼻祖”。

### 裴元质

裴元质，唐河东人。裴良六世孙，裴氏家族第四十一世。裴敬彝之子。

乡试和礼部“省试”连捷，由举人成为进士。历司勋员外郎。唐中宗景龙二年（708 年），以御史中丞领益州大都督府长史，后历任河东皇蜀郡大都督府长史、皇蜀郡太守，因功封绛郡公。唐玄宗时期任过兵部尚书，官至左丞相。

### 裴耀卿

裴耀卿（681—743 年），字焕之。唐代人。裴守真之子。裴氏家族第四十二世。官至平章事。

少年聪敏，八岁时便能作文章，考中童子科。二十岁时授任秘书正字，不久补任相王府典签。当时睿宗在王府，很器重他，令他与府掾丘悦、文学韦利器轮流在府中值班，以备顾问，府中称为学直。等到睿宗即位，授任他为国子主簿。

开元初年（713 年），裴耀卿

升任长安令。长安从前有摊派给每户（的负担）和官府向民间议价购买物品之法，百姓深受其苦。裴耀卿到位，命令一概取自豪门、富商，预先付给报酬（钱），于是革除了奸诈屯积的弊病，公府私户都感到很便利。他任职两年，刑赏适宜，调离官任后，县民十分思念并歌颂他。

唐开元十三年（725 年），裴耀卿任济州刺史。这年，皇上东巡。济州是东巡的必经之路，道路绵长，人户稀少，裴耀卿亲自规划安顿，摊派很有法度。当时皇帝经过了十几个州，认为裴耀卿是安排备办得最好的。他又历任宣、冀（今属安徽宣州市、河北深州市东南）二州刺史，都有善政，召入任户部侍部。

唐开元二十年（732 年），礼部尚书、信安王李钟奉诏讨伐契丹，诏令裴耀卿为副。不久又令裴耀卿携带二十万匹绢赐给立功的奚族官吏，前往部落赐给他们。裴耀卿对人说："夷虏贪残，见利忘义，如今我们携带财帛，深入敌境，不可不防备。"便命令提前出发，分道并进，一天之内全部赏赐完毕。当时突厥已到室韦（今内蒙古额尔古纳左旗西北吉拉林）派兵占据险要阻截，企图袭击抢掠，待他们赶到时，裴耀卿已经返回了。

这年冬天，裴耀卿升任京兆尹。第二年秋天，连绵大雨损害庄稼，京城谷价昂贵。皇上将要去东都，唯独召见裴耀卿询问救济百姓的办法，裴耀卿回答说："臣听说前代圣王，也不时出现忧患，再广施恩泽，救国救民，因此，百姓敬仰故德，史册记载美誉。我以为，陛下极为仁爱圣明，尤为勤政，发生小的饥荒，就降旨深表同情，亲自筹划，救急扶危。上苍降下鉴戒，应当是要更加延长福气。因此，发生小的灾害反而能为圣上的恩德增光。现在皇帝大驾往东出巡，百官随从陪护，太仓及三辅先前的积贮，现在就可以派重臣分道去赈济，估计可以支付一二年。自从东都洛阳重新扩大漕运，以使关中'三辅'更为殷实，等长安稍为充实了，皇帝大驾再往西还京，事情就没有办不成的了。

"我以为社稷王业，根本在于京城，各国朝贡，实属百年不变的所在。只因秦地关中地盘狭窄，收粮不多，倘若遇到水旱灾荒，粮食用度马上就匮乏了。过去贞观、永徽年间，俸禄数额还少，每年转运的不过一二十万石，所用粮食就足够了，因此，皇驾长久以来得以安居。现在国民的开销日渐增大，需河运的已几倍于前代，尚且不够支出。陛下几度巡幸东都洛阳，移就屯粮地，这是治理国家的大政，不怕劳苦，只是为忧国忧民才出行，怎么是故意来回跑呢？如果能更大规模地扩大河运，输送粮食到京师，仓库中常有两三年的存粮，就不用担心水旱了。当今天下为国家运粮的男丁约有四百万人，每个男丁支付佣金一百文、五十文充作营造仓库、粮窖等使用，收贮在司农和河南府、陕州以充作运输管理的费用。交纳的租米则各据远近，听任州府自行出脚夫送到东都收贮。从东都到陕州，河道艰险，既要用陆上脚夫，却无办法广泛招收。如果能开通河道，变陆运为河运，费用开支就有节余，动辄可用万来计算。况且江南租的船只等候水势大了才能前进，吴地的百姓不便于在缺水季节进行河运，因此沿途所在经常滞留，时间既有拖延，于是就发生了隐藏和盗窃。我希望能沿运河依次修建仓储。"

皇上很赞同他的建议。不久，授任裴耀卿为黄门侍郎、同中书门下平章事，充转运使，他的建议记载在《食货志》上。三年时间，运粮七百万石，节省脚钱三十万贯。有人劝说裴耀卿请求进献所节省的脚钱，以表明功利。裴耀卿说："这是朝廷大臣为国家所盈余的财钱，不能用它来求得荣宠。"于是，他上奏把这些钱交给有关部门作为和市、和籴等用途。

第二年，裴耀卿升任侍中。开元二十四年（736年），授任尚书左丞相。多次受封为赵城侯。当时夷州刺史杨濬犯脏应处死罪，诏令杖罚六十，流放古州。裴耀卿上疏劝谏说：“臣以为圣上恩德像天覆万物遍及天下，仁爱抚育众百姓，凡是判为死罪的，不愿让他们弃尸街头，而保全他们的性命，仅判为流放远地罢了。因此德政深入刑法实施中，狱中没有冤枉的人，旷古以来，没有这样的美德。臣以为保全性命免于处死，确实是至高无上的教化。至于又是进行羞辱，又要拷打，应作为将来的教训。既然心感不安，我就不敢保持沉默。

“我以为刺史、县令与各属史应稍有区别，他们是百姓的父母官，全社会所注目的，一旦做了本地长官，就应终身敬仰。决杖属五刑中的末等，只应施行于拷打奴仆之列，官职祖荫稍高的，就应免于鞭笞杖责。让他们受决杖来赎死罪，确实已经算优待了，剥掉衣裤经受鞭笞杖责，很有些羞辱的意味。依法判为死刑，天下共许；刑却蒙受羞辱，或许就让人感到羞耻。何况本州刺史，是百姓所崇敬的，一旦面对他的百姓和属吏，鞭杖打在脊背上，捆绑摧残，有人就感到怜悯，反而忘了赦免死罪的恩德，并且产生了悲伤的痛苦，恐怕不符合尊敬长官、劝戒风俗的本意。

“另外，各种死刑犯，没有杖刑，案卷上奏，三次批复，然后进行处决。现在不到时候不批复，决杖的事情发生了，倘若有的案子还没有到期，又遇上暑热难耐，有的因决杖死去，这就是为了限期促其处理，却不能顺应节令。要让他活命，却夺了他的性命，恐怕又不符合圣明宽宥的本意。臣先后多次在州县任职，有时因故处理各种犯人，常常赶上盛暑酷热的时候，所安排杖刑，都乞请上级批准停止或减刑。这就符合陛下爱惜生灵的好意，对于死者都算是再生之德了。”

不久特进盖嘉运打败突骑施立功归来，下诏加授河西、陇右两节度使，并令他经略吐蕃。盖嘉运承受恩宠后，日夜沉醉于宴乐，不按时前往军中。裴耀卿秘密上疏说："臣见盖嘉运打败突骑施立了大功，又委命他掌管河西、陇右两军节度使，仍然让他经略吐蕃。嘉运已蒙恩宠，日夜酣歌饮宴，不常到军中去。凭他勇武果敢的才能，乘着战胜的威势，认为吐蕃是一群小小的丑类，不值歼灭平定。然而今日我和他同班上朝，观察他的举止，精悍勇敢壮烈，确实有余，口气自矜浮夸，恐怕难以成大事。莫傲狃忽视簿骚之战，稍微趾高气扬。《春秋》就记下这件事来作为对后人的鉴戒。唯恐他有骄傲轻视敌人的神色，我私下很为他担忧。进入秋天的边防，时日渐渐迫近，接待答对官吏、兵众，必须明白应该适宜得体。现在要去统领安抚边境军兵，不谈何日出发，如果遇有战事才前去，官吏属众都不认识，虽说决策在于一时，恐怕也不是万全的获胜之道。何况军兵没有训练，不懂礼节法度，众人没有感念恩惠，士兵还难以同心同德，要求他们一下子舍身忘死，惧怕严刑而不择犯法（就不可能），纵然威逼他们进攻，因而立了功，恐怕也不会符合按法度出兵、武运长久的道理。另外，成千上万人的性命，决定于将军一身，往往不得不去做，凿开凶险的门径就有活路。而今天盖嘉运却日夜酣饮，生活上过度优裕，恐怕也不符合忧国爱民的本意，不能不注意。如果不撤换替代，就希望陛下能从速命令派他上路，仍请皇上速降圣恩，以严峻的命令督责勉励他。"疏章上奏，皇上便督促盖嘉运前去军中，最终无功而还。

天宝元年（742 年），裴耀卿改任尚书右仆射，不久改任左仆射。一年后去世，终年六十三岁，追赠太子少傅，谥号为文献。

裴耀卿的儿子裴综，任吏部郎中。

史臣曰："裴耀卿……，悉蕴器能。咸居宰辅。或心存竭诚忠告，即以治国的道理开导帝王，或志在存贤，或出爱子为外官，或止屯田于关辅或不受蕃人之赂，或坚劾伯献之奸，或广漕渠以充国用：此皆立事立功，有足嘉尚者也。”

赞曰：“……裴耀卿、韩休、李元纮、杜暹，以上皆当时功臣良辅，远财劾奸，永存史册。清风肃然，万年之后，其名永存。”

**裴藏烨**

裴藏烨，唐代人，祖父义方，裴侠五世孙，裴氏家族第四十一世。

中宗时为刑部郎中，兵部侍郎，太子少师，受封清河公，官至司空。

**裴遵庆**

裴遵庆，字少良，绛州闻喜人。裴氏家族第四十二世。父裴惓，唐杭州刺史。祖父裴义弘，唐中书舍人，元武公。

世代做官，是河东的世家大族。裴遵庆气量深沉，机智敏捷，自小学习刻苦，广泛涉猎书籍，处事谨慎、隐居匿迹，不迎合世俗以求取功名。因为祖上的功勋多次授任为潞府司法参军，当时已年长，不很知名。任满依例调入吏部，授任大理寺丞，审理判决刑事案件，端正法纪，擅长治理的行为才开始显露。升任司门员外、吏部员外郎、专判南曹。

天宝年间，参加选官的人每年数以万计，裴遵庆识见敏锐，记忆力强，精心审核文书，详细而不滞留，当称为吏事天下第一，从此名声大振。

肃宗即位，征入拜任给事中、尚书右丞、吏部侍郎，以谦恭节俭自律，深沉严谨，很有威望。

肃宗时，萧华任宰相，素来了解裴遵庆，每次上奏朝见，都在皇上面前称赞他，升任黄门侍郎、同中门下平章事。

代宗广德初年（673年），仆固怀恩反叛，皇帝认为裴遵庆是忠厚大臣，因此令他奉诏宣慰。仆固怀恩听从王命将要入朝，随即被他的将领范志诚阻止。仆固怀恩于是以惧怕被杀为借口拒绝入朝。逢吐蕃攻陷京师，皇上前往陕州，裴遵庆从汾州（今山西隰县）赶赴皇上在外停驻的地方。皇上返回京师后，裴遵庆升任太子少傅。

永泰元年（765年），与裴冕等一并在集贤院待制，免去知政事。不久改任吏部尚书、右仆射，重新主持考选之事，当时有选人天兴（今在陕西凤翔县）县尉陈琯在吏部考选之所出言不逊，唐突无礼。代宗下诏交付给裴遵庆在尚书省门口鞭打三十，贬任吉州员外司户参军。裴遵庆谨守儒家的规范，晚年愈加严谨。

裴遵庆曾经有个同族兄弟的儿子患精神病，控告裴遵庆谋反，皇帝知道此事荒谬，搁置不去追究，他就是如此地受到信任。裴遵庆品性淳正，老了更加谨慎。每次推荐贤能，有来拜谢的，他以为耻辱。上谏后被采纳后，内心则更加惶恐。即使亲近的人，只记得他草拟奏疏的次数，却不能知道其中的内容。

大历十年（770年）十月于任上去世，享年九十岁。裴遵庆初任尚书省郎官时，曾经著《王政记》，述说古往今来的礼法政体，有见识的人读后，知道他有三公宰相的度量才能。

## 裴光庭

裴光庭（675—733年），字连城，父裴行俭。裴氏家族第四十一世。唐玄宗开元年间一代名相。

裴光庭早年丧父，母亲库狄氏，武则天时被召入宫中，很受亲近宠遇，裴光庭由此几次升迁担任太常丞。后来因是武三思的女婿受到牵连，降职任郢州司马。

开元初年，经六次升迁任右率府中郎将，升任司门郎中。一年以后，转任兵部郎中。裴光庭沉默寡言，很少与人交往，担任清要之职后，开始时人们并不称许。等他在任时，公务井井有条，众人这才叹服。

开元十三年，皇帝将到泰山封禅，中书令张说认为皇帝东巡，京城空虚，担心夷狄乘虚发兵进攻，建议增加兵力守卫边境，以防万一，召裴光庭讨论军事。裴光庭说："封禅，是为了向上天报告成功。成功，就是恩德无不广及，百姓无不安宁，万国无不归化。现在将报告成功却害怕夷狄入侵，怎么能显明恩德呢？大兴兵役，用来防备不测，不是安抚百姓的办法；正在筹划会盟，却阻绝戎夷归附的心愿，不是怀柔服远的策略。这三点，就是名不副实。况且诸蕃国家，突厥是最大的，赠送礼物互相往来，希望搞好与我大唐的友好关系已经有些年了，如果派一个使臣，召来并让他们的大臣赶来天子行宫，一定会愉快地听命。突厥一旦接受册诏，各藩邦的君长就会相继而来，即使偃旗息鼓，也可高枕无忧了。”张说道：“这办法很好，是我没有想到的。”于是上奏而施行，不久裴光庭转任鸿胪少卿。东封回来，迁任兵部侍郎。

开元十七年（729年），拜授中书侍郎、同书门下平章事，兼任御史大夫。开元十八年（730年），转任黄门侍郎，拜授侍中，兼任吏部尚书、弘文馆大学士。撰写《瑶山往则》《维城前轨》两篇献上。皇帝亲手写诏书表扬，下诏皇太子、诸王到光顺门和裴光庭相见，感谢他用于寄托规劝、讽喻之义的举功。裴光庭又引用寿安丞李融、拾遗张琪、著作佐郎司马利宾等人，让他们进入弘文馆上班，撰写《续春秋传》。从战国到隋朝，上表请皇上亲自撰写经文，而裴光庭等人依照左氏的体裁为经文作传文。皇上又亲手写诏书表扬奖赏他们。裴光庭将修改任务交给李融，书最后没写成。当时有人上书请求把皇室的德运改为金德，中书令萧嵩上奏请求召集百官详议。裴光庭认为国家符命已久著史册，如果加以改动，恐怕会遭到后世学者的嘲讽，秘密上奏请照旧为定，于是下诏停止百官会集讨论此事。

开元十九年（731年），唐朝应金城公主请求，书写了《毛诗》《礼记》《左传》《文献》各一部，准备赠送吐蕃。朝官于休烈却上表反对。他认为这些经典都是治理国家的利器、用兵的权谋韬略，不可以轻易给人看，即使万不得已，《左传》也坚决要留下来，如果流传出去将是国家的隐患。对于这种愚顽的文化封锁主张，唐玄宗一时也无法定夺，只好诏命中书门下裁议。对于休烈的主张，裴光庭严辞批驳说：“吐蕃人顽略，对中原文明无知的就像个瞎子、聋子一样。他们长久叛逆，新近才归顺。他们既然求上门来，我们就赐给他《毛诗》《尚书》等，这样他们平素就受到礼制、文明的熏陶，经过感化，会和我们没有两样。休烈不同意赐书，是他只看到书里有权谋韬略，能教人诡诈机变，却不知忠信礼仪也都是从书里出来的。”由于裴光庭之议，唐朝终于决定向吐蕃输出诗书典籍，促进了汉藏两个兄弟民族的文化交流。这个事实不仅证明了裴光庭的政治眼光高于他的同僚一筹，而且可以看作这位开元宰相对中华民族历史发展的杰出贡献。

开元二十年（732 年），封为正平县男。起初，懂得星相的人讲，天象变化，不利大臣，请求祭祀除灾，裴光庭说："假使灾祸可用祭祀来除去，那么福分就可祈祷而来了！"论者认为他知命。

开元二十一年（733 年），裴光庭去世。唐玄宗破格赐谥号"忠献"，并命中书令张九龄撰神道碑文，玄宗亲笔御书。宣布停朝三日，以示哀悼。

## 裴冕

裴冕（703—769 年），字章甫，裴氏家族第四十二世。裴道护第八代孙。河中（今山西永济市西蒲州镇）人。父裴纪，唐长安丞。

天宝初年（742 年），他二十岁以门荫任渭南县尉，迁监察御史，殿中侍御史。河西节度使哥舒翰因欣赏裴冕而聘他为河西行军司马。

安史叛军逼近京师长安，唐玄宗仓皇逃往四川，把太子李亨留在了关中。在走投无路时，他们想到了衣冠名族、河西行军司马裴冕，认为他是可靠的，于是决定速往朔方，以图大举。太子率领余众首先来到牧马重地平凉，朔方留后杜鸿渐表示欢迎。这时，刚刚由河西行军司马升任御史中丞的裴冕也到了平凉，劝太子去朔方。天定十五年（756年）七月，太子由裴冕、杜鸿渐等接至灵武。

还在马嵬驿唐玄宗和太子分手之际，玄宗曾欲宣旨传位，太子没有接受。这时，裴冕、杜鸿渐等上太子笺，请求遵照马嵬驿之命即皇帝位，太子不许。劝进书凡五上，太子才依从。裴冕等之所以一再劝进，一是玄宗在马嵬驿曾有传位太子之意；二是玄宗已入蜀，扫平寇逆的重任已经落在太子身上，太子即位后，具有不同于一般的号召力；三是从行的关中将士集中到灵武不易，若使他们失望而离去，再要集中起来就难了。总之，太子即帝位，在玄宗避敌于川蜀的情况下，便于在灵武形成一个有力的平定叛乱、收复两京的领导中心。裴冕等人的一片苦心没有白费，太子到灵武不久，便即皇帝位，是为肃宗，遥尊玄宗为上皇天帝，赦天下，改元至德。以定策之功，命裴冕为中书侍郎、同中门下平章事，主持军国大政。肃宗和裴冕等封官拜将，重建机构，组织力量，招募军队，开始有组织、有计划地展开对安史叛军的大规模的反攻。裴冕在组织力量进行反攻方面做了大量工作，成效卓著。史书上说：“肃宗为元帅时，师才一旅，冕于草创中，甄大义以劝进，收募骁勇几十余万。”裴冕支持太子即帝位，建立抗敌领导中心，积极组织力量，招募骁勇，为平定叛乱、收复两京，立下了首功。

至德二年（757年）二月，肃宗移至凤翔。三月辛酉，以左相韦见素、平章事裴冕为左右仆射，罢知政事。九月癸卯，广平王俶收复西京。告效庙，并宣慰百姓。东西二京收复，安史之乱平定后，裴冕因功封冀国公，食封五百户。又加御史大夫、成都尹，充剑南西川节度使。又入为右仆射。

肃宗时，裴冕极力反对宦官李辅国当宰相。代宗时，因反对宦官程元振，被贬为施州刺史，移澧州刺史。不久征为左仆射。

代宗永泰元年（765年）三月，裴冕与裴遵庆等十三人并集贤院待诏。大历年间，郭子仪告诉代宗说："裴冕最先辅佐先帝，奔赴灵武，有建立国家的功勋，程元振嫉妒他的贤能，便加以诬陷，海内为他喊冤。陛下应当召裴冕回朝，再使他任宰相，必然能达到治理促成教化。"当时元载任宰相，裴冕早年选拔推荐过元载，元载对他感恩戴德，于是授任裴冕左仆射、同中书门下平章事。裴冕入朝拜见皇帝，跪拜不能站起来，元载亲自搀扶他，代他唱赞谢恩。不久裴冕兼任河南江淮副元帅、东都留守。无奈年老体弱，就职不到一个月去世，时为大历四年（769年）十二月辛酉，年六十七岁。赠太尉。唐德宗时，下诏裴冕配享肃宗庙。

## 裴堪

裴堪，唐代人。父裴皋。祖父裴耀卿。裴氏家族第四十四世。

出自南来吴裴氏，曾任万年县尉、行军司马、中大夫、检校太子左庶子、成都少尹、云骑尉、同州防御史、刺史、江西观察史、御史中丞、太常博士。他因才华出众，唐玄宗时代颇受宠信，官至平章事。封灌津县子。安史之乱，玄宗逃蜀，一路全仗裴堪解颐。宝历元年（825年），裴堪任户部尚书，致仕而卒，谥曰定。

## 裴均

裴均，字君齐，属中眷裴行俭家族。曾祖裴光庭，祖裴稹，父裴倩。裴氏家族第四十四世。

因考中明经科授任诸暨尉。多次接受方镇幕府的征用，为人固执而以才学出名。张建封镇守濠、寿，上表朝廷任他为团练判官。当时李希烈占据淮、蔡叛乱，张建封抵御叛贼，裴均为他参谋赞划。因功加授上柱国，袭封为正平县男。几次迁任做了膳部郎中，升任荆南节度行军司马，就地拜授荆南节度使。刘辟反叛，首先骚扰黔（今重庆彭水苗族土家族自治县）、巫（今湖南洪江市一带），威胁荆、楚（今湖南湖北），以便巩固周边地盘。裴均调发精兵三千，迎击刘辟，贼军望风奔逃。加授检校吏部尚书。

起初，裴均和崔太素都投靠宦官窦文场，崔太素曾经在清晨时拜见窦文场，进入卧室，自认他对自己特别亲厚，慢慢地看到后榻有人不时探头，原来是裴均。德宗因裴均任方镇节度使，想顺势任他为宰相，谏官李约上疏指责裴均是窦文场的养子，不能让他玷污相位，于是作罢。

唐宪宗元和三年（808 年），召入朝任尚书右仆射，主管度支事。上任之日点名、授案、送印，都由尚书郎承办，文武官四品五品、郎官、御史在廷下参拜，御史中丞、左右丞登上台阶答拜，当时人们认为礼仪太过分。不久任检校左仆射，同中书门下平章事，任山南东道节度使，受封为郇国公。

卒年六十二岁，追赠司空。

**裴垍**

裴垍，字弘中，唐河东闻喜人。属东眷裴。裴居道的七世孙。裴氏家族第四十四世。裴垍是唐元和年间一代名相。

裴垍二十岁时考中进士科。唐德宗贞元年间，朝廷制举贤良极谏科，裴垍对策第一，授为美原县尉。任职期满后，各藩镇、州府，争相聘用，但他都没有赴任。不久，朝廷拜他为监察御史，改任殿中侍御史、尚书礼部考功员外郎等职。这期间，吏部侍郎郑珣瑜曾委托裴垍主持考试词判。裴垍秉公办事，严肃认真，不受请托贿赂，皆以实才取人。唐宪宗元和初年，召裴垍入翰林为学士，又改任考功郎中、知制诰、中书舍人等职。

元和三年（808 年），朝廷诏举贤良。当时应试的皇甫湜、牛僧孺、李宗闵等人在对策中指陈时弊，言辞激切，考官杨于陵、韦贯之将他们三人招为上第录取，裴垍复查考试结果也无异议。但李吉甫在皇上面前哭诉以后，又请皇上处罚，宪宗不得已，命杨于陵、韦贯之出京外任，罢免裴垍翰林学士，改任户部侍郎。但宪宗知道裴垍秉性正直，更加信任他。就在这年秋天，李吉甫出外镇守淮南，于是皇上任命裴垍接替他任中书侍郎、同平章事。第二年，加任集贤院大学士、监修国史。裴垍上奏道："集贤御书院，请按《六典》规定，任用五品以上登朝官为学士，六品以下者为直学士；不是登朝官，不论品级，一律充任校理；其他名目都全部勒令取消。史馆请入的登朝官，一律任修撰；不是登朝官，一律任直史馆。一并定为永久制度。”皇上都批准了。

裴垍任职翰林期间，唐宪宗刚刚平定吴、蜀之乱，正励精图治，一切机要事务，都要和裴垍商量后才施行。裴垍小心恭敬、谨慎从事，非常符合皇上心意。等到任宰相以后，恳请甄别善恶，杜绝侥幸，统一法纪，考核吏治，都被皇上欣然采纳。吐突承璀在宪宗为太子时就随侍左右，受到的恩遇无人可比。吐突承璀打算借此关系有所进言，宪宗畏惧裴垍，告诫他不要再说。在宫中宪宗常称裴垍的官名而不直呼姓名。杨于陵任岭南节度使，与驻军许遂振不和，许遂振诬告杨于陵，宪宗下诏将他改授闲散官职，裴垍说：“因许遂振缘故惩罚一方藩臣，是不可以的。”请任他为吏部侍郎。严绶在太原，政事完全由监军李辅光处理，严绶终日无所事事而已，裴垍详细奏明此事，请求任用李鄘替代他。

成德镇节度使王士克死，其子王承宗请求接替父亲任节帅。吐突承璀仰仗皇帝恩宠，图谋削弱裴垍的权力，遂探明皇上的意图，请求前去征讨。卢从史暗藏叛逆之心，暗中与王承宗相互结盟，表面上又请求用兵，用以求取厚利。裴垍一一陈述了不可用兵的道理。拖延半年，宪宗犹豫不决，吐突承璀的建议最终得以施行。等到官军临近叛贼边境，卢从史果然离心，吐突承璀多次督促他出战，卢从史反而更加傲慢、反反复复，官军受困。此时，官军长期暴露野外而没有战功。皇上也倦怠了。后来卢从史派他手下衙门将领王翊元入朝奏事，裴垍请他来与之交谈，逐渐感动了他，并且用做臣下的节操来规劝他，王翊元才吐露真言说出卢从史的罪恶及可以谋取的情况。裴垍派他再次回去，等到再返回时，就已经得到他手下大将乌重胤等重要人物。裴垍于是委婉陈奏道：“卢从史暴虐强横，有无视君主的心志。现在听说他将吐突承璀视为婴儿，往来于神策军营垒之间，更加自恃兵威而不严加防备，是天意消灭他的时候，如果不借机抓住他，以后即使用兵，不知何年何月可以破敌。”宪宗起初很惊愕，仔细考虑他的计策，才批准他。裴垍于是请求皇上严守机密。宪宗说：“此计只有李绛、梁守谦知道。”当时李绛任翰林承旨，梁守谦掌管机密。后来吐突承璀终于生擒卢从史，平定上党，这年秋天撤军。裴垍称“吐突承璀最先提议用兵，现在无功而回，陛下纵然念及他过去的功劳，不能处以重罚，也请求加以贬谪来向天下人交代。”于是解除了吐突承璀的兵权。朝中称快。

先前，天下百姓将赋税交到州府：一叫上供，二叫送使，三叫留州。建中年间初次制定两税法时，物贵而钱轻；这之后物贱而钱重，百姓的支出就已经比刚开始征收时增加了一倍。而其中留州、送使的部分各地的官长吏员又压低官定的物价而改用实际物价征收，以此来中饱私囊而对百姓加重赋税。等到裴垍任宰相时，上奏请求皇上说：“天下留州、送使的财物，所有一切都命令依照官定物价征收。各地观察使，还是使用他所在之州的租赋来供给自己，如果不够，然后再向所管辖的下属其他州征收。”各州送使的份额，全部改成上供。所以江淮负担略有减轻。

裴垍当宰相时还很年轻，但他严肃为政，依法办事，颇有一番作为。他一心为国家朝廷办事，也触犯了勋贵旧臣的利益，引起他们的不满，但因裴垍事事在理，又得到唐宪宗的支持，他们也奈何不得。此外，裴垍还注意听从不同意见，以补自己的不足。由于他严峻庄重、有法度，即使大官前辈来见他都不敢用私事求他。谏官谈论时政得失，旧例、掌权的多不喜欢提升他们的官职。裴垍在中书省时，独孤郁、李正辞、严休复从拾遗改任补阙，他们朝见谢恩的时候，裴垍在廷上对他们说：“独孤郁与李正辞补阙，进言不倦，今天的升转，可以称得上是无愧于朝廷的酬劳。严衤阙的业绩，与他们不同，前日拟定进级时，不能说没有迟疑。”严休复惶恐惭愧退下。

裴垍的突出政绩还是在发现和使用人才方面。在翰林院，推荐李绛、崔群一同掌管机密决策，等到位居宰相，又任用韦贯之、裴度主管制诰，升任李夷简为御史中丞，以后几人相继入朝为相，都很有声望建树。其余的量材授予官职，都很得人心，选拔任用官员恰如其分，这一点在他前后无人可比。评论的人认为裴垍任宰相，才干机遇相辅相成，知无不为，当时朝廷没有宠幸之人，百业治理，可他才任二年就患病了，以致辞职休养，公论都觉得很惋惜。

元和五年（810年），裴垍患中风病。宪宗深为感慨，宦官使者纷纷前去探望，至于药物、饭食的进用，皇上都命写明奏上。但病情日益严重，罢相后任兵部尚书，并进官阶银青光禄大夫。第二年，改任太子宾客，去世。朝廷为他停止朝会，赠给助丧葬的物品及礼仪加等，追赠太子少傅。

宪宗皇帝对裴垍的评价是：“器得天爵，文为国华。行有根源，言无枝叶。忠敬恭顺，辅之以诚心；言洁贞廉，辅之以通识。玉立不倚，扣之有声，咱润色纶言，密参枢务，严重得大臣之体，温雅秉君子之文。每献纳之待，动有直气；当顾访之际，言无隐情。远图是经，大事能断，匡予不逮时，乃之功及领地，官且司邦。赋会计务剧，出纳事殷。投利刃而皆虚，委纷丝而必理。历试兹久，全才益彰。宜登中枢，以允佥望。夫宰辅者，下执邦柄，上代天工。为国著龟，注人耳目。”

## 裴度

裴度（765—839年），字中立，河东闻喜人。祖父名有邻，任濮州濮阳令。父亲名溆，任河南府渑池丞。裴氏家族第四十五世，唐代后期杰出的政治家。

裴度，贞元五年（789年）考中进士科，又考中博学宏辞科补授校书郎。又考入贤良方正科高等，调任河阴县尉。升任监察御史，因议论权贵宠臣耿直坦率，出任河南府功曹参军。升任朝廷起居舍人。

贞元六年（790年），以司封员外郎参预起草制诰。田弘正拱手将魏、博等六州献给朝廷，宪宗派遣裴度去宣旨晓谕。田弘正知道裴度是皇帝特意送拔的使者，因此出郊远迎急趋长跪接受诏命，并且请他走遍所辖各州，宣扬天子的恩德，魏人从此欢悦顺服。回朝后，拜授中书舍人。过了一段时间，升任御史中丞。

贞元七年（791年），魏博节度使田季安去世，他的儿子田怀谏年幼不能胜任军政，部下拥立小将田兴担任留后。田兴在朝廷布置心腹耳目，请求奉守国法，由朝廷任命官吏，向朝廷交纳法定赋税，宪宗派遣裴度出使魏州宣旨晓谕。田兴之前的官员奢侈浮华不守礼法，享用的车马衣服及住房，超过了朝廷的规定，处理政事的厅堂，尤其宏伟宽敞。田兴厌恶这些，不在那里处理政事，而是整修过去采访使的厅堂住，请裴度在墙壁上题写壁记，记述田兴谦逊自抑奉公守法，魏州百姓十分感激他。田兴又请裴度走遍所辖州郡，传达皇帝的旨意，魏州的百姓出郊迎接心悦诚服。出使返回，拜授中书舍人。

贞元九年（793年）十月，改任御史中丞。宣徽院五坊小使，每年秋天在京城附近训练猎鹰猎犬，所到之处的官吏必须搜集大量财物赠送他们。稍不如意，就肆意勒索，百姓害怕他们就像害怕寇贼强盗。先前，这些人横行霸道尤其厉害，甚至于在百姓门前及井边大张罗网，不许他们出入提水，说："会惊吓我供奉的鸟雀。"又聚集在卖酒食的人家，毫无顾忌地大吃大喝。将要离去时，留下一箱子蛇，告诫说："我们用这些蛇喂养供奉的鸟雀，要好好饲养它们，不要让它们受饥挨饿。"主人赠送财物并向他们道歉，这才肯带着蛇箱离去。到了元和初年（806年），虽然屡次整治这个弊端，但是没能斩草除根，五坊小使曾经到下邽县，县令裴环性情严厉，憎恨他们凶恶残暴，除提供公馆外，一点也不曲意奉承。五坊小使发怒，马上诬陷裴环出言不逊，等上报皇帝后，宪宗发怒，催促下令逮捕裴环入狱，要以大不敬罪论处。宰相武元衡等人开导劝解，皇上的怒气没有消解。裴度入延英殿上奏事情，趁机尽力议论，说裴环无罪，皇上更加愤怒地说："像你说的，裴环没有罪就处决五坊小使；如果五坊小使没有罪，就处决裴环。"裴度回答说："审查罪行诚然应该按照圣旨处理，但是因为裴环任县令，这样爱惜陛下的百姓，怎么能给他加罪？"皇上怒容立即消失。第二天，下令释放裴环。

不久，授任裴度兼刑部侍郎，奉命出使蔡州军营，到各军宣谕。回朝后，皇帝询问各位将帅的才能，裴度说："臣看李光颜见义勇为，肯定能够取得胜利。"没过几天，李光颜奏报在时曲大败贼军，皇帝更叹服裴度能识别人才。

贞元十年（794年）六月，王承宗、李师道都派刺客刺杀武元衡，也令刺客刺杀裴度。这一天，裴度出现在通化里，刺客三次用剑刺向裴度，先砍断靴带，接着击中背部，仅刺破内衣，最后一剑使他的头受了点轻伤，裴度从马上滚落下来。由于裴度头戴毡帽，所以伤得不太重。刺客又挥剑追裴度，裴度的从人王义抓住刺客很着急地连声呼救，刺客回剑砍断王义的手，才得脱身而去。裴度掉到沟中，刺客以为裴度已经死了，于是丢下他逃跑了。过了三天，皇帝下诏任裴度为门下侍郎，同中书门下平章事。

裴度刚劲正直又能言善辩，尤其擅长施政要领，凡是经他陈述晓谕的事，都能感动人心。自从出使魏博返回，下宣上达都符合旨意，皇帝对他深加赞许信任。从蔡州慰劳军士回来后，更加听信他的话。当时武元衡做宰相，皇帝委以重任却未见成效，自从都城发生刺杀宰相的事件后，便将军国大计托付给裴度。

起初，武元衡遇害，献计的人中有人请求罢裴度的官职来安抚二镇人心，宪宗大怒说："如果罢免裴度的官职，二镇的阴谋诡计就得逞了，靠什么来振兴朝纲？我任用裴度一人，足够打败这两个贼人了。"裴度也以平定贼军为己任。裴度因受伤请假二十多天，皇帝下诏让卫兵住在裴度的私人住宅守卫，皇帝不断派宦官前去问候。任命裴度为宰相的前一天，宣旨对裴度说："不用到宣政殿销假，直接到延英殿来议事。"等裴度入殿应对，皇帝对他抚慰敦谕无微不至。当时群盗违法纪，在都城发起叛乱，朝廷内外惊恐害怕。等任命裴度为宰相的制书下达后，人心才安定，认为一定能消灭寇贼。从此诛杀盗贼的计策，皇帝每天都能听到，出兵作战迫在眉睫。

贞元十一年（795 年），庄宪皇后逝世，裴度任礼仪使。皇上不临朝政，打算根据旧例设置冢宰来统领百官。裴度进献建议说："冢宰是殷代、周代六官的首长，名义上掌管国家的治理，实际上统领百官。所以帝王居丧期间，百官有临时自主之权。后代已没有这个称号，不能凭空设置。而且本朝旧例，有时设，有时不设，古今制度不同，不必守旧不变。”皇帝下令说：“各部门的公事，应当临时听取中书门下省处理。”有识之士认为这样做正确。

同年六月，蔡州行营唐邓节度使高霞寓在铁城打了败仗，朝廷内外人心惶惶担惊受怕。在此之前，诏令群臣各献讨伐吴元济是否妥当的奏状。朝臣中多数人认为停止用兵赦免罪行便利可行。翰林学士钱徽、萧俛的言辞尤其坦率。只有裴度说不能赦免盗贼的罪行。等高霞寓打了败仗，宰相们认为皇上必定会厌倦用兵，打算用停止讨伐来应对。在延英殿刚要上奏，宪宗说：“一胜一负，是兵家之常。如果帝王用兵就不应该失败，那么自古以来朝廷用兵还有什么困难？历代皇帝就不可能留下这些凶贼了。今天只议论这次用兵方法合不合适，以及朝廷处置得是否恰当，你们只须处理关键事情。将帅不称职，撤去他不要迟疑；兵力不充足，迅速调整后补充。怎么能因为一个将帅失利，便阻挠将要成功的计划？”这时宰相不能再执异词，朝廷内没有人敢再说停止用兵，因此裴度的计划得以施行。

王稷的两个家奴上告王稷偷换父亲遗留的奏表，隐瞒了进奉朝廷的物品。皇帝把他的家奴留在帐内，派宦官去东都搜查王稷的家财，裴度上表奏说：“王锷去世之后，他家已经进奉了很多。现在因为家奴上告就搜查他家财物，臣担心天下将帅听到消息，必然要有人为保全家财而考虑算计。”宪宗当天就派人召回宦官，将两家奴交给京兆府处死。

贞元十二年（796年），李愬、李光颜屡次奏报打败贼军，但是国家在淮右联合用兵四年，财政支出粮饷供应，朝廷不能承受，众将领消极抗敌长期对峙，没有收获，皇上也为这忧虑。宰相李逢吉、王涯等三人认为这样下去军队疲劳，财赋不足，在心里打算着罢兵休战，拜见皇上时相互陈述利害。唯独裴度不说话，皇帝问他，回答说：“臣请求亲自督战。”

第二天在延英殿重新商议，李逢吉等人退出后，宪宗单独留下裴度，对他说：“你真的能为朕前去吗？”裴度俯伏流泪说：“臣与此贼誓不两全。”皇上也为之动情。裴度又上奏说：“臣前些时候看到吴元济的乞降表，料想这个逆贼，处境实在窘迫危急。只是众将领行动不统一，没能够趁机进逼，所以没有投降。如果臣亲自赶赴行营，那么众将领都想立功来巩固恩宠，打败贼军是必然的了！”皇上认为他说的对。第二天，下诏说：“辅佐的大臣，是军队和国家的依赖。振兴教化达到国家安定，身居相位执掌政权；为了树立威望建立功劳，亲自出朝统兵作战。因此，君王辅臣如同一体，朝廷内外所任如一。近日出师问罪汝南，讨伐淮右，本来是为了清除那里的恶习，怜悯当地的愚民。虽然献地归顺谋求生存的确实大有人在，但据城固守执迷不悟的还没有全部消灭，为什么困兽犹斗，难道是穷途之鸟无处藏身吗？因此远征，改弦更张，劳烦我朝宰相，统率这些军中主将。朝议大夫、守中书侍郎、同平章事、飞骑尉、赐紫金鱼袋裴度，应时而生，使朕得到了一位贤相，精明善辩、竭尽心力，坚信明朗纳忠献诚。他主持政事才能和谋略老到，运筹帷幄制定正确策略。主管重要事务，全面了解四面八方的事情。将兵权交付给他，必能博得天下百姓的拥戴。所以特地向上天祈祷，选择这个吉祥的日子，身带丞相的印绶，是为了尊重他的名位；赏赐诸侯的斧钺，是为了加重他的使命。你应该宣传抚慰，恢宏壮大皇上的谋划，感动激励各军营将士，扫荡平定贼军的堡垒，招抚安慰孤苦受害的百姓，安抚慰问受伤的将士。何况淮西这个军镇，向来效忠守节，历经艰险，功勋记载在史册上。建中初年（780年），打败襄阳，消灭梁崇义。只是近年来受到凶贼逆寇的胁迫，没有机会归顺朝廷。朕每次想到他们以前的功劳，常常考虑如何安抚他们。因此，停止辅佐的重任，让你担任军队的统帅，实际上是要保全他们的性命进行抚慰和劝谕，都要做得恰到好处。你前往可要保重啊！不要违背我的训诫。可以门下侍郎、同中书门下平章事、蔡州刺史的身份，充任彰义军节度使，申光蔡等州观察使，并兼任淮西宣慰招讨处置使。”

诏书拟成后，裴度认为韩弘已任淮西行营都统，不想再给自己加招讨的名分，请求只称作宣慰处置使。又认为此次前去既然兼有招抚的任务，请求改“全部消灭”为“使他们改过自新”。又认为韩弘已任都统，请求改“改弦更张”为“暂停中枢要务”，请求改“烦劳我朝宰相”为“将制定好的计策交给你”，宪宗都一一听从了。裴度还奏请刑部侍郎马总任宣慰副使，太子庶子韩愈任彰义行军司马，司勋员外郎李正封、都官员外郎冯宿、礼部员外李宗闵等人任两使判官书记，皇上都批准了。

当初，德宗朝政事中有许多怪事，朝官有时互相来往，经常派金吾暗中刺探秘密奏报，宰相不敢在自己家里会见宾客。等到裴度做了宰相，认为群贼还没有被诛杀，应该邀请接待奇人勇士，共同筹算策划，于是奏请在私人住宅接待宾客，宪宗许可。从此天下的贤才俊士，才有机会向丞相献计献策。宰相在自己家里接见士人，从裴度奏请开始。

自从讨伐淮西以来，官军屡屡失败，议论的人认为杀死杀伤的人越来越多，军备的转送运输又跟不上，猜测议论秘密上疏，众说纷纭奏章不断。裴度认为这是心腹之病，不及时除去，终将酿成大祸，两河的盗贼也将看着淮西的情况来决定进退，于是坚决请求讨伐，皇上非常信任他，因此言听计从毫不迟疑。

裴度接受了任命，皇上召他在延英殿应对，上奏说：“让君主担忧是臣子的耻辱，从道义上讲必须去死。贼人消灭了，臣就回来朝见天子；贼人一日不灭，那么臣就一日不敢回朝。”皇上为他恻然流涕。

贞元十二年八月三日，裴度赶赴淮西，下诏神策军三百骑兵护卫随从，皇上亲临通化门慰问勉励。裴度在楼下含泪辞别，皇上赐给他犀带。裴度名义上是宣慰处置使，实际上行使元帅的权力，仍旧以郾城为治所。皇上认为李逢吉与裴度有矛盾，于是罢免李逢吉的相位，派他出任剑南东川节度使。

裴度离开京城后，淮西行营大将李光颜、乌重胤对监军梁守谦说：“如果等裴度到了以后建立战功，就对我们不利。我们可以迅速出战，先立战功。”当月六日，率兵出战，在贾店与贼军交战，被贼军打败。裴度二十七日到达郾城，巡视安抚各军，宣布传达皇上的旨意，士兵都鼓起勇气。当时各道士兵都有皇帝派的宦官任监军，进退由不得主持，打了胜仗就先派人给朝廷送去捷报，稍有挫败就百般欺凌侮辱主将。裴度到达行营，奏请将宦官全部撤除，兵权由主将独自掌握，众人都很高兴。军法严明，号令统一，因此出兵作战都能获胜。

裴度派遣使者进入蔡州，吴元济给裴度写信说：“近来私下有投诚之意，但是索日进隔河大声呼喊，还令三军防御我吴元济，所以归顺国家无路可走。”十月十一日，唐邓节度使李愬袭击攻下悬瓠城，活捉吴元济。裴度先派宣慰副使马总进城安抚。

第二天，裴度手持彰义军节度使的符节，率领洄曲投降兵卒一万人继续进军，李愬穿盔带甲用军礼迎接裴度，在路边拜见。裴度开始处理事物，蔡州人十分高兴。

以前有禁令：“路上不许相对私语，晚上不许点燃蜡烛，如果有人喝酒吃饭互相往来，按军法论处。”裴度于是简省法令，除偷盗、斗殴、杀人以外，其余旧法一概废除。人们互相往来，不再有白天黑夜的限制，这时蔡州的遗民百姓才知道人生的乐趣。

当初，裴度用蔡州的兵卒做

卫兵，有人认为这些人反复无常，他们的心还不太稳定，不能自已先取消防备。裴度笑着回答说："我接受命令任彰义军节度使，首恶已经活捉，蔡百姓就是我们的百姓。"蔡州的父老没有人不感动流泪，申州、光州的民众，立即就安定了。

十一月二十八日，裴度从蔡州入朝，副使马总任彰义军留后，当初，裴度进入蔡州后，有人诬陷说裴度私自没收了吴元济家的妇女珍宝，皇上听说后十分怀疑。皇上打算将吴无济的旧将全部诛杀，将两把剑交给梁守谦，派他前往蔡州执行。裴度回朝走到郾城遇到他，于是又与梁守谦返回蔡州，量罪加刑，没有全部按照诏令杀死。梁守谦坚持已见用诏令阻止裴度，裴度就先递上疏章陈述此事，接着又直接赶赴京城。次年二月，下诏加授裴度金紫光禄大夫，弘文馆大学士，赐勋上柱国，封晋国公，享食邑三千户，重新执掌朝政。

宪宗认为淮西贼军已经平定，趁功臣李光颜等人要来朝见，打算在宫内设宴，下诏六军使修缮麟德殿的东廊。军使张奉国因为公费不足，拿出私人财产资助公用，并告诉了宰相。裴度从容地启奏说："陛下营作建造，有将作监等有关部门，怎么能让功臣破费家财来营造修缮？"皇上怒恨张奉国泄露此事，于是就命令他退休。

那时疏浚龙首渠、营建凝晖殿，雕刻装饰华丽灿烂，移植佛寺里的花木种在庭院里。有两个叫程异、皇甫镈的人，做事奸猾，两人兼任度支使盐铁使，多次超额进贡钱谷，资助皇帝营建宫室。皇帝又认为程异、皇甫镈在平定蔡州时保证了军饷的供应，同时授任二人任同平章事。裴度在延英殿当面议论说："程异、皇甫镈，是掌管钱谷官吏，不是代天子治理国家的大器。陛下为了满足耳目之需，提拔他们身居相位，天下人士惊得瞠目结舌，认为不应该这样，对陛下没有益处。希望细细思量此事合适不合适。"皇帝没有醒悟采纳，裴度三次上疏议论此事，甚至请求罢免自己的相位，皇上仍然不醒悟，详见《皇甫镈传》。

商人张陟将欠五坊使杨朝汶的利息钱潜藏起来，杨朝汶在张陟家里搜到私人的记账簿，上面有欠债人卢载初的记录，有人说是前西川节度使卢坦大夫的笔迹，杨朝汶就捕捉卢坦的家人关了起来。卢坦的儿子不敢申辩，就拿出自己的钱偿还给他。后来经过验证笔迹，才知道是前郑滑节度使卢群的手笔。卢坦的儿子就此事和杨朝汶讲理，杨朝汶说："钱已经交上去了，不能再拿出来。"御史中丞萧俛及谏官上疏陈述杨朝汶残暴横行的情况，裴度与崔群趁在延英殿应对时，也尽力论说此事。宪宗说："我想先与你们商量东线的军事，这些小事我自会处置。"裴度上奏说："用兵是小事，五坊使追捕平民是大事。不处理军事，只有山东让人担忧；五坊使残暴横行，恐怕要扰乱京城。"皇上不高兴。过了很长时间皇帝才醒悟过来，召来杨朝汶数落地说："以前因为你使我羞于面对宰相。"立即命令杀死他。

当初，淮西、蔡州平定后，镇、冀节度使王承宗很害怕，裴度派能言善辩的人前去游说，客居在赵、魏两地，让他们说服王承宗，让他割地并送儿子入朝做人质表示顺服。因此王承宗向田弘正救援，由于裴度派说客婉言相劝，动摇了田弘正，因而没动一刀一枪，而王承宗降服。

贞元十三年（797年），李师道三番五次违背王命，皇帝诏令宣武、义成、武宁、横海四个军镇的军队与田弘正会合兵力讨代李师道。田弘正上奏请求取道黎阳渡河，与李光颜等人的军队会合后一同前进。皇帝在延英殿召见宰相议论这样行不行，都说："将帅领兵在外的事情，由大将掌握，既然有奏陈，应该批准他们的奏请。"唯独裴度认为不可行，上奏说："魏博这支军队，与其他军队不同。过河之后，就不能后退，必须进攻，才能取得成功。如果取道黎阳渡河，就等于刚离开本州地界，就到了滑州，白白增加运输粮饷的负担，又会产生观望的形势。何况田弘正、李光颜都缺少威严果断，再加上互相怀疑猜测，恐怕会延误军机。况且用兵之事不容中途变来变去，开始决策时，就应该考虑到行与不行。如果打算在河南稳扎固守那么不如在河北养兵蓄锐。不然，就暂且喂饱马匹磨利兵器，等到霜降后水位降落，从杨刘渡河，直接抵达郓州。只要到达阳谷安营扎寨，那么军队势力自然强大，贼军的形势自然就被搅乱了。”皇上说：“你说得对。”于是下诏田弘正取道杨刘河。等田弘正的军队渡过黄河后向南进军，在距离郓州城四十里的地方修筑堡垒时，贼军的形势果然就紧张起来。不多久，就杀死了李师道。

裴度性情执着，不屈不挠，忠心侍奉皇上，时政有时出现失误，无不尽力论说，因此受到奸臣皇甫镈的诬陷。宪宗不高兴。贞元十四年（798年），裴度任检校左仆射、同书门下平章事、太原尹、北都留守、河东节度使。

穆宗即位，长庆元年（821年）秋天，张弘靖被幽州军囚禁，田弘止在镇州遇害，朱克融、王廷凑再次在河朔叛乱，诏令裴度以本官充任镇州四面行营招讨使。当时君主骄傲自负荒淫怪僻，辅佐的宰相平庸无能。管理军镇的措施不恰当，导致他们再次叛乱。虽然李光颜、乌重胤等人号称名将，率领十多万士兵攻打叛贼，也没有建立一点功。大概因为局势已经动荡不安，没有能力再次振兴。自从裴度接受任命那天起，检查军备补充兵卒，没有时间休息。又亲自督率西线军队，身临贼境，攻城斩将，屡屡将捷报报送朝廷。穆宗十分赞赏他的忠诚，不断派宦官安抚晓谕，晋升裴度检校司空，兼任掌管北山诸蕃使。

当时翰林学士元稹，勾结宦官，求取相位，与知枢密魏弘简结为刎颈之交。元稹虽然与裴度没有仇恨，但是他很妒忌裴度先做了宰相而且声望也比自己高。裴度正在山东指挥作战，每次处理军事，上报的奏章大多被元稹之流扣压。天下人士都说元稹仗恃恩宠迷惑皇上。裴度在军中送上疏章议论此事说：“臣听说君主圣明则臣子正直。如今既然遇到圣明的君主，就要做正直的臣子，报答皇上的异常恩宠，杜绝众人的诽谤议论，誓死为国除害，不顾及自己的家。如果进献的谏言能够被采纳，生命有什么值得可惜的？皇帝陛下，恭承大业，大展宏图，正在杜绝不服管教的坏风气，来实现天下太平的大业的时候，却出现了叛逆者制造混乱，震惊山东，奸臣结为朋党，扰乱败坏国家政事。陛下想要荡平幽州、镇州，就应该先整顿朝廷。为什么呢？酿成祸患的事有大有小，议论事情时有先有后。河朔的叛逆者，只扰乱山东一带；朝廷中的奸臣，必然要扰乱天下。这样一来，河朔的祸患小，朝廷中的祸患大。小的祸患，臣等人与诸位武将一定能消灭；大的祸患，没有陛下的裁决，没有陛下的觉醒，就没有办法排除。如今文武百官，朝中朝外的人民，有心者无不愤怒，有口者无不叹息，只是因为当前这些奸臣权力很大，正在受重用，无所顾忌，因此没有人敢于抗争，害怕事情还没有实行而灾祸已经落到头上，都不为国家打算，苟且为自身考虑。臣以前还考虑克制忍耐，不愿意公开揭发。一是因为这些人罪恶如山，怨谤如雷，臣料想陛下圣明，必然会亲自诛杀。二是因为天下平安无事，陛下日理万机，即使他们暗暗败坏法纪，公然收受贿赂，但等到他们恶贯满盈，会自行垮台覆败。如今适值坏人作乱，皇帝忧心忡忡，凡有制诏命令，都要考虑国家的安全危亡。痛恨这些奸臣恣意横行，欺君罔上，他们干涉扰乱陛下的谋略，并非只是这一种罪行。另外翰林院的旧臣，与他们结为朋党，陛下听了他们说的话，再和身边的大臣谋议，他们私下里互相串通，一唱一合，蒙蔽迷惑圣上的耳目。

因此臣自从出兵讨贼以来，上奏的章疏，都是紧急的事情，而接到的诏书，却与臣的奏请不太一致。可惜陛下委任托付的心意不轻，而被奸臣压制损害的事不少。臣知道自己向来与奸佞宠臣没有仇恨和矛盾，只是前些时候臣请求乘驿车到京城，当面陈述战事，这是奸佞宠臣最害怕的事情。他们知道臣如果到了皇帝面前，必然会列举他们的所有罪过，因此千方百计阻止臣进京朝见。臣又请求率领兵士一齐进军，以便有利于攻击讨伐，奸臣的党羽想方设法予以阻挡，害怕臣统率各道军队，或许会取得胜利，所以臣的进退都受到牵制，臣的奏章都遭到阻挡堵塞。他们又伙同一两个奸诈狡猾的小人，异口同声、同心协力对付臣。有时叫臣招怀安抚两道，停留不前十多天；有时派臣到蔚州行营，故意拖延时间。目的是想叫臣无所适从，使臣不能取胜，至于天下的安定与动乱，山东军事的胜与负，他们全都不管了。身为臣子侍奉君主，已经到了这种地步。况且陛下的左右前后，忠臣良将很多，也有熟悉典章制度的人，也有精通军事战争的人，完全可以信任使用，为什么只用这些人？愚臣认为，如果全部除去朝中的奸臣，那么河朔的叛逆者，不用讨伐就自行平定了；如果朝中的奸臣还存在，那么叛乱者即使平定了也没有益处。”“臣阅读国史，知道代宗朝蕃戎人入侵，直逼都城。代宗不知此事，是因为被程元振欺瞒蒙蔽，几乎危及国家。当时有个叫柳伉的人，只不过是太常寺的一名博士，还能上奏直言归罪于程元振，为国除害。如今臣所处的位置，集将帅宰相于一身，怎么能坐视凶恶奸邪的小人，遮挡日月呢？臣感慨愤怒疾恶如仇到了极点！恭敬地将奏章托付宦官赵奉国呈送陛下阅览。如果陛下不相信臣的忠言，还被奸臣朋党所迷惑，乞求陛下拿出臣的这份奏章，命令三公与百官在一起议论。如果奸臣不受到谴责，臣愿意服罪，上天这面镜子很明亮，能照见臣的一片赤诚。只要天下的人知道臣没有辜负陛下，那么即使臣死了，也和活着一样。”

裴度相继呈上三个奏章，感情激动、言辞恳切。穆宗虽然不高兴，但是惧怕大臣公正的议论，于是派魏弘简任弓箭库使，免去了元稹的翰林学士。但是宠幸元稹的心意并没有衰减，不久拜授元稹为平章事，接着罢免裴度的兵权，任司徒、同平章事，充任东都留守。

谏官一天之中两三次相继到延英门伏阁求见。皇帝知道他们要劝谏什么，当天没有召见，谏官们上疏说：“此时还没有停止兵事，裴度具有将相全才，不应该把他放在闲散的职位上。”皇帝因为章疏纷繁，无可奈何，知道人们把希望寄托在裴度身上，于是诏令裴度从太原经过京城前往东都。等元稹做宰相后，奏请皇上停止兵事，为王廷凑、朱克融洗冤昭雪，解除深州的围困，其目的就是削弱裴度的兵权。

长庆二年（822 年）三月，裴度到达京城，见到穆宗后，先叙述朱克融、王廷凑在河朔叛乱，自己接受任命讨伐贼人没有功劳；接着陈述自己受命到东都任职，得到许可让他入京朝见。言辞温和语气刚强，在场的人为之感动。裴度在红色的台阶下伏地上奏，涕泪交流呜呜咽咽，皇帝为此动容，亲自安慰他说：“陈述的事朕知道了，朕在延英殿接待你。”

开始，人们认为裴度没有皇帝左右的帮助，受到奸臣小人的排挤，尽管裴度有功勋德望，仍担心他不能感动皇上。等到裴度上奏河北的军事，情绪激昂，言语坦率，声音回响在殿廷上，在座的人无不对他肃然起敬。即使是武士显贵，也有人为他叹息流泪。第二天，委派裴度任司徒、扬州大都督府长史，充任淮南节度使，晋升为光禄大夫。

当时朱克融、王廷凑虽然接受朝廷授予的节钺，却没有解除对深州的包围。当初，裴度从太原出发时，给这两个节帅写信，晓之以大义。朱克融解除围困的军队离去，王廷凑也撤退。有个宦官从深州回来叙说此事，穆宗很高兴，当天又派宦官前往深州接牛元翼，又命令裴度给王廷凑写信。裴度在赴京途中接到诏书，宦官得到裴度的信。信中说：“入朝谢恩后，就到东都主持留守事务。恐怕王廷凑知道裴度没有兵权，就违背先前的约定，请改变裴度的任命。”宦官于是呈进裴度的书信并奏请这事。裴度到达京城后，入朝应对，清楚明白，皇帝正担忧深州之围，于是拜授裴度为淮南节度使。

先前，监军使刘承偕仗恃恩宠欺凌节度使刘悟，三军将士群情激愤大肆喧哗，捉住刘承偕，打算杀掉他。已经杀了他的两个侍从，刘悟上前阻止，刘承偕才免于一死，因而将刘承偕关押起来。皇帝下诏让刘悟送他回京，刘悟用稳定军心做借口，没有及时奉行诏令。到这时，宰相在延英殿奏事，裴度也在场，皇上回头对裴度说：“刘悟关押刘承偕而不送他回京，如何处理？”裴度以自己是藩镇大臣不应该议论军国大事为由来推辞。皇上一再问他，还说：“刘悟辜负我，我宠幸他任他做仆射，最近又赐绢五万匹，他不想着立功报恩，反而放纵士兵欺凌侮辱监军，我实在难以忍受这事。”裴度回答说：“刘承偕在昭义不守法令，臣都知道，前些日子刘悟在军营给臣写信，多次谈到此事，当时宦官赵弘亮在臣的军营，走时还拿了刘悟的信，打算亲自奏报，不知道奏报没有？”

皇上说：“我一点都不知道，刘悟为什么不秘密上奏此事，我难道不能处理？”裴度说：“刘悟是武臣，不知道大臣办事的规矩。虽然这样，臣私下里认为即使刘悟有密奏，陛下也未必能处理。事情已经到了这个地步，臣等人当面议论，陛下尚且不能决断，刘悟一面之辞怎么能让陛下作出裁决呢？”皇上说：“以前的事不要议论了，只说现在如何处理？”裴度说：“如果陛下一定要收回忠臣义士的心，让天下的武臣为陛下献身，只有颁布半纸诏书。说不明智地任用了宦官做监军使，致使刘承偕如此违法乱纪，命令刘悟集合三军斩了他。这样，就会使各方将士尽力效命，群盗闻风破胆，天下就太平无事了。如果不能这样做，即使给刘悟升官赐绢，臣担心也于事无补。”皇上低头想了很长时间，说：“朕不是怜惜刘承偕，只因他是太后的养子，如今被关押，太后还不知道，像卿认为这样处理不行，可以重新商议其他可行的办法。”裴度与王播等人又上奏说：“只要发配流放到边远偏僻的地方，刘承偕一定能出来。”皇上认为可行，刘承偕果然回到了京城。

裴度刚刚接到册封任司徒，徐州上奏节度使副使王智兴从河北行营率军返回，驱逐节度使崔群，自称留后。朝廷害怕，当天就宣布制书，委任裴度为司徒、同平章事，重新主持朝政，并派宰相王播取代裴度镇守淮南。裴度与李逢吉向来不和，裴度从太原入朝，那些厌恶裴度的人因为李逢吉擅长搞阴谋诡计，完全能够诬陷裴度，于是召李逢吉从襄阳入朝，任兵部尚书。裴度再次做宰相后，魏弘简、刘承偕的党徒仍在宫中。李逢吉采用族子李仲言的阴谋，通过医人郑注与中尉王守澄交往勾结，宦官都为他帮忙。

长庆二年五月，左神策军上奏说告发人李赏声称和王府司马于方受元稹的指使，勾结刺客打算刺杀裴度。皇帝下诏左仆射韩皋、给事中郑覃与李逢吉三人审理于方的狱案，没有查出结果，就免去元稹的相位任同州刺史，免去裴度的相位任左仆射，李逢吉取代裴度做宰相。从此，李逢吉的党徒李仲言、张又新、李续等，对内勾结宦官，对外煽动朝士，树立朋党来阻挠裴度，当时号称“八关十六子”，都是勾结有关的人，从此对裴度的坏话日益传播，不久派裴度出京任山南西道节度使，不带平章事的官衔。

长庆四年（824年），襄阳节度使牛元翼去世。他的家属先前在镇州，朝廷多次派遣宦官接取，王廷凑拖延不遣送。到这时，听说牛元翼死了，就杀了他的全家。敬宗听说后，嗟叹惋惜了多日，因此感叹宰相用非其才，致使奸臣这样地抗命逆行。翰林学士韦处厚上言说：

“臣闻汲黯在朝，淮南王不敢谋反；干木在魏国，诸侯不敢侵犯。之所以能够称王霸，都是因为有一位勇士能够阻挡敌人的百万之师，有一位贤臣能够制止千里之外的叛乱。臣认为裴度功高全国，名扬外夷。王廷凑、朱克融都害怕朝廷任用他，吐蕃、回鹘都佩服他的威名。现在如果把他放在朝廷重位上，委派他参议决断，西夷北虏，就不敢窥视中华；河北山东，必然接受朝廷的管制。何况幽、镇没有平定，尤其需要依赖重臣。

“管仲说：‘人心离散时再治理就是愚蠢，同心同德时治理就是圣明。治与乱的根本，别无他术，顺乎人情就能太平，违背人情就会动乱。’听说陛下每当吃饭时就发出感叹，怨恨没有像萧何、曹参那样的人，如今有一个裴度尚且不留下任用，这正是冯唐所以使汉文帝感动醒悟，说即使有廉颇、李牧而不能任用。对于宰相，应当委派他信任他，亲近他礼遇他，如果他治理政事没有成效，对国家没有功劳，就将他放在闲散的官位上，贬逐到边远的州郡。这样，在位的人不敢不自勉，打算晋升的人不敢苟且求官。陛下保存有始有终的情分，只要不长期遗忘他，君臣之情就深厚了，如今晋升的人都辜负了全国上下的要求和期望，斥退的也没有失去六部尚书的职位，不贤的人无法给以劝诫。臣与李逢吉向来没有仇恨和矛盾，臣曾经被裴度因某事贬官降职。今天臣所陈述的，对上报答陛下的圣明，对下传达众人的议论，披开心肝感情激动，伏地流泪。希望陛下明察臣爱护君主的心情，怜悯臣体恤国家的诚意，那么天下人就很幸运了。”

敬宗愕然醒悟，看到裴度的

奏章中不带平章事的头衔，对韦处厚说："裴度曾经做宰相，为什么不带平章事的头衔？"韦处厚于是上奏说："被李逢吉排挤，裴度从仆射出朝镇守兴元，于是从旧有的官衔中减掉平章事。"皇帝说："何必这样呢？"第二天颁下制书,裴度又兼任同平章事。

但是李逢吉的党徒从中破坏阻挠，恐怕裴度再次做宰相。陈留有个叫武昭的人，天生果断勇敢有口才。裴度讨伐淮西时，武昭到军门请求效命，于是派他入蔡州游说吴元济。吴元济列兵接待他，武昭神色自若，受到很好的接待后返回。裴度认为他可以任用，委任军职，跟随裴度镇守太原，上奏拜授为石州刺史。石州撤兵后，授任袁王府长史。武昭处闲散的官位上，心情微带抑郁，而且说了一些怨恨李逢吉的话。奸猾邪恶的党徒，唆使卫尉卿刘遵古的侍从安再荣告发此事，说武昭打算谋害李逢吉。判罪定案，武昭被告处以死刑，其目的是揭发裴度曾任用过武昭从而来玷污他。但是士人君子公正议论，都庇护裴度而怪罪李逢吉。天子逐渐明白其中详情，每次中使路过兴元，必定要传递密旨安抚谕示，而且有征召回朝的约定。

宝历元年（825年）十一月，裴度上疏请求入京朝见。第二年正月，裴度到京，皇帝对他礼遇隆重，过了几天，宣布制书再次任裴度为宰相。而李逢吉的党徒中有个叫张权舆的人当时任左拾遗，尤其肯卖死力。裴度从兴元请求入朝时，张权舆上疏说："裴度的名字应验了图谶之言，住宅座落在冈原上，没有召见自己要来，他的意图可以想见。"先前奸邪的党徒忌恨裴度，编造了一首歌谣说："非衣小儿坦其腹，天上有口被驱逐。""天口"是说裴度曾经平定了吴元济,另外，京城东西，横卧着六道高冈，正合《易象·乾》卦的数目。裴度在平乐里的住宅，恰巧坐落在第五道冈上，所以张权舆拿这些作借口阻挠裴度进京。敬宗虽然年少，却明白这是诬陷诽谤，褒奖裴度的心意不曾衰减，因而奸邪的党徒无法再进谗言。

当时敬宗打算游历洛阳，宰相李逢吉以及两省的谏官多次上疏议论，皇帝严肃地说："朕去的意思已经决定了。那些跟从的官员和宫人，都叫他们自备干粮，不烦劳百姓奉送饮食。"李逢吉叩头说道："距离东都一千里以内，宫阙都保存着，有时间巡幸出游，固然也是常规。但是皇帝的车驾一旦出动，事事都须具备礼仪，千乘万骑，不能减省。即使不动用太多的财力物力，也要做到丰俭得体，怎么可以自备干粮，有失君主出行之大体呢？如今战事没有完全停息，边境还不太安宁，恐怕人心动摇，乞请陛下重新考虑。"皇帝不听，命令度支员外郎卢贞前往检查东都以西的行宫及洛阳大内。朝廷上下的人正心怀忧虑，正好裴度从兴元来京，在延英殿奏对事情时，皇帝说到巡幸的事。裴度说："国家营造两都，本来就是供帝巡幸用的。但是自从国运艰难以来，巡幸就停止了。东都的宫殿城阙以及六军营垒，各部门的官署，大多荒废了。陛下一定要去游历，也须等稍加修葺后再说。等一年半载后，才可以议论出行的事。"皇帝说："群臣都没有提及此事，只说不应该去。若像你奏说的那样，不去也可以，以后也就不用说了。"皇帝这才停止出游东都。

幽州节度使朱克融扣留赐春衣使杨文端，上表说所赐春衣布料粗糙；还说今年三军春衣不够用，拟议请财政部门拨给一个季度的春衣，大约需帛三十万端匹，又奏请资助五千名服役工匠帮助修缮东都。皇上担忧他心怀叵测，询问宰相说："朱克融的奏请，如何处理？我打算派遣一名重臣前往宣旨抚慰，顺便要回春衣使，可以吗？"裴度回答说："朱克融的家族本来是凶暴之徒，又无故犯上，必然要自取灭亡，陛下用不着为此忧虑。譬如有一只豺狼或虎豹，自己在山林里又吼又跳，只要不把它当回事，自然就无计可施了。这个贼子只敢在自己的巢穴中无礼，一出动就不行了。如今不需要派遣使者宣旨抚慰，也不用去要被他扣留的使臣，只要缓过十多天以后，给他下一纸诏书说：‘听说宫廷使臣到你那里稍有失礼，待他回来后，我自会处理。赐给卿的春衣，有关部门制造不细致，我要详细了解，已经下令查处。’他奏请派五千名服役工匠及兵马开赴东都，本来就是假话。臣料想贼人军中，绝对派不出这么多人马。如今想要直接挫败他们的奸计，就答复他说：‘你奏请资助修缮宫殿城阙的服役工匠，可以迅速派来，我已经命令魏博等道，让他们在经过的地方安排供应。’预料他得到这个诏书，必定张皇失措。如果不能这样，还想表示包涵宽容，就答复说：‘东都的宫殿城阙需要修葺，是有关部门的事，不需要你派遣工匠远道前来。另外所说的三军春衣问题，原本是各道自筹的事，近来朝廷有时因有事赐予，都是因为征集调发了该地的人力物力，所以应该给予优待，如果是平常就没有这个例子。我当然不可惜二三十万端匹布料，只是从道理上讲不能唯独赐给范阳。你应该知晓。’只要这样处理就行，陛下不必再将此事放在心上。”皇上听从了裴度的建议，于是他呈进草拟的诏书，送到后都像他预料的那样。不到十天，幽州将士杀死朱克融及他的两个儿子。

当时皇帝正当年少骄傲放纵，厌倦接见群臣，裴度委婉地上奏说：“以前，陛下每个月大约临朝听政六七次。天下的人，没有不知道陛下亲自处理各种政务的，甚至河北的贼臣远远地听到消息，也都震惊顺从。自从这两个月以来，入阁开延英殿的次数减少，臣担心有时很重要的政事须要禀承皇上处理，却被耽搁延误。希望陛下趁气候凉爽多临朝听政，以便广泛地接待大臣询问政事。臣认为保养身体，在于顺应季节。如果饮食有节制，睡觉起床有规律，四肢协调，可以长寿。道书上说：‘春天夏天早起，选择鸡叫的时候；秋天冬天晚起，选择日出的时候。’大概是温暖的季节就要赶在凉爽的时候处理政事。

在阴凉的季节就要赶在温暖的时候处理政事。如今陛下为各种政务忧虑操劳，亲自处理纷繁的政务，每次驾临延英殿，召见臣等人奏对，时值盛夏季节，就适宜在清晨。如果到了中午正当炎热的时候，即使时间很晚忘记吃饭，不怕辛苦，仰望陛下，也好像闷热烦躁。臣等已曾陈述议论过，恳切希望陛下听取采纳。”从此以后，皇上过问政事渐渐频繁。

不久，裴度兼管财政。适逢宫中有弑杀之祸，敬宗逝世，裴度与宦官秘密计划，诛杀刘克明等人，迎接江王即皇帝位。裴度因有功加授门下侍郎，集贤殿大学士、太清宫使，其余官职依旧。因辅佐权劝道有功，晋升特进。当时沧景节度使李全略死去，他的儿子李同捷窃取兵权，借此要求继承节帅，裴度上奏请求诛杀讨伐，历时一年杀了李同捷。裴度于是上奏章陈述调发军粮不是宰相的职责，请求归权于有关部门。皇上下诏允许，赐实封三百户。

裴度年老多病，恳切地上疏请求辞去宰相，皇帝对他恩宠礼遇更加深厚。文宗派宫廷医生为他诊断治病，每天派宦官安抚慰问。宝历四年（828年）六月，皇帝下诏说：

以前汉代皇帝为孔光颁布赐给几案的诏书，晋朝国君因郑冲重申授册封赏的命令。虽然优待尊崇德高望重的人，显扬推重元老功臣，但议论政事时不再询问他们，以礼相待只求他们能舒服安逸。朕不断地寻求最完善的治理，认为只有贤臣才是珍宝，因此对有功劳的旧臣，怎敢不倍加尊敬？因此将军国大政委托给宰相，让他们从各种政务中解脱出来，时时听取他们的意见作出决定，确实希望辅政大臣协调合作，迁升官位为上公，作为特殊恩宠。特进、守司徒、兼门下侍郎、同书门下平章事，充集贤殿大学士、上柱国、晋国公，享有食邑三千户、食实封三百户的裴度，禀承山川的灵秀，承受天地的正气，资质优异才德出众，心胸开阔宽广博爱坦荡，外有盛大的功绩，内有一心报国的美德，有本领足以成为国家的节帅，有才能实在堪称国家的支柱。所以能够侍奉几朝皇帝，长期效力融和教化。

在宪宗时代，扫清天下，你有率兵出征杀贼灭寇的功勋。

在穆宗时代,实行国家统一，你有参与军务入朝辅佐的功绩。

在敬宗时代,百姓富足康乐，你有振兴国家庇佑庶民的辛劳。

到辅佐朕时，治理全国，你有抚慰民众讨伐罪寇安定天下的功力。

以上功劳都见于朝廷的谋略中，记载在史册里，给百姓带来的利益，在此无法一一列举。日益受到朝廷舆论的敬重，我心里确实明明白白。正要取用你那皋陶似的高明谋略，恰巧遇上你这张良式的谋士染病，你竭尽诚意坚持辞让,详备地列举在奏章上，不接受诏书上言请退，心诚意切溢于言表。听到你的病体痊愈的喜讯，更加期待你履行宰相的职责，但你体力尚未恢复，不能立即见到你。不颁布嘉奖尊崇的诏命，怎能显示宠爱厚待的恩惠？应该让你协助辅佐枢要机务，广泛传布政教法令，出谋划策为公卿士人作榜样，宣扬圣德教化安抚汉人或夷人。望你爱惜保养精神，保佑平定福禄，作为国家的元老，来辅佐我一人。可任司徒、平章军国重事，等待你疾病减轻的时候，每隔三天、五天来一次中书省。你的散官勋号,实封照旧,并准备礼仪册命。”

裴度上表辞让说：“臣认为三公台省的崇高之礼，据典策命盛大之仪，让庸臣承受，确实受之有愧。何况多次承受恩宠册命，确实对臣很偏爱，前后三次，受此殊荣。命臣继续参与机要事务，臣心中忧惧不能辅佐协调，难当如此繁劳重任，臣面有愧色。乞请圣上恩赐先考核臣是否称职，再责成臣完成实事，至于册命的礼仪，特请赐令停止。那么臣身居高位无功食禄，心里就不会感到羞耻；身着礼服乘坐轻车，免得受众人讥笑责备。”皇上特地下诏依从他的请求。

同年九月，加官任司徒、兼侍中、襄州刺史，充任山南东道节度使、观察使、临汉监牧使等。

裴度素来有坚定正直的声誉，侍奉皇上百折不回，因此多次受到奸臣恶人的排挤，几乎到了无法摆脱的窘境。到了晚年，渐渐随波逐流来避免灾祸，后来又引荐韦厚叔、南卓任补阙拾遗，让他们藕合矛盾互相结交，作为自我保全的计策。而后晋升为宰相的李宗闵、牛僧孺等人都不喜欢他的所作所为，因此借裴度因病辞职之机请求罢免他的相位，再次派他出京任襄阳节度使。

元和十四年（819年），朝廷在襄阳设置临汉监牧，废弃百姓的农田四百顷，在那里放牧官马三千二百多匹。裴度认为牧马的数量太少，白白废弃农田，上奏请求取消牧场，撤销临汉监牧使。宝历八年（832年）三月，以本官兼管东都尚书省事务，充任东都留守。宝历九年十月，晋升中书令。宝历九年（833年）十一月，宦官诛杀李训、王涯、贾悚、舒元兴等四位宰相，他们的亲属门人因此受牵连的多达上百人，被投入监狱审问，要处以流放罪。裴度上疏为他们申理辩解，保全活命的有数十家。

从此，宦官掌权，士大夫之道沦丧。裴度因已到了退休年龄，朝廷纲纪又已败坏，从此不再考虑官位的升降。他在东都集贤里修建住宅，修筑假山开凿池塘，竹林树木聚集荟萃，其中有风亭水榭，梯桥架阁，岛屿环绕，极尽都城的美丽景象。又在午桥修建别墅，种植了上万株花草树木，中间建有凉台暑馆，名叫绿野堂。引清水贯流其中，道引分流，两岸景物交相辉映。裴度在处理政事之暇，与诗人白居易、刘禹锡整天宴会喝酒，放声歌唱，高谈阔论，以诗酒琴书自娱，当时的名士都和他有来往。每次有人从东都回京，文宗必定先问他说："你见没见到裴度？"

皇上认为他有脚病，不方便来京朝见，但年龄还不算太老，开成二年（837年）五月，又让他以本官兼任太原尹、北都留守、河东节度使。诏书下达后，裴度多次上表以年老有病坚持辞让，不愿再次掌管兵权，皇帝特地下诏不许他辞让。文宗派遣吏部郎中卢弘前往东都宣旨说：“你虽然多病，年龄还不算太老，替朕垂衣拱手镇守北门就行了。”催促他上路，裴度不得已才上任。

开成三年（838年）冬天，裴度病重，乞求返回东都养病。开成四年（839年）正月，皇帝下诏准许他回京，拜授中书令。裴度因病不能上朝谢恩，皇命下诏说：“司徒、中书令裴度，建立很多大功，多次位居宰相。如今因病痛不能上朝谢恩，他所任官职的俸禄料钱，应该依旧计算日期支给。”又派宫中的医生到他家中给他治病。适逢上巳节在曲江赐宴，群臣赋诗，裴度因病不能赴宴。

文宗派宦官赐裴度诗说：“注想待元老，识君恨不早。我家柱石衰，忧来学丘祷。”还赐亲笔书信说：“朕想在诗集中看到你的唱和诗，所以派人送去这首诗。你还在病中，当然没有心情和诗，不妨日后再进上来。俗话说春天难于保养，努力加强调养保护，尽快恢复健康，千言万语不能一一述说。治病所需药物，不要顾忌上奏请求的麻烦。”

皇上的亲笔书信送到家时，裴度已经逝世，时间是开成四年三月四日，终年七十五岁。皇上听说后，震惊悲痛了很长时间。命人重新抄写那封信，放在他的灵位上，册封追赠太傅，停止朝会四天，加等赐给送葬物品。下诏京兆尹郑复监护料理丧事，所需物品都由官府供应。皇上奇怪裴度没有留下奏表，派宦官去他家询问此事，家人进呈裴度留下的草稿，其中主要意思是担忧没有确定皇太子，遗表中没有提及家事。

裴度由一介书生因文辞对策考中科举，数年之间，升至清贵而又接近皇帝的要职。遭逢时事艰难，而能奋不顾身作出决策，亲自出征讨伐贼人，是转衰为盛受人敬仰的名臣。在元和、长庆年间，乱臣贼子收起锋芒垂头丧气，害怕的是裴度的声望。裴度的相貌和平常人差不多，但是风度翩翩神采奕奕，应对具有说服力，不论是看到还是听到的人都很诧异。当时有使臣奉命出使到特别远的地方，四夷的君长必定要问裴度的年龄有多大，面貌像谁，天子任用不任用？他的威名就是这样远远地传到异国他乡，受到汉人四夷的敬服。当时他的声威名望德行功绩，与郭子仪并列，出将入相，他的任用与否关系到国家的安全危亡、时事的轻重缓急长达二十年。每次任命宰相，无论贤与不贤，都首推裴度，他就是这样受到士人君子的爱戴推重。即使江左的王导、谢安用德威镇服雅人和俗人，但论计谋方略，裴度又胜过他们。裴度有五个儿子，分别名：识、譔、让、谂、议。

## 裴休

裴休（787—860年），字公美，唐孟州济源人。出自东眷裴，祖宣，父肃。裴氏家族第四十三世。

裴肃在德宗贞元中自常州刺史兼御史中丞，越州刺史，浙东团练观察使。他曾召兵镇压了山越栗锽起义，事后，撰《平戎记》一书，他有三个儿子：俦、休、俅。

裴休，品行端正。还是儿童时，兄弟都隐居在家里的别墅中，白天讲经，夜晚读书，一年到头不出家门。有人送来鹿肉，裴俦、裴俅烹煮，并召裴休一起来吃，裴休不吃，说：“粗茶淡饭尚且不够，今天吃一次肉，以后吃什么？”登进士第，又考中贤良方正科異等。多次被征用到节度使的幕府任职，召入朝廷任监察御史，轮番在朝内朝外任职。

唐文宗大和初年（827年），裴休历仕各藩王府，入为监察御史、右补阙。大和六年（832年）二月，兼史馆修撰。会昌中，自尚书郎历典数郡。

唐宣宗大中五年（851年）二月，裴休以户部侍郎充诸道盐铁转运等使，上柱国，河东县开国子，守礼部尚书，进金紫光禄大夫。大中六年（852年）八月，以礼部尚书，诸道盐铁转运等使，任同中书门下平章事。随即上奏说：“宰相在皇上面前议论政事，值班宰相编撰成为时政记录，所议论的不止一件事。详细记载自己的言辞，省略其他人的议论，有些事情就漏记了，史官不能得知详情。请令宰相各人分别写时政记录，一起交给史官。”皇帝下诏许可，升任中书侍郎。

大和后期，每年经江、淮漕运大米四十万斛，能运到渭河仓的只有十分之三，舟船颠覆被毁坏，下吏乘机作弊，千方百计贪赃，刘晏之法全部废除。

裴休入相后，他首先解决漕运问题。他派遣僚佐分赴运河两岸进行调查研究，了解漕运不畅的弊端所在，然后根据实际情况制定漕运法十条，颁布执行。漕运新法十条的主要内容是，令濒河县令兼管漕运事宜，保证运河在该县境内安全畅通，漕运费用全部归漕吏掌握使用，巡院不得侵牟。濒河县令负起责任，褒奖有才能的人，贬降怠慢的人。漕运经费得到保证，这就使运河畅通无阻。裴休为盐铁转运等使三年，漕米至渭河仓者一百二十万斛，没有一升一斗因沉溺而受到损失。宣宗表彰裴休“兴利除害，深见奉公”。

裴休又制定税茶之法。唐德宗建中三年（782年）开始征收茶税，十分税一。贞元九年（793年）得茶税钱四十万贯。文宗时停收茶税，但各地仍设关把口，照征不误。大中六年正月，裴休制定税茶法十二条，敕旨依奏施行。裴休改进茶税之法，主要是在出茶口设卡，一次性地征收茶税，不得到处设关把口，滥收茶税，这就可以杜绝奸诈、公私两便。

从裴休制定漕运新法十条和税茶法十二条，可以看出，裴休是富有经济管理的才能和经验的，条理化的思想，使他所管理的部门井然有序，效率提高，受到好评。

裴休在相位五年，大中十年（856年）罢相，为宣武节度使，封河东县子，由太子少保分司东都。大中十一年（857年）至十四年（860年），历官昭义、河东、凤翔、荆南四节度使，唐懿宗咸通初（860年）卒，年七十四岁，赠太尉。

裴休做事不苛求，手下的官吏敬畏他的诚信。能写文章，他的楷书苍劲妩媚有章法。为人宽容有涵养，举止雍容典雅，宣宗称他是“大儒典范”。

## 裴澈

裴澈，字深源，裴氏家族第四十四世。父裴俅，字冠仪，进士，谏议大夫。

僖宗广明元年（880年）十二月甲申，裴澈临危受命，以翰林学士身份出任工部侍郎、同平章事，拜为宰相。原来，这时黄巢起义大军已兵临潼关，左军中尉、掌握实权的大宦官田令孜深恐归罪自己，遂命学士王徽、裴澈为相，并贬宰相卢携为太子宾客。在危难之际，裴澈成了替罪羊。当天，卢携闻义军将至，服药而死，而僖宗则与诸王、妃、后数百骑，自子城由含光殿、金光门出奔山南，连文武百官都不知道，竟没有一人从行的。当晚，义军便堂而皇之地跨进了唐朝首都长安城。

中和元年（881 年）二月，裴澈兼礼部尚书。四月，澈为门下侍郎兼兵部尚书。十一月，澈为检校兵部尚书。中和三年（883 年）四月，唐军收复京师。七月，检校兵部尚书、判度支裴澈为中书侍郎，同中书门下平章事。光启元年（885 年）三月，僖宗自蜀返抵京师，澈为尚书左仆射。这时掌握实权的田令孜尽收河东解县盐池之利。河东节度使王重荣联合太原节度使李克用，共同声讨田令孜。田令孜挟持唐僖宗逃往凤翔，又至宝鸡，度大散关逃至兴元（今陕西汉中市）。光启二年（886 年）四月，邠宁节度使朱玫用强大的军队作后盾，召集凤翔百官，拥立唐肃宗之裔孙襄王李煴为主，在长安建立伪朝廷。朱玫自为侍中，裴澈以宰相身份掌管国家财政收支。十月，煴即皇帝位，尊僖宗为太上皇圣帝。这时，僖宗身边已改由宦官杨复恭专权用事。他传檄三辅，征募能杀朱玫之人。朱玫的部将王行瑜自凤州入京师杀玫，而煴与澈、昌图并官属奔东渭桥。河东节度使王重荣迎煴至蒲而杀之，并将澈、昌图等投入监狱。裴澈参加了杀玫策动立煴为帝的宫廷政变，破产后，于光启三年（887 年）三月癸未被诛杀。

## 裴陟

裴陟，唐代人，裴氏家族第四十世。曾祖裴鸿，后周襄州刺史，封高邑侯。祖父裴师义，隋兵部侍郎，赠太子太师。父亲裴怀感，唐忠州、澧州二刺史。

裴陟与名士皇甫冉为至交，曾任滑州司马、常州刺史，官至同平章事。

## 裴坦

裴坦，字知进，唐绛州闻喜人。裴氏家族第五十二世。福建观察使裴义之子。祖父裴部。汾州别驾，赠司空。

裴坦进士及第。吏部侍郎沈传师上表举荐他在宣州观察使的幕府中任职，不久召入朝中拜授左拾遗、史馆修撰。历任楚州刺史。令孤绹掌权，举荐他任职方郎中，参与起草制诰，裴休不同意，但未能阻止。旧例，舍人初次到省署就职理事，四个丞相送他，在堂上放一个坐榻，坐下压住四角。

裴坦看见裴休，一再表示感谢。裴休勃然大怒说：“这是令狐丞相的举荐，我裴休出过什么力？”示意左右的人抬来轿子匆忙出去了，省署中官吏吓得瞠目结舌，认为唐朝建立以来没有这种耻辱，人们都替裴坦感到害羞。两次提升后任礼部侍郎，拜授江西观察使、华州刺史。召入朝廷任中书侍郎、同中书门下平章事，成为宰相。但在相数月，裴坦就逝世了。成为千古憾事。

裴坦生性简俭，儿子娶杨收的女儿，陪嫁的器头上大多饰有金玉，裴坦命令撤去，说：“破坏我的家法。”世人认为他的品行高洁。

因居住太平里，时号太平宰相。

唐朝后期，世家大族奢葬成风，但裴坦依然保持着清廉简朴的家风。这令后来的唐昭宗每每听到其事迹，就会整理好衣冠，肃然而立，以示敬意。

## 裴枢

裴枢（841—905 年），字纪圣，属中眷裴，唐肃宗朝宰相裴遵庆的曾孙。祖父裴向。父裴寅。裴氏家族第四十五世。

唐咸通十二年（871 年）登进士第，累官至御史大夫。宰相杜审权为河中（今山西永济市西蒲州镇）节度使，上奏推荐他在幕府任职，两次升任蓝田尉。大学士王铎赏识他，于是直弘文馆。铎罢相失职，枢亦久之不调。裴枢随从僖宗入蜀，中丞李焕奏为殿中侍御史，迁起居郎。

唐僖宗中和初年，王铎被起用，以旧恩推荐他任郑（河南郑州市）、滑（今河南滑县）掌书记。后又任检校司封郎中，赐金紫、入朝历兵、吏二员外郎。

唐昭宗龙纪初年（889年），晋升给事中，改任京兆尹。唐昭宗大顺中（890—891年），宰相孔纬因用兵无功贬官，因此裴枢坐累改任右庶子，出任歙州刺史。升任右散骑常侍，为汴州宣谕使。

初，枢自歙州罢郡归朝，路经大梁，当时朱全忠兵威已振。裴枢以兄事之，朱全忠于是对裴枢特别重视。朱全忠与裴枢往来密切。由裴枢传诏，朱全忠听命于朝廷，不断进贡。昭宗很高兴，升任裴枢为兵部侍部。当时崔胤也倚仗朱全忠专掌朝政，因而他与裴枢友善。改裴枢吏部侍郎，不久，换户部侍郎，同平章事。其年冬，昭宗幸华州（今陕西华县），崔胤贬官，裴枢也罢免宰相任工部尚书。天子自岐下（今陕西凤翔县）还宫，以枢检校右仆射，同平章事，出为广南（今广东韶关市南十里武水西岸）节度使。圣旨让裴枢出任清海节度使。朱全忠出面保荐，说裴枢有治理世事的才能，不应当放弃在外。朝廷又授任裴枢为门下侍郎、监修国史，连续进任吏部尚书、判度支。

时在天佑元年（904年）正月，朱全忠迫使昭宗迁都入洛阳。驻驿陕州（今河南三门峡市西旧陕县），进右仆射、弘文馆大学士、太清宫使，充诸道盐铁转运使。

哀帝继位，宰相柳杰正专权，朱全忠要使牙将张廷范任太常卿，裴枢认为张廷范是立有战功的武将，自然应当担任方镇节帅，何必要任太常卿，恐怕不是元帅梁王的意思，二人相持不下。朱全忠愤怒地对宾僚佐吏说："我时常器重裴枢不浮薄，如今他却这样。"柳杰听说后，便罢免裴枢的相位，授任左仆射。不久贬为登州刺史，又贬为陇州司户参军。天佑二年（905年）六月十一日，朱全忠终于向裴枢等挥舞了屠刀。

他将裴枢、独孤损、崔远、王溥、赵崇、王赞等三十余人聚集于白马驿，内中当有裴铖、裴纾、裴鉥、裴格、裴练等人，当晚将他们尽皆杀害，把他们的尸体抛入黄河的激流之中，谓之将这批清流变成浊流。这就是臭名昭著的白马之祸。裴枢被害时，终年六十五岁。

**裴贽**

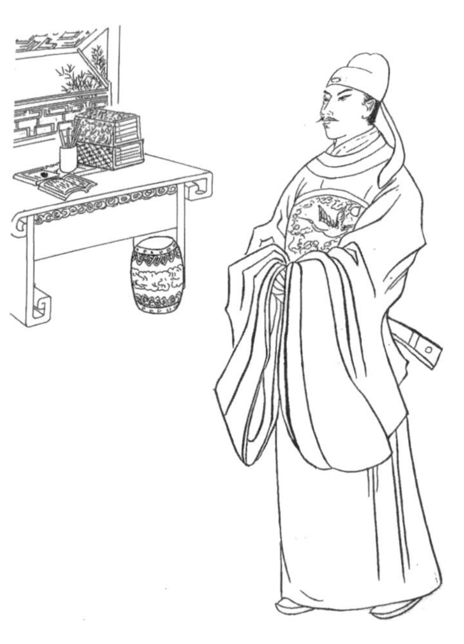

裴贽（840—904 年），字敬臣，唐末人，裴氏家族第五十三世，是宰相裴坦的侄子。父亲裴储，祖父裴稷。

裴贽进士及第。唐僖宗中和二年（882 年），初任掌书记，后渐擢升为右补阙、御史中丞、刑部尚书。因各路藩镇与朝廷分庭抗礼，朝廷一度财政吃紧，情急之下，昭宗又让裴贽兼任户部尚书，主管全国钱粮。乾宁元年（894 年），李茂贞与王行瑜刀兵相见，京城大乱。昭宗出逃终南山，特下诏任裴贽为京城留守。为了救驾，裴贽奉诏调动李克用的兵马，讨灭了王行瑜。光化三年（900年），裴贽与裴枢同时拜相，制曰："以正议大夫、守刑部尚书、上柱国、河东县开国男，食邑三百户，赐紫金魚袋裴贽为中书侍郎、同中书门下平章事，充集贤殿大学士。"期望他能支撑摇摇欲坠的大唐江山。

朱全忠挟天子、谋篡权，裴贽处处抵制他。朱全忠为扫平障碍，先罢免裴贽相位，改任尚书左仆射、司空，进而胁迫唐哀帝把裴贽贬为青州司户参军，并安排刺客在路上将其暗杀。裴贽在期，德高望重，学识渊博，他曾三任进士考试主考官，这在唐朝近三百年历史中实属罕见。

## 裴识

裴识，字通理，唐河东闻喜人，是裴度的儿子。裴氏家族第四十六世。

裴识天性聪明，凡是经他过目的东西未曾忘记。推及祖先的功勋补授京兆参军，多次提升后任大理少卿。官军讨伐刘稹，任供军使。平定刘稹后，改任司农卿，升任湖南观察使。入朝拜授大理卿，继承晋国公的一半封地，任泾原节度使。因廉问湘东，清简务实，利泽浸渍。

当时吐蕃酋长尚恐热献上三州七关后，又派兵分别拒守。唐宣宗选择有名的大臣，派裴识任泾原节度使，毕减任邠宁节度使，李福任夏州节度使，皇帝亲临送行。

裴识到达泾原后，修建城堡屏障，整修兵器，开设屯田。起初，将士戍守边疆，有时多年不能返回。裴识与他们约定戍守的期限，期满的人更换；双亲七十岁以上的，在近处戍守。从此人们感激喜悦。加授检校刑部尚书，迁任凤翔、忠武、天平、邠宁、灵武等军节度使。晋升银青光禄大夫检校尚书右仆射兼御史大夫，食邑三千户，袭食实封一百五十户。灵武土地有盐碱没有水井，裴识向神发誓后凿井，果然找到了泉水，足汲，莫不感动。历任六个军镇的节度使，所到之处都有可以记述的政绩，于咸通五年（864年）四月九日逝世，享年六十九岁。去世后，追赠司空，谥号昭。

**裴璩**

裴璩，字挺秀。唐河东闻喜人。裴氏家族第四十二世。裴纲之子。

懿宗咸通五年，自兵部员外郎入为翰林学士，累加工部侍郎。

咸通八年（867年），出为同州刺史。

咸通九年（868年），任宣歙观察使。随驾入蜀，拜尚书右仆射。光启三年（887年），任岭南东道观察使。

唐昭宗时，官至太师、检校司空、尚书左仆射。

## 裴迪

裴迪，字升之，河东闻喜人。祖裴垍，裴氏家族第四十六世。属东眷裴。

为人明敏，善治财赋，精于簿书。在唐，为裴璩、王铎所器重，唐司空裴璩判度支，以裴迪为出使巡官。都统王铎镇滑州，奏裴迪为汴、宋、郓等州供军院使。铎为租庸使，又以迪为租庸招纳使。

朱全忠为宣武节度使，以裴迪为节度判官。朱全忠引兵征战四方，经常将裴迪留在后方调运兵赋。他曾公开宣布，军事方面由他自己处理，而财政经济、监察诉讼等一切事宜由裴迪处理。裴迪得到朱全忠的信任，为他的得力助手。

朱全忠西攻岐州，与李茂贞争夺唐昭宗的控制权时，在兖、郓（今属山东）的王师范阴谋袭取汴（今河南开封），端掉朱全忠的老窝。他派遣壮士苗公立拿着他的书信至汴，以探听虚实。裴迪接待了苗公立，问他那边的情况。苗公立掩饰不住内心的紧张，裴迪见苗公立神情异常，就支开其他人和他单独秘谈，苗公立便把王师范的阴谋一一告知裴迪。由于事发突然，裴迪已经来不及报告朱全忠，就当机立断，遣朱全忠之子朱友宁领兵巡视兖、郓，因此之故，王师范虽然暗中做了不少袭汴的准备，但是终于不敢贸然进发。朱全忠从岐返回后，对于参与粉碎王师范未遂阴谋的将吏大为嘉奖，送给他们“迎銮叶赞功臣”的称号。将吏拜见朱全忠，朱全忠看着裴迪说："叶赞之功，只属裴迪一人，其他人还配不上。"裴迪在唐朝官至太常卿。梁太祖朱全忠即位，拜裴迪为右仆射，只任了一年，就告老，以司空致仕，卒于家。

## 裴宜

裴宜，北宋人。裴氏家族第五十二世。名臣裴普之子。

宋英宗时历任大理卿、礼部侍郎、同平章事，时为宰相。

## 裴皞

裴皞，字司东，唐末至五代时期人。世居河东。属东眷裴。曾祖裴度，祖裴识，检校右仆射，晋国公。父裴侣，唐监察御史。裴氏家族第四十八世。

皞出于名门，聪明好学。唐光化中举进士，拜校书郎、拾遗、补阙。事后梁为翰林学士、中书舍人。事后唐为礼部侍郎（后唐：李克用之子李存勖消灭后梁，于汴建立后唐，又被后晋所灭），多陈朝廷阙失，指斥权臣。改太子宾客。因年迈拜兵部尚书致仕。后晋高祖（石敬瑭于936年在汴建立后晋，死后庙号高祖）起为工部尚书,终因年老,拜右仆射(时为宰相）致仕。卒，年八十五岁，赠太子太保。

裴皞奖掖后进，不遗余力。宰相马胤孙、桑维翰，都是他在礼部时所通过的进士。以后马胤孙知贡举，放榜后，引领新进士去拜访裴皞。裴皞高兴地作诗："词场最重是持衡，天遣愚夫受盛名。三主礼闱年八十，门生门下见门生。"门生带门生，光荣之至。一时传为美谈。桑维翰任宰相后，常去看望裴皞，裴皞不迎不送。有人问他为何不迎不送，裴皞说："我见桑公于中书，是以僚属的身份；桑公见我于私第，是以门生的身份。还需要送往迎来吗？"人亦以为当。

**裴济**

裴济，字仲溥，北宋绛州闻喜人。后来搬迁到河中（今山西蒲县）。唐朝宰相裴耀卿第八代孙。裴氏第五十世。

裴济早年在晋王府任职，同事中有人犯过失，裴济多次检举，被人诬害，出京补为太康镇将。不多久，诬害裴济的人受到惩处。太宗知道裴济值得信任，恰逢即位，就补任他为殿直，后任天威军兵马监押。等征讨太原及幽蓟时，裴济迎接、陪从皇帝，皇帝令他任易州监军，契丹攻城没能得逞。裴济因功被升为西头供奉官。

太平兴国末年，江南出现盗贼，朝廷任命裴济为巡检，升崇仪副使。受召还朝，升崇仪使。在威虏军监管戍守士兵，途中驻在镇州，夜间忽有贼盗骑兵叫喊，大呼道："官军到了！"州将信以为真，催促守门吏开城，裴济急忙制止说："这一定是假的。"天亮后，果然有敌人的骑兵退走。太宗对他的表现很满意，升他为西上閤门使，定州都监，就地加官行营钤辖，随即担任定州知州。契丹派三万骑兵来进攻，裴济在徐河迎击，斩杀数千人，缴获许多牛马、铠甲和武器。

淳化初年（990 年），与周莹一起任判四方馆，不多久，任镇州行营钤辖。又与李继隆在唐河进攻敌军，裴济手持短兵器当先冲锋，贼军大败而逃，特为下诏表扬。

起初，李继隆因裴济性情刚强，不满意他，此战之后，抚着裴济恨自己了解他太晚。改任四方馆使，又任定州知州、调天雄军钤辖。升为客省使。复知定州。

至道二年（996 年），改任内客省使、镇州知州。立春那天，出土牛祭祀，祭奠刚结束，有个士兵就带着牛离开。裴济察觉他神色不正常，知道他想哗变，急命捉捕。果然有数十名暗地里起事的人已经占领衙门，裴济命令将他们全部捕获腰斩，军民才安定下来。裴济在镇、定任职共十五年，声望和政绩都很突出。朝廷召他还京，任命为天雄军知军。

真宗咸平初年（998 年），李继迁叛变，朝廷任命裴济为顺州团练使、灵州知州兼都部署。到州二年，想办法会合八镇兴建屯田，成为百姓的依靠。

同年，清远军被攻陷，夏人大规模聚集，断绝裴济军队运送给养的道路，裴济孤军无援，刺破手指写信紧急求援，救兵没有来，城池被攻破，裴济战死。皇上听到消息后惋惜悼念，特旨"赠官江军节度使”，又“赠尚书令，吴国公”，三个儿子都优先晋升。裴济在各团练使中很有声望，死后夏人都为之惋惜。

景德年间，裴济妻永泰郡君景氏去世，朝廷特旨下诏追封她为平阳郡夫人，几个孩子都由官府供给俸禄让他们完成守丧。

儿子裴德谷为虞部郎中，裴德基为如京使，裴德丰为殿中丞。裴济哥哥裴丽泽，弟弟裴丽正，都是进士第。裴丽泽官做到右补阙，裴丽正做到金部员外郎。裴丽正儿子裴德舆，任殿中丞。

## 裴定

裴定，北宋人。裴度后裔，裴氏家族第五十二世。祖父裴谦。父裴普。

仁宗朝官居礼部侍郎、同平章事，时为宰相。因功封琅琊公。

宋金时期，裴定家族兴旺发达。他们重科举，求仕进，从 1124 年至 1220 年的近一个世纪中，裴度后裔裴定家族竟出了十八位进士，平均 5.5 年出一位进士；从裴铎至裴近智的五代 29 个男子中，出了十八位进士，平均 1.6 人出一位进士；十八位进士占家族男性成员 29 人的 62%。这样的例子，在中国科举制度史上也是罕见的。裴定家族成为一个以进士最多为标志的高级知识分子群体，使裴度后人在宋金时期放射出耀眼的光芒。

# 第三章 五十九位大将军

大将军，始置于战国，历代沿置，为将军的最高称号。但各个历史时期，根据其政治、军事需要和军事领导体制变化，大将军的设置及其职权、品级则不尽相同。

秦汉时期：统兵将领，有大将军、骠骑将军、车骑将军、卫将军以及前、后、左、右将军。临时出征的将帅尚有随事立名别加称号者，如伏波将军、度辽将军。

魏晋南北朝时期：统兵将领有大将军、中军将军、领军将军、护军将军、都督、大都督等。两晋时还设有骠骑将军、车骑将军、卫将军以及抚军、辅国、四征（征东、征西、征南、征北）、四镇、四平、四安等将军，或加“大”字，位居大将军之列，如辅国大将军、征西大将军、安南大将军等。但这些将军都是官阶，而非官职，并非一定统军。真正统军的武官，一般都要加上都督诸军、监诸军、督诸军的职称和使持节、持节、假节的称号，其中以使持节、都督诸军的权力最大。到南北朝，将军、大将军不仅名号繁杂，而且职权地位差异很大。

隋唐时期：隋设十六卫府。十六卫府各设大将军一人，将军二人。其名号随卫府名立，如左右卫府将军，大将军分别为左卫将军、右卫将军、左卫大将军、右卫大将军。唐禁军南衙十六卫府和北衙左右羽林军、左右龙武军、左右神武军等，各置大将军。同时改隋左右屯卫为左右威卫，左右侯卫为左右金吾卫，左右备身府为左右千牛府，于是又有了左右威卫大将军、左右羽林大将军、左右金吾卫大将军、左右千牛大将军等名号。隋为总管，唐为都督、大都督。都督带使持节者称节度使，出征将帅分别称行军元帅、行军总管、行军大总管。

自宋至明，又称殿中武士号为将军，如大汉将军等。

裴氏人物出任大将军，始于

东汉，延及明代。在大量的历史资料中发现，出自裴氏家族的大将军有六十多位。在清《裴氏世谱》中记录的大将军有五十九位，其中有五位身兼宰相，如裴楷、裴良、裴炎、裴衍、裴胄，本书中将这五位宰相从大将军名单中移出，并根据新的资料，对五十九位大将军进行了增补和调整。具体名单及事迹如下：

**裴晔**

裴晔，字君先，汉山西闻喜裴柏村人。裴遵曾孙，裴氏家族第二十六世。

晔在东汉顺帝时任并州刺史、度辽将军。他仰观天文，俯察地理，看到一处群峰巍峨，松柏苍郁，认为此处是最适宜家族繁衍生息之处。于汉顺帝永建初年(126年)，合族从安邑迁居到闻喜东约五十里处定居。因这里漫山遍野都是柏树，故名裴柏村作为裴氏祖居地。

晔生有二子，长子裴羲，汉桓帝时任尚书令、开国公，是裴氏家族中的第一位宰相；次子裴茂，东汉灵帝时任尚书令。而且他与子孙裴潜、裴绾、裴楷、裴秀、裴頠、裴宪四代七人相继为相，举世无双。

**裴邵**

裴邵，字道期。东晋人。裴康之子，裴徽之孙。裴氏家族第三十世。

元帝时累迁安东将军，以邵为长史，王导为司马，二人相与为深交。征为太子中庶子，复转散骑常侍，使持节、都督扬州、江西、淮北诸军事、东中郎将，随东海王越出项城，而卒于军中。等到王导做了司空，就向裴邵拜曰：“裴道期、刘王乔在，吾不得独登此位。”王导的儿子仲豫与裴邵的父亲裴康同字，王导考虑到他们之间的友谊，就将他儿子的字改为敬豫了。

**裴武**

裴武，字文应。东晋人，裴嶷兄长，雍州刺史裴杰之子，裴氏家族第三十世。

晋时曾任晋玄菟（郡名，汉武帝元封三年置，治所在沃沮城，辖境相当于今辽宁东至朝鲜咸镜道一带）太守、大将军，元帝时为工部尚书，爵封兰陵郡公。

## 裴开

裴开，字士先，又字景舒。东晋人。裴武之子，裴氏家族第三十一世。

曾任慕容廆车骑司马，后进为太常卿祭酒。他才略深远，屡进奇策，多被采纳。晋成帝时任冠军大将军。

## 裴韬

裴韬，东晋人，裴氏家族第三十三世。裴范之长子。

累迁游击大将军，并州刺史，爵封开国公。

## 裴冲

裴冲，字大宁，东晋人，裴氏家族第三十三世，司徒裴范之次子。

晋元帝初任建威大将军，爵封开国公。

## 裴道子

裴道子，字复泰，南朝人，开国公裴冲之子，裴氏家族第三十四世。

刘宋时为征南大将军，义昌伯，赠开国公。

其长子裴德、次子裴蒲都是大将军。

## 裴讹

裴讹，北魏人，裴氏家族第三十四世，晋凉州刺史裴定宗之子。

官至冠军大将军。

## 裴方明

裴方明，南朝刘宋时期河东人。裴氏家族第三十五世。父裴驷。祖父裴松之。

在刘宋时期为平涪、蜀，破仇池，立下了功劳。宋文帝元嘉九年（432 年），任振武将军、益州刺史。刘道济因苛刻远方商人和境内氐人，激起民变。氐人攻占涪城（今四川三台西北）。南汉中太守、涪陵太守、江阳太守、遂宁太守闻风出奔。蜀士侨旧人等纷纷反叛，成都被围。刘道济遣裴方明、任浪之各将千余人出西门战，皆失利。方明复出东门，破氐众三营。又伪出北门，仍回军击城东大营，杀千余人。时天大雾，方明等扬声出东门，而潜自北门出攻城北、城西诸营。氐众溃散，奔还广汉、涪城。初，城中粮尽，方明领两千人出城求食，被氐众所败，匹马独还。夜从城西缒上，城外扬言："方明已死，可来取丧。"道济夜燃火炬、方明出与众见面，谣言不攻自破。而道济突然得急病而亡，秘不发丧。元嘉七年（430 年）二月，平西将军王义庆率军援成都。裴方明攻陷郫县、广汉。五月，方明进军涪城，斩伪雍秦二州刺史司马龙伸之首。涪、罗皆平。裴方明东还，因功授虎贲中郎将。仍为义庆平西中兵参军，龙骧将军、河东太守。

氐族首领杨难当盘据仇池（今甘肃成县西北洛谷镇），经常骚扰汉中一带。元嘉十三年（436 年），杨难当自立为大秦王。十八年（441 年），举国侵宋。十九年（442 年），宋太祖遣龙骧将军裴方明率禁兵五千人，受步兵校尉刘真道节制，讨难当。经过激战，杨难当兵败奔北魏。杨难当第三子杨虎逃窜民间，裴方明子裴肃之紧追不舍，生擒之。送京都，斩于建康。仇池平。以方明为辅国将军。

然而，由于某种原因，方明竟被处以死刑。次年，仇地沦于北魏。北魏拓跋焘在与宋太祖的书信中说："彼前使裴方明取仇地。既得，疾其勇功，不能容。有臣如此，尚杀之，乌得与我校也。”为裴方明鸣不平，认为这种嫉杀功臣的行为，失去了和对方较量的根本。

**裴彦**

裴彦，北周人，裴氏家族第三十六世。

职任骠骑大将军，封吉阳郡侯。

**裴德**

裴德，南朝刘宋人。裴氏家族第三十五世。开国公裴道子之子。

宋文帝时职任金吾大将军，爵封闻喜县公。

**裴植**

裴植（466—515年），字文远，叔业兄叔宝子。裴氏家族第三十六世。少好学，周览经史，长于释典，善谈理义。叔业以寿春降魏。叔业卒，植监州，开门纳魏军。诏以植为征虏将军、兖州刺史、崇义县开国侯，食邑千户。进号平东将军，入为大鸿胪卿。后长子昕南叛，植被处以大辟。有诏免罪。任扬州大中正，出为安东将军、瀛州刺史。罢州，复任大鸿胪卿、度支尚书、金紫光禄大夫。

裴植对他归魏以后的待遇并不满意。从兖州回到洛阳以后，表请辞官，隐居嵩山。世宗不许，对他的举动不解。在公私场合，他都扬言，按门第不后于王肃，而位居王肃之后。担任尚书之后，又志得意满，声言“非我领尚书，尚书亦须我”。参议政事，对众官当面讥毁。又上表诋毁征南将军田益宗，言称华夷异类，不应在百世衣冠之上。当时有人诬告植欲谋废黜，又有人告植姑子皇甫仲达奉植旨，诈称被诏，率部曲以图领军于忠。尚书奏当处仲达、植死刑。有诏立即执行。当时于忠擅权，构成其祸，又矫为此诏，朝野怨之。植临终神态自若，遗令子弟命尽之后，剪落须发，身穿法服，以沙门礼葬于嵩高之阴。年五十岁。其后，此冤案得以平反，赠植征南将军、尚书仆射、扬州制史，改葬。

有子惔，字道则、袭爵。

**裴侠**

裴氏家族第三十六世。祖父裴思齐，举秀才，拜议郎。父亲裴欣，博涉经史，魏昌乐王府司马、西河郡守，赠晋州刺史。

裴侠七岁还不会说话，直到有一天在洛阳城见一群乌鸦遮天蔽日从西而来，侠举手指着忽然会说话了。原来他是一个很聪敏的孩子，有异常人。十三岁时丧父，葬于宅旁的大桑林。居丧哀痛以至损伤身体如同成年人。州政府征召他任主簿，举荐为秀才。

北魏孝明帝正光年中（520—525年），出任奉朝请。逐渐升任员外散骑常侍、义阳太守。由魏奔梁的元颢，称孤道寡，趁孝庄帝北幸之机，攻入洛阳。裴侠胸怀正气，执其使者，焚毁元颢颁发的赦免诏书，孝庄帝大为嘉奖，授予裴侠为轻车将军、东郡太守，兼任防城别将。魏孝武帝与齐神武产生仇隙，调集黄河以南的军队加以防备，裴侠率所部奔赴洛阳，被授予建威将军，左中郎将。不久，孝武帝西迁，裴侠准备随行，但妻子儿女还在东郡。有人对他说："天下正乱，不知乌鸦落在哪棵树上。不如在东郡和妻子在一起，慢慢地选择可依附的人。"裴侠说："忠义之道，岂可忽略？我既食人之禄，难道可以因为妻子就改变主意吗？"入关后，赐爵清河县伯，委任丞相府士曹参军。

西魏文帝大统三年（537年），领乡兵从战沙苑（今陕西大荔县）冲锋陷阵，勇猛异常。裴侠本名裴协，这时，太祖宇文泰嘉奖他的勇敢，说："仁者必有勇"，于是给他改名为裴侠。以功进爵为侯，邑八百户，拜行台郎中。王思政镇守玉壁，委任裴侠为长史。齐神武帝高欢攻玉壁，以书招降思政，王思政令裴侠草拟回信，信中言辞十分激烈。宇文泰十分高兴，认为虽然鲁仲连在世，也不会说得比这更好，任命裴侠为河北郡守。裴侠洁身自好节俭朴素；爱民如子，只吃豆麦盐菜而已，吏民都很感激他。原来本郡有渔猎丁夫三十人，供郡守役使，裴侠说："以口腹之需而役使丁夫，我不会干这种事。"都打发他们回家了。又有丁三十人供郡守役使，侠不让他们为自己办事，而是将他们庸工的钱拿来为官府买马。时间一长，马匹成群。离开河北郡时，一无所取。民谣歌颂他："肥鲜不食，丁庸不取，裴公贞惠，为世规矩。"

裴侠曾经和各地州郡长官一齐参见太祖宇文泰。太祖命裴侠另立一边，对其他人说："裴侠清慎奉公，为天下之最，你们中如有和侠一样的，可以和他站在一起。"所有人都默然而立，没人敢答应。太祖宇文泰重重地嘉奖裴侠，朝野叹服，号为"独立君"。

裴侠曾撰写了九世伯祖贞侯潜传，认为裴氏的清公从他开始。为使后生学习他，宗族中凡知道姓名的，每人给一份。裴侠的从弟伯凤、世彦当时都是宰相府的佐官，笑着说："为人做官，须名利双收。像你这么清苦，又何必呢？"侠说："清者为官之本，俭者持身之基。何况我裴氏是大宗族，受人称美，所以，活着能称职于朝廷，死后能流芳于典册。现在我虽是凡人，但幸蒙殊遇。固然穷困，决非沽名钓誉。志在砥砺自己，唯恐辱没祖先。反被你等嗤笑，你们知道了这些道理，还有什么好说的？"伯凤等听了，惭愧得无地自容。甘守清贫，建功立业。这就是裴氏宗族的家风祖德。

大统九年（543年），入朝担任大行台郎中。几年后出京担任郢州刺史，加仪同三司，转拓州刺史，征拜雍州别驾。孝闵帝（北周的第一个皇帝宇文觉）登基，加骠骑大将军、开府仪同三司，进为公爵，增邑累计一千六百户。调任民部中大夫。当时有一奸吏，主持仓储事务，多年来贪污至千万之多，裴侠任职后，认真查处，不过数旬的时间，基本清除了这些奸盗。改任工部中大夫。大司空掌管钱物的李贵曾在府中悲哀哭泣，有人问他原因。李贵回答说："我所掌管的钱物，不少都被非法耗用掉了，裴公是出了名的执法严明的大臣，我惧怕罪责，所以哭泣。"裴侠听说后，允许他自首。李贵坦白了隐瞒五百万钱非法耗用。裴侠肃清贪官污吏，都是如此，具有震慑力量。

当初，裴侠曾经因病在家休养，大司空许国公宇文贵、小司空北海公申徽都来看他。他们发现裴侠的住宅不避风霜，就报告了皇帝。皇帝特别为他盖了住宅，并赐良田十顷，奴隶、耕牛、粮粟都准备充足。官宦缙绅都为他感到荣耀。

北周明帝武成元年（559年），卒于位。赠太子少师、蒲州刺史，谥曰贞。河北郡前功曹张回和郡中的官吏百姓，感激裴侠任职时的恩爱，作颂来纪念他的清德。

子：裴祥、裴肃。

### 裴文举

裴文举，字道裕，北周河东闻喜人，裴氏家族第三十七世。祖父裴秀业，是魏天水郡守，赠平州刺史。父裴邃，南梁侍中。

文举少年时忠诚谨慎，勤习经史。大统十年（544年），入仕任奉朝请。升任丞相府墨曹参军，时宇文泰选择文举与诸公子友处，给他们以好的影响。升任威烈将军、著作郎、中外府参军事。魏恭帝二年（555年），赐姓贺兰氏。周孝闵帝登基，继承父亲的爵位澄城县子。

以文举为齐公宇文宪幕府司录。世宗宇文毓初年，累迁帅都督、宁远将军、大都督。等到宇文宪调出去镇守剑南，又任用文举为益州（今四川广汉市北）总管府中郎。

武成元年（559年），加封使持节、车骑大将军、仪同三司。蜀中土地肥沃，商贩有极大的利润，有人劝文举经商获利，他却说："财利固然可贵，不如自身安宁呀！身体安康，就能弘扬王道，不是钱财所能办到的。"

在绛州任刺史期间，他效仿其父，清正廉洁，简政安民，每年春天都要到民间考察，劝民农桑，只坐一辆车子而已。百姓众口称赞，民风为之清淳。

天和初年（566年），升为骠骑大将军、开府仪同三司，不久任韦孝宽的柱国府司马。天和六年（571年），入朝任司宪中大夫，进爵为澄城县公，改任军司马。

文举小时候父亲去世，他的哥哥又在山东，和弟弟裴玑小小年纪一起生活，兄弟感情深厚。裴玑又早死，文举抚养孤侄，比照顾自己的儿子还周到，当时人因此称赞他。

当初，文举的叔父季和任曲沃县令，在闻喜去世，而叔母韦氏卒于正平县，正遇上东西分裂，韦氏的坟墓便留在了北齐境内。等到裴文举到绛州任刺史，经常悬赏招募韦氏灵柩。北齐人被他的孝义感动，暗中联络，把韦氏的棺椁送回，最终使夫妇俩得以合葬一处。六年，任命为南青州（今山东青州市）刺史。北周武帝宇文邕元年（578年），裴文举在任上去世。

**裴果**

裴果，字戎昭，北周河东闻喜人，裴氏家族第三十六世。祖父思贤，魏青州刺史。父遵，齐州刺史。

裴果从小慷慨有志气胆略。魏太昌初年（532年），起家前将军、乾河军主，任阳平郡丞。时宇文泰曾出使到并州，与裴果相遇，裴果即暗下决心，日后将自己托付于他。永安末年（530年），各地义军蜂起，裴果随军征讨。他乘一匹黄聪马，穿着一身青衣袍，冲锋陷阵，一往无前，人们都把他叫作"黄聪年少"。永熙年间（532—534年），授予河北太守之职。

537 年，裴果随高欢参加沙苑（今陕西大荔县）之战，结果高欢的军队大败。裴果率领他的宗党归附宇文泰，实现了他早年的愿望。宇文泰对他十分欢迎，赐给他田宅、奴婢、牛马、衣服、食物等，予以妥善的安置。裴果跟随出征河桥，解玉壁之围，摧毁敌人精锐奋勇出击，所向披靡。

大统九年（538 年，西魏文帝元宣炬年号）又跟随到邙山出战，西魏军大败东魏侯景的军队。裴果在周文帝宇文泰面前冲锋陷阵，生擒东魏都督贺娄乌兰，勇冠全军，众人叹服，因此宇文泰更加引为亲信。增补裴果为帐内都督，改任帅都督、平东将军。后来跟随开府杨忠平定随郡（今湖北随州市）、安陆（今湖北安陆市），因功加大都督，任命为正平太守。正平，是裴果出生的郡。裴果行政威严凶猛，老百姓害怕他，盗贼也因此销声匿迹。改任司农卿，迁使持节、车骑大将军、仪同三司、散骑常侍。又跟随大将军尉迟迥伐蜀，裴果率所部为前锋，打开了蜀的北大门剑阁通道，破李庆堡，降服杨乾运，都立有战功。

魏废帝三年（554 年），授予龙州刺史之职，封爵号冠军县侯。旋即州人张遁、李拓带领百姓围困州城。当时武器粮食都缺乏，士兵又少，裴果设计抗敌，叛军撤走。同时出兵追击，多次交战都打败敌人，十天之内，龙州全境都清静太平。特任陵州刺史。

周孝闵帝登基，任命为隆州刺史，加使持节，骠骑大将军、开府仪同三司，进爵冠军县公。历任眉、复二州刺史。裴果性格严猛能决断，抑制豪强，伸张正义平冤狱，历任多州的刺史，都说他称职。567 年在职位上去世。赠本官，加绛州、晋州、建州刺史，谥号质。儿子孝仁继承爵位。

### 裴庆孙

裴庆孙，字绍远。北魏闻喜人。裴氏家族第三十七世，裴瑗长子。

少孤，性倜傥，重然诺。北魏孝明帝正光末，汾州吐京群胡薛悉公、马牒腾并自立为王，众至数万。诏裴庆孙为募人别将，招率乡豪以讨之。庆孙每摧其锋，进军深入，至云台郊，大战郊西，贼众大溃。征赴都，除直后。于是贼复鸠集，北连蠡升，南通绛蜀，凶徒转盛。以庆孙为别将，从轵关入讨，深入二百余里，至汾阳城。朝廷以此地披山带河，襟要之所，明帝末，遂立邵郡，因以庆孙为太守、辅国将军。庆孙务安缉之，咸来归业。尔朱荣死也，世隆拥众北度，诏庆孙为大都督，与行台源子恭率众追击。庆孙与世隆密通，事泄，追还河内，斩之，时年三十六岁。子子莹，永安中，太尉行参军。

庆孙任侠有气，乡曲壮士及好事者多相依附，抚养咸有恩纪。在郡日，逢岁饥凶，四方游客恒有百余，庆孙自以家粮赡之。性虽粗武，爱好文流，与诸才学之士咸相交结，轻财重义，坐客恒满，是以为时所称。

### 裴伯凤

裴伯凤，北周河东人，裴氏家族第三十七世。父裴嵩寿，梁兵部尚书，琅琊郡公。曾祖裴双虎，后魏河东太守。赠雍州刺史。

官至北周光、汾二州刺史，骠骑大将军，爵封琅琊郡公。

### 裴仁基

裴仁基，字德本，隋河东人。裴氏家族第三十九世。祖父伯凤，是北周大将军汾州刺史。父亲裴

定高。

裴仁基出身于官宦世家，少好弓马，精通武艺。隋文帝开皇九年（589 年），他参加了平陈之战，以亲卫兵的身份跟随出征，首先冲入敌阵，以功拜仪同。赏赐织物一千段。以本官兼任汉王杨谅府亲信。杨谅反叛，仁基苦苦劝谏而被囚禁。杨谅失败，破格任命为护军。后来改任武贲郎将，跟随将军李果在黔安（今四川彭州市）讨伐叛乱的蛮族向思多，因为军功升为银青光禄大夫。进攻打败吐谷浑，加授金紫光禄大夫。杀败俘获了来侵犯的靺鞨，任命为左光禄大夫。跟随征讨高丽，晋升为光禄大夫。

隋炀帝杨广巡幸江都（今江苏扬州），李蜜据守洛口（今陕西洋县西谠间口），皇帝命令裴仁基任河南道讨捕大使，据守武牢（今虎牢关）抵抗李密。荥阳通守张须陀在荥阳大海寺中伏被李密所杀。裴仁基看到大敌当前，士兵疲劳，所得到的军用物资，当即分别赏给将士。监军御史萧怀静制止他这样做，大家都对萧怀静感到愤怒。萧怀静又暗地搜集裴仁基的过失，想要上奏弹劾仁基。仁基惧怕，于是杀死怀静，带领部队归附了李密。李密授他为河东郡公。他的儿子行俨，英勇善战，李密又授其为绛郡公，对他们非常信任亲昵。

王世充因为东都的粮食吃完了，率领全部人马抵达偃师（在今河南），寻求决战。李密和将领商讨对策。仁基说：“世充把全部精锐部队都带来了，洛阳一定空虚，可以分派军队守住各重要通道，让他无法东进，我们再挑选三万精兵，沿黄河西进，以逼近东都。如果世充退回，我们就按兵不动；如果世充再次进军，我们就又逼近洛阳。这样，我方可以有充裕的体力，而敌方则疲于奔命。兵法上所说‘彼出我归，彼归我出，数战以疲之，多方以误之’者也。”李密说：“裴公知其一，不知其二。洛阳的军队有三方面难以抵挡，器械精良是其一，为了决战而来是其二，粮食吃完而战是其三。我方按兵不动，积蓄力量而寻求敌人的弱点，对方求战而找不到机会，想走又无退路，不超过十天，世充的人头可以悬挂在我的军旗之下。”单雄信等各路将领轻敌，都请求出战。仁基苦苦劝阻不住。李密难违诸将之言。战遂大败。仁基被世充所俘。

世充因为仁基父子都勇猛无比，对他们很礼敬，将侄女嫁给行俨为妻。等到他伪称帝号，任命仁基为礼部尚书，行俨为左辅大将军。行俨每次出战，所向披靡，号称万人敌。世充对他的威名感到害怕，对他有猜忌防范。仁基知道了这种情况，内心很不安，便和世充任命的尚书左丞宇文儒童、尚食直长陈谦、秘书丞崔德本等人秘谋，让陈谦在送食物的时候，持匕首劫持世充，行俨带兵接应，事情成功后，再去辅佐越王杨侗。事情即将发生，将军张童儿告发了他们，全都被世充所害。武德年间追赠原州都督，谥号忠。

## 裴行俨

裴行俨，字玄庆，隋河东人，裴氏家族第四十世，裴仁基长子。

他深通为将之道，勇猛善战，每次战斗皆所向披靡，号“万人敌。《隋唐演义》里“四猛八大锤”之一的裴元庆，就是以他为原型创作的。归顺义军后，李密视其为虎将，赐上柱国，封绛郡公。王世充当权时，裴行俨官至左辅大将军。

### 裴舒

裴舒，北周人，裴氏家族第三十七世。正平太守裴篡之子。

职任车骑大将军，袭爵郿西郡公。

### 裴汉

裴汉，字仲霄，北周时人，出生于公元513年，河东闻喜人。裴氏家族第三十七世。祖父德欢。南朝刘宋荆州刺史裴澄次子，裴宽弟。

裴汉有宽宏大量的节操，聪明好学，曾看见有人写了一首百字诗，他看过一遍就能背诵。北魏孝武帝初年（510年），入仕任员外散骑侍郎。

大统五年（539年），任命为大丞相府士曹行参军，改任墨曹。裴汉擅于写作书信公文，尤其擅长记事文书，文理思路清晰全面，下笔如流，丞相府的人因此给他编出一句话："如今能笔下生花的人有裴汉。"（日下灿烂有裴汉）

大统十一年（545年），李远出镇弘农，以裴汉为司马。寻加安东将军、银青光禄大夫。转司车路下大夫。与工部郭彦、太府高宾等参议格令，每较量时事，必有条理，时彦等很尊敬他。加帅都督。天和五年中（570年），加车骑大将军、仪同三司。

裴汉自小体质虚弱，不宜临繁处剧。时晋公护擅权，缙绅多谄附他。只有裴汉直道固守，因此八年没有晋升。为人不好饮酒，好结交朋友。每良辰美景，必招引时彦，宴赏赋诗。当时人物，因此很敬重他。自其兄宽没后，断绝游从，不听琴瑟，岁时伏腊，哀恸不已。抚养兄弟子，情深笃至。借人异书，必亲自抄录，终年疾病、未曾释卷。建德元年（572年）卒，时年五十九岁。赠晋州刺史。

子镜民。裴柏村有碑记。

### 裴伯茂

裴伯茂，字公荣，北魏河东人，裴氏家族第三十七世。父裴叔义，东秦州刺史，司空中郎。过继给伯父裴仲规。

少年时有风度和声望，涉猎群书，文辞华丽。以奉朝请入仕。大将军、京兆王元继西出讨贼，召用他为铠曹参军。到了讨伐绛蜀的陈双炽时，任行台长孙承业的行台郎中，承业回到京师，留下伯茂依然管理行台事务。因为平定了薛凤贤等而被赏封平阳伯爵位。又升任散骑常侍，负责起居。

北魏孝武帝元修太昌年初（532年），任中书侍郎。

北魏孝武帝元修永熙年中（532—534年），出帝兄长之子、广平王元赞大选属僚，聘用裴伯茂为文学从事，后来加授中军大将军。

伯茂好饮酒，行为有些疏放和狂傲，很久升不了官。曾经写过一篇《豁情赋》，其序言大致是说："我调养失和，饮食无方，从春到夏，三次患病。虽有医师开药，有时奏效，但草木天性，根深蒂固。所以，又开始阅览研究《庄子》，全面体会《齐物论》的思想，以致物我两忘，是非全部抛开。庄子此人的豁达，是我人生要效法的宗师呀。因此写下这篇赋，篇名为《豁情赋》的原因，是要借歌谣的形式来寄托自己的情趣追求呀。"天平初平迁都到邺都，又创作《迁都赋》，文章太长不便引载。

天平二年（535年），因朝中内宴，伯茂侮慢殿中尚书、章武王元景哲。景哲给皇上打报告，称："伯茂侮辱同僚，以梨击案，污秽冠服，禁庭之内，只能提着衣服走路。"有诏交付所司，后来也没有判罪。卒年三十九岁。知者无不叹惜。

伯茂晚年大量饮酒，以至于伤了身体，为人有许多过失。未死之前几天忽然说："我得到了密信，将要被掩埋。"于是和夫人乘车向西逃跑躲避。后来指着墙壁说有官人追赶他，妻子才知道他真的患病了。死后，葬于家园。他的朋友常景、李浑、王元景、卢元明、魏季景、李骞等十余人在他的墓旁置酒设祭，哀哭涕泣。一边洒酒一边说："裴中书魂而有灵，必定知道我们来祭奠你。"

远在晋阳的魏收也作诗论伯茂，其中有十字云："临风想玄度，对酒思公荣。"时人以伯茂性情傲慢，认为魏收的诗符合实情。追赠为散骑常侍，卫将军、度支尚书、雍州刺史，重新追赠为吏部尚书，谥号文。

### 裴之礼

裴之礼，字子义，南朝梁河东闻喜人。裴氏家族第三十七世。裴邃之子。

裴之礼容貌俊美仪表端庄，善于谈论玄理。将自己的国子生资格让给弟弟。补邵陵王国左常侍、信威行参军。王为南兖，任长流参军，未行，仍留宿卫，补直冏将军。遭逢父亲亡故，服期结束，袭封侯爵。于是请随军征讨寿阳，任云麾将军，迁散骑常侍，又别攻魏广陵城（今河南息县），平之，任信武将军，西豫州刺史，加轻车将军、任黄门侍郎，迁中军宣城王司马。寻为都督北徐、仁、淮三州诸军事，信武将军，北徐州刺史。征太子左卫率，兼卫尉卿，转少府卿。卒，谥曰壮。

子，政。南朝梁元帝萧绎承圣年中（552—555 年），官至给事黄门侍郎，江陵陷，改朝换代依惯例归附西魏。

### 裴之高

裴之高，字如山，裴邃兄长中散大夫裴髦之子。裴氏家族第三十七世。南梁人。

初入仕时任州从事、新都县令、奉朝请，迁任参军。裴之高读了不少书，少年时自以为意志和气概很了不起，经常跟随他的叔父裴邃东征西讨，所到之处都立功，深受裴邃的器重。裴邃把军事政务都委任他去办理。

在寿阳战役中，裴邃在军营中去世。裴之高隶属于夏侯夔，平定了寿阳，被授予平北豫章长史，梁郡太守，被封为都城县男，食邑二百五十户。当时魏国的汝阴前来归附梁朝，皇帝令裴之高去接应，并授予他假节、飚勇将军、颍州刺史。有些士民趁天黑造反，他们跳墙而入，裴之高率领家里的仆人和部下奋力反击，反贼这才逃散。

裴之高因父亲去世回到京都。被起用为光远将军，参加讨伐阴陵的强盗，平定了这些强盗，裴之高被任命为谯州刺史。又回京担任左军将军、出任南谯郡太守、监督北徐州，迁任员外散骑常侍。不久，被授予雄信将军、西豫州刺史，其他官职依旧。

侯景叛乱，之高任西豫州刺史，率领众人前往京城救援。南豫州刺史鄱阳嗣王萧范命令裴之高总督江右援军诸军事，驻扎在张公洲。柳仲礼到横江，裴之高派船迎接仲礼，与韦粲等在青塘会合，占据建兴苑。建康城被攻陷后，之高返回合肥，与鄱阳王萧范西上。稍至新蔡，众将一万，未有所属，元帝派人征召他回朝，任他为侍中、护军将军，到达江陵后，任特进，金紫光禄大夫。卒，时年七十三岁，赠侍中、仪同三司，鼓吹一部。谥曰恭。

### 裴之平

裴之平，字如原，南朝梁河东闻喜人。裴氏家族第三十七世。裴之高弟。

少年倜傥有志略。青年随裴邃征讨，因军功封为费县侯。历武陵王常侍，扶风、弘农（今河南灵宝市）二郡太守，任谯州长史、阳平太守。曾参与抵抗侯景的战事，建康城失陷后，迁散骑常侍、右卫大将军、太子詹事。

陈文帝初，任光禄大夫，慈训宫卫尉，并不就。隐居。南朝陈文帝天康元年（566年）卒，赠仁威将军、光禄大夫，谥僖子。

**裴之横**

裴之横，字如岳，南朝梁河东闻喜人。裴氏家族第三十七世。裴之高弟。

年轻时喜爱结交宾客，崇尚勇武仪义，不经营产业。之高因为他放纵荒诞，就给他做了一床窄被子，并只给他吃蔬食，以此来激励他。裴之横叹息说：“大丈夫我富贵以后，一定要做一百幅被子。”于是和家里的僮仆好几百人，来到芍陂，大规模开垦荒地,因此而达到殷富,有了积累。当时梁太宗萧纲还是太子，听说了裴之横的事，就邀他来京城，让他当河东王常侍、直殿主帅，还任直阁将军。

侯景之乱时，裴之横出任贞威将军，隶属于鄱阳王萧范，跟他一起讨伐侯景。侯景渡过了长江，裴之横就和萧范的长子萧嗣回京增援。他们连营渡过淮河，占领了东城。京都被攻陷后，裴之横撤回到合肥，与萧范一起逆流而上，奔赴湓城。侯景派遣任约往上游进逼晋熙，萧范命令裴之横往下游援救，还没到达目的地，萧范去世，裴之横就回来了。

当时寻阳王萧大心在江州，萧范的副将梅思立秘密邀约箫大心袭击湓城，裴之横杀死了梅思立而后抵御萧大心。萧大心献江州投降了侯景。裴之横率领自己的部队与他的兄长裴之高一起归附梁元帝，秉承皇帝旨意，被任命为散骑常侍、廷尉卿，出任河东郡内史。又跟随王僧辩在巴陵这个地方抵抗侯景，侯景退回去后，裴之横迁任持节、平北将军、东徐州刺史、中护军，被封为豫宁侯，食邑三千户。又跟随王僧辩追讨侯景，平定了郢州、鲁州、江州、晋州等几个州，裴之横一直担任先锋冲锋陷阵。就在石头（今南京）这个地方，打败侯景，侯景向东逃跑，王僧辩命裴之横与杜崱进入台城守卫。后来，陆纳依靠湘州（今长沙市）反叛，裴之横又跟随王僧辩向南讨伐陆纳。在战阵上杀死陆纳的大将李贤明，于是平定了这场叛乱。裴之横还在硖口（今甘肃古浪县）

打败了武陵王。他回来后，被任命为吴兴郡太守。裴之横做了一百幅被子，以实现他当初的志愿。

后来，江陵被攻陷，南齐派遣上党王高涣扶持贞阳侯进攻东关，晋安王萧方智秉承皇帝旨意，任命裴之横为使持节、镇北将军、徐州刺史、都督众军，并送给鼓吹一部，出京守卫蕲城（今湖北蕲州镇）。裴之横还没有修筑好军营的壁垒，而南齐的大军就已经到了，裴之横的队伍士兵大多战死，箭矢用尽，裴之横也在阵地上战死，终年四十一岁。被追赠为侍中、司空公，谥号忠壮。

他的儿子裴凤宣继嗣。

**裴忌**

裴忌，字无畏，南陈河东闻喜人。裴氏家族第三十八世。南梁大将军裴之平之子。

裴忌少年时就聪明机敏，有见识度量，又阅读了大量的史书传记，为当时的人们所称道。初入仕为梁豫章王法曹参军。侯景作乱时，裴忌召集勇士，随从高祖陈霸先征剿，累计战功被封为宁远将军。当高祖诛杀王僧辩时，王僧辩的弟弟王僧智起兵叛据吴郡，高祖派黄他率兵进击，王僧智从西昌门出兵顽抗，黄他与他相持苦战，不能取胜。高祖对裴忌说："三吴一带深处腹地，一向被称为富饶肥沃之区，即使灾年荒岁，也仍然是物阜民丰，如今叛贼们互相煽动聚集在那里，可能会动摇天下民心。除了你就没有人能安定那里，你可要想出一个万全之策来。”于是裴忌率领本部精兵，轻装急进日夜兼程，从钱塘直奔吴郡，晚上到达城下，击鼓呐喊佯为强攻。王僧智疑惧对方重兵压境，就从水路轻舟脱身逃奔到杜龛那里去了，裴忌随即控制了吴郡。高祖嘉奖他，表授吴郡太守。

高祖受禅为帝，下旨征召他入朝为左卫将军。天嘉初年(560—566年)，裴忌出京担任持节、南康内史。这时，义安太守张绍宾在该郡反叛，世祖任命裴忌为持节、都督岭北诸军事，率领兵马前往讨伐。裴忌凯旋回京后，被任命为散骑常侍、司徒左长史。天嘉五年(564年)，又被任命为云麾将军、卫尉卿，封为东兴县侯，食邑六百户。

当华皎在长江上游起兵作乱，这时高宗总领尚书事主持朝政。命令各路大军全部进发征讨，同时委任裴忌全权主持京城内外城防诸军事。到华皎被消灭后，高宗即位，太建元年(569年)，任命裴忌为东阳太守，改封为乐安县侯，食邑一千户。太建四年(572年)，入朝任太府卿。太建五年(573年)，转任都官尚书。吴明彻统领各路大军北伐时，天子下旨命令裴忌以现任官职的身份为监军。淮南平定后，任命他为军师将军、豫州刺史。裴忌为官在任善于安抚，很受民众的爱戴。改任为使持节、都督谯州诸军事、谯州刺史。还来不及到任，恰逢吴明彻奉旨进讨彭、汴地区，同时天子也任命裴忌为都督，率领另一支部队与吴明彻军合成犄角之势共同进发。后来全军在吕梁覆没，裴忌被俘，留在北周，北周授予他上开府之职。隋开皇十四年(594年)卒于长安，时年七十三岁。

### 裴子通

裴子通(510—590年)，字叔灵。北齐河东闻喜人。裴氏家族第三十七世。北魏宰相裴良第四子。骠骑大将军。

裴子通胸怀远大，任气纵横，

渔钓九流，耕耘三德。起家拜员外散骑侍郎。

魏孝庄帝永安末，各民族起义风起云涌。西道都督贺拔岳隶尔朱天光为左厢大都督，率军赴秦陇，讨鲜卑万俟丑奴，裴子通随军参其军事。战胜后，任步兵校尉、镇远将军，尔朱天光引为大司马府记室参军。师还，拜辅国将军、谏议大夫。以艰去职，玄精告竭，赤县崩离。周室以三关反拒，齐人以两河开运。桐乡之厄，每警风尘，蒲阴之地，屡交锋刃。裴子通统率乡军，理清封境，功成方面，勋简帝心，赐任右将军、正平太守、党郡都督。齐天保二年（551年），广陵内属，诏简元僚，任右将军。广州别驾。日夜兼程，星驰赴任，布教宣风，民吏怀恩，树碑颂德。河清二年（563年），入为大理寺直，加平东将军。天统三年（567年），迁骠骑大将军、赵州长史。武平初，拜中散大夫，为十州大使，巡察方俗，转太中大夫，病归。海内重其家风，人伦敬其门法。有诏表闾，以旌高义。隋开皇十年（590年）四月二十六日，于阳城乡之丰义里逝世，享年八十一岁。

### 裴叔业

裴权业（438—500年），河东闻喜人，裴氏家族第三十五世。曹魏冀州刺史裴徽之后。徽子黎，西晋游击将军。晋末之乱，子孙流徙凉州，仕于张氏。黎二子：粹为晋武威太守，苞为晋秦州刺史。粹子诜避地凉州，前秦克凉州时还解县，因子孙多仕西凉故称西眷裴。苞子轸、轸子嗣为西凉武都太守。嗣子邕渡江居襄阳，生顺宗。顺宗三子：叔宝、叔业、令宝。

裴叔业少年时即有气魄和才干，深信自己日后是块将军的材料。齐永明四年（486年），裴叔业官至右军将军、东中郎将谘议参军。齐明帝萧鸾为豫州刺史时，引用裴叔业为司马，兼任陈留太守。萧鸾辅政后，叔业常率壮士数百人潜伏在建业，以暗中保护萧鸾。到萧鸾废掉昭文帝自立后，叔业率部下投奔他。

高宗萧鸾建武二年（495年），北魏孝文帝派兵围攻徐州，裴叔业以军主身份隶属右卫将军萧坦之，领兵救援徐州。裴叔业领兵在淮河边上设军营，大败魏军。北魏军赴水淹死者甚多。南齐明帝高宗萧鸾因裴叔业有功，拜其为黄门侍郎，封为武昌县伯，食邑五百户。依旧为持节、督徐州军事、冠军将军、徐州刺史。

建武四年（497年），北魏孝文帝亲自领兵进攻河北（今汉水上游），南齐明帝令裴叔业领兵援助雍州，获北魏人口四千多，因功升为辅国将军、豫州刺史，持节照旧。

南齐明帝永泰元年（498年），裴叔业带领东海太守孙令终、新昌太守刘思效、马头太守李僧护等五万人马围攻涡阳（今安徽蒙城），北魏兖州刺史孟表坚守城池抵御抗击，裴叔业便包围起来猛攻，并把斩杀的魏兵首级堆积起来，高达五丈，以向城内魏军示威。同时又派军主萧璝、成宝真分兵去攻打龙亢戍，也就是北魏的马头郡。北魏军闭城拒守。派徐州刺史广陵王元诩领军两万、骑兵五千，来到龙亢，萧璝等人抵挡不住。裴叔业便亲率三万余人前去援助他们，分兵几路进攻魏军。北魏军因新到一地，军营还未扎稳，就被南齐军打败。广陵王仅带几十名骑兵逃跑，南齐官兵追赶，缴获了他的符节。广陵王败后，北魏又派遣将军刘藻、高聪领兵来援，裴叔业又领兵迎击，再次大败北魏军，两次战斗，斩首一万，俘虏三千人，夺得的兵器械仗驴马绢布数以万计。魏孝文帝听说广陵王战败，便派伪都督王肃、大将军杨大眼率领步兵、骑兵十几万人来救涡阳，裴叔业见敌兵众多，连夜丢下军队逃跑。第二天，齐军四散溃逃，魏军追击他们，杀死杀伤南齐兵卒无数，天黑了才停止追赶。裴叔业回守涡口，南齐胡帝派使臣慰劳他。

南齐明帝驾崩，裴叔业回到徐州的治所。东昏侯萧宝卷即位后，因中央与方镇的斗争十分激烈，大肆诛杀大臣，京城内乱不止。

永元元年（499 年），裴叔业转任督南兖、兖、徐、青、冀五州军事，南兖州刺史、将军，持节照旧。他因朝政大乱，怕受制于人而不愿进京为官，引起萧宝卷的怀疑。永元二年（500 年）正月，裴叔业奉表降魏。二月，因病而卒，时年六十三岁。北魏宣武帝追赠裴叔业开府仪同三司，谥忠武。

北魏宣武帝景明元年(500年)正月，宣武帝世宗诏曰："裴叔业明智敏捷、诚恳，出类拔萃，及早觉悟，飞马送来表示归顺的表章，其忠诚和高风亮节震撼古人，应该加以褒奖。并授予爵位，以表彰这样的先知先觉。可以授予使持节、散骑常侍，都督豫、雍、兖、徐、司等五州诸军事，征南将军、豫州刺史，封兰陵郡开国公，食邑三千户。"又赐叔业玺书曰："前后使者往返，已有敕书，想必爱卿手上已具有一两道玺书。萧宝卷昏庸糊涂疯狂，日益加深，虐害遍及所有的宰辅大臣，暴力施加到亲属头上，滥施刑戮，既已得逞，朝中忠良无一漏网，国家有瓦解之势，宗族没有安宁的策略。爱卿智勇双全，深深种下了灾祸的萌芽。现在幡然改变，高举义旗，毅然离开那危乱迭起的地方。寡人我早晚都放在心上，深切赞许你的功勋。此前就命令豫州沿边各镇兵马，前往驰援。杨大眼、奚康生五千铁骑兵马，星夜上路；澎城王勰、尚书令王肃统领精兵十万，相继络绎出发。将长驱直扑淮海，像闪电一样闪击衡巫。爱卿一定协同尽力，共同完成这一壮举。特殊的功勋伟绩，主要由你去实现，高官厚禄，不赏给你又能赏给谁？同时有敕书交给（寿春）州内属史和当地人士，如果有一点点功劳，一定要加以格外褒奖！"

### 裴子休

裴子休，字季祥，正平闻喜人。裴氏家族第三十七世。祖保欢，裴良第六子。累迁车骑大将军，广州、东雍州二州长史，齐州刺史，爵封开国子。

魏太傅长孙稚引为行参军。东魏天平末，授东雍南汾二州大都督。齐神武高欢授东雍州长史。齐文宣高洋时，先后行正平郡事，为瓜步镇城，又镇幽部。天统三年（567年），任持节都督岐州诸军事、车骑大将军、岐州刺史，带东雍州长史。随齐平原王段孝先、咸阳王耶律明月等“出击北绛，攘地西河”，因功授假仪同三司，长史如故。周建德六年（577年）授使持节、仪同大将军，怀戎县开国子，邑二百五十户。晚年，归老乡闾，与四兄子通鹤发龙眉，同车共被。家有田四十，门称九德，孝敬之风，胜于童稚。雍睦之道，著自闺闱。爰降王人，村门旌义，缙绅共美，邦族荣之。难石度、韦玄之家教，朗陵、太丘之门法，无以尚也。隋开皇五年（585年）四月六日终于家，享年七十二岁。

### 裴文度

裴文度，隋朝人，裴氏家族第三十八世。裴汉之子。

累迁绛州留守，蒲、虞绛泰等十六州兵马使，都督，刺史，金吾大将军。

### 裴师武

裴师武，北周人。裴氏家族第三十八世。高邑县侯裴鸿智之子。

职任金吾大将军，封河东郡公。

### 裴孝瑜

裴孝瑜，北周人，裴氏家族第三十九世。父裴融，司木中大夫。

职任仪同大将军。

### 裴宽

裴宽，字长宽，北魏河东闻喜人。裴氏家族第三十七世。祖父裴德欢，任魏中书郎、河内郡太守。南朝刘宋荆州刺史裴澄长子（裴澄，字静虑）。

裴宽仪表容貌气概非凡，广泛涉猎各种书籍，二十岁时被家乡人所称道。与两个弟弟裴汉、

裴尼一起知名。父母去世，抚养弟弟以深厚的友爱而闻名。荥阳郑孝穆经常对堂弟郑文直说："裴长宽兄弟之间，天伦深厚和睦，是人的表率。我喜欢他，重视他。你可以与他们交游相处。"十三岁，推选为魏孝明帝侍郎，出仕为员外散骑侍郎。

魏孝武帝末年（535年），任广陵王府直兵参军，加授宁朔将军、员外散骑常侍。到孝武帝向西迁徙，裴宽对他的弟弟们说："有权势的臣子擅自发号施令，皇帝流离失所，战争刚刚开始，将要依附谁呢？"弟弟们都不能回答。裴宽说："君臣之间的叛逆归顺，大道理清清楚楚。现今天子西去，按道理没有向东的，以免使臣子气节受损。"就带领家属到大石岩避难。独孤信镇守洛阳，才出来相见。

当时汾州刺史韦子粲向东魏投降，韦子粲的兄弟在关中，都已经受牵连坐罪。他的小弟弟韦子爽先在洛，走投无路，就投奔裴宽。裴宽敞开心怀接纳了他。遇上大赦，有人传说韦子爽应该免罪，因而放出来。韦子爽最终伏法。独孤信召见裴宽责备他。裴宽说："走投无路才来归附我，按道理不能逮捕送官。今日有罪，这是自己心甘情愿的。"因已赦免宽恕，得以不受牵连治罪。

大统五年（539年），任都督、同轨防长史，加授征虏将军。大统十三年（547年），跟随防主韦法保奔向颍川，解除侯景的围困。侯景秘谍向南叛逃，军中有很多人知道。因为他的事情计划未能成功，对外表示没有异心，往来各军之间，侍从很少。对军中名将，必定亲自造访，至于韦法保，尤其亲近。裴宽告诉韦法保说："侯景为人狡猾，必定不肯入关。虽然对您寄托诚心，但恐怕不可相信。如果凭借兵力来杀掉他，也是一时的计策。如果不这样，就必须加强严防警戒，不能相信他的欺骗引诱，自己留下后悔。"韦法保采纳了他的意见，但是不能谋取侯景，只是巩固自己而已。

大统十四年（548年），与东魏将领彭乐、乐恂在新城交战，因为受伤被俘。到了河阴，见到齐文襄。裴宽举止安详文雅，善于随口应答。齐文襄非常赏识他，告诉裴宽说："您是三河的贵官，有这样的才能和见识，我必定使您享尽富贵。关中贫困狭小，哪里值得依附呢？不要怀有别的意图了。"于是解除锁枷，交付宾馆，优厚地加以礼遇。裴宽就裁开睡毡，在夜里系成绳子缒下城逃出，因此得以逃回。见到太祖拓跋珪。太祖顾视各位官员说："披着坚固的铠甲，拿着锐利的兵器，也许有人做得到，疾风识劲草，天气寒冷才能检验出来。裴长宽被高澄如此优厚礼遇，却能冒着生命危险回到我身边。虽然在古代史书有记载，怎么可以超过他呢！"就亲手书写署在裴宽名下，任持节、帅都督，封为夏阳县男，食邑三百户，并赏赐马一匹、衣服一套，立即任孔城城主。

大统十六年（550年），升河南郡太守，仍镇守孔城。不久加授抚军、大都督、通直散骑常侍。魏废帝元年（552年），进为使持节、车骑大将军、仪同三司、散骑常侍。孝闵帝登位，进为子爵。裴宽在孔城十三年，与齐洛州刺史独孤永业相对峙。独孤永业有计谋，多诡诈，有时声称春天出发，直到秋天才出兵，封闭消息，转眼间就到了。裴宽每次都能揣测到他的实情，带兵拦截打击，没有不取胜的。独孤永业经常告诫他的部下说："只要慎对孔城，此外不值得忧虑。"他害怕裴宽到如此地步。齐伊川郡太守梁鲊，经常在边境抢掠，太祖担扰这件事，下令裴宽策划处理。梁鲊出行经过妻子的家，杀牛设宴饮酒，醉倒之后，不再防备。裴宽秘密知道这个消息，派兵前往偷袭，就杀了他。太祖对此嘉奖，赏赐奴婢、金带、粟帛等。

武成二年（560年），征拜司中大夫。

保定元年（561年），出为州刺史。寻转鲁山（今河南鲁山县）防主。四年，加骠骑大将军、开府仪同三司。

北周武帝宇文邕天和二年（567年），代理复州政事。三年（568年），任温州刺史。起初陈与周交往和好，经常访向修好。自从华皎归附之后，就图谋侵犯抢掠，沔州连接敌境，事关把守防备，于是又以裴宽为沔州刺史。但州城低洼狭窄，器物用具又少，裴宽知道难守，深为忧虑。又恐怕秋水突然上涨，陈人得以乘其便利。就禀告襄州总管，请求增加防守的兵士，并请移城到羊蹄山，姑且避开水患。总管府答应增兵守御，但不许迁移州城。裴宽就丈量每年大水所到之处，在岸上竖起大木，以防备船只行走。襄州所派的兵未到，而陈将程灵洗已经率兵到达城下。就分别布置战船，四面进攻。水势尚小，程灵洗未能靠近州城。裴宽经常挑选招募勇猛的兵士，下令在夜晚乘敌不备进行偷袭，多次挫伤对方的锐气。相持十日，程灵洗对此无可奈何。不久雨水突然上涨，所竖立的大木上面，都能通过船只。程灵洗就用大船临近进逼，拍干打楼，应手立即摧毁破碎，弓弩大石，日夜攻打。苦战三十多日，死伤超过一半。城墙上面呈凹凸形的小墙全部崩坍，陈人就得以上城。短兵相接，还经过了两日。外面没有增援，兵力屈竭。城被攻陷之后，水便退缩。陈人就逮捕裴宽到扬州，不久被送到岭外。经过数年，后来回到建业，就在江左去世，终年六十七岁。

儿子裴义宣后来跟随御正杜杲出使到陈，才得以将裴宽的灵柩运回。开皇元年（581年），隋文帝下诏追赠襄郢二州刺史。

**裴孝仁**

裴孝仁，北周人，裴氏家族第三十七世。骠骑大将军裴果之子。

孝仁幼聪敏，涉猎经史，有誉于时。起家舍人上士。累迁大都督、仪同三司。出为长宁镇将。捍御齐人，甚有威边之略。建德末（577 年），任建州刺史，转谯州刺史。北周静帝宇文衍大象年末，又迁亳州刺史。

**裴骏**

裴骏，字神驹，小名皮，北魏河东闻喜人，裴氏家族第三十四世。父双硕，本县令，假建威将军，恒农太守，安邑子。

骏从小聪慧，称为“神驹”，因以为字。弱冠，遍读经史，喜作文章，动则以礼，为乡邻所崇敬。

盖吴作乱于关中，汾阴人薛永宗聚众应之，屡残破诸县，来袭闻喜，县中先无兵仗，人情骇动，县令忧惶，计无所出。骏在家闻之，便率厉乡豪曰：“在礼，君父有危，臣子致命，府县今为贼所逼，是吾等徇节之秋。诸君可不勉乎！”诸豪皆奋激请行，骏乃简骑骁勇数百人奔赴。贼闻救至，引兵退走。刺史嘉之，以状表闻。魏太武帝太平真君七年（446 年），拓跋焘“御驾亲征”，平定盖吴，来到河东，引见裴骏。裴骏陈述了率骑兵赴县城以备薛永宗的经过，太武帝十分高兴。他对随行的司徒崔浩说：“裴骏有治世的才能，而且忠义可嘉。”崔浩也很器重裴骏，“目为三河领袖”。立即给裴骏补中书博士，转中书侍郎。南朝宋孝武帝遣明僧皓来使，朝廷以裴骏有才气给他假给事中、散骑常侍，到边境上去迎接。魏献文帝皇天二年（468 年），骏卒。赠平南将军、秦州刺史、闻喜侯，谥曰康。

**裴行方**

裴行方，唐代人。裴氏家族第三十九世，隋黎国公裴弘策之子。

武德初中郎将，从征辽东，授五步军总管，破驻跸阵，攻安市城，有功，拜右卫将军。又奉诏讨茂州叛羌董郎弄，大破之，穷贼余党西至乞习山林弱水而归。检校幽州都督。引瀘沟水，开稻田数千倾，民赖为利。

## 裴怀古

裴怀古，唐代人。裴氏家族第三十九世。隋柳州刺史裴师道之子。累迁监察御史、相州刺史、幽州都督、左威卫大将军。

唐高宗李治仪凤年间，到朝廷，补授下邽（今陕西渭南市一带）主簿，多次迁官，后任监察御史。姚嶲道的蛮人反叛，朝廷命令裴怀古从驿道兼程前往招降安抚他们，说明赏罚的利害，归附的人每天以千计算。不久捉住罪魁祸首，于是平定南方，蛮人和中原人立石碑记载他的功德。恒州（今河北镇宣县南）有位僧人净满被他的徒弟诬告说他诅咒当今女皇武则天而大不道，武后发怒，命令审问处死他。裴怀古审出那位僧人净满是被冤枉的，便给武后申述分析，武后不听，于是他说：“陛下执法无论亲疏，应当与普天下的法度一致。怎么能让臣杀无罪的人，来看着圣旨的意思办事呢？假如过去净满有谋反的罪状，臣我又有什么颜面能够宽恕他呢？臣我现在慎重公平地严格按法典办事，即使死了也没有遗憾。”武后的怒气消解，那位僧人净满也得以幸免。

周武则天圣历年中，闫知微出使突厥，裴怀古监其军，默啜胁迫闫知微称可汗，又要授予裴怀古官职，裴怀古不肯接受，默啜打算杀掉他。裴怀古告诉默啜说：“宁守忠以就死，不毁节以求生，请现在就杀吧，我不会躲避的。”于是被囚禁在军中，并奋身逃跑，终于幸免一死。迁任祠部员外郎。

姚嶲的酋长们进京叩见皇上，希望得到裴怀古来安定远方夷人，被授予姚州都督，因有病而辞掉官职。始安（今贵州六枝特区北）贼首欧阳倩有数万人马，攻陷州县，朝廷委派裴怀古担任桂州（今广西桂林市）都督招慰讨击使。到了南岭，他就先用书檄向贼人宣示祸福，贼徒迎降，自我陈说是被当地官吏侵逼而反叛。裴怀古知道他们诚恳，乃轻骑以赴之。

左右曰：“夷獠难亲，未可信也。”怀古曰：“吾仗忠信，可通于神明，况于人乎！”于是亲身到营寨里安抚劝道，欧阳倩等大喜，全部归还所掠夺的东西后出降，即使诸洞向来反复无常的，也受此影响彻底归附，岭外平定。

迁任相州（今河南安阳市北）刺史、并州大督府长史，所到之处官吏百姓都从心底爱戴他。唐中宗李显神龙年间，召他入京任左羽林大将军，还未到任，又返回并州任职。并州人知道他返回，扶老携幼出城欢迎。崔宣道刚代替他任并州长史，也到郊野迎接。裴怀古不想使崔宣道很难堪，派人驱赶欢迎的人回去，但来得更多，其为人所思如此。不久转任幽州（今北京城西南）都督，安抚关照奚人、契丹人，他们准备全部落归附时，恰巧这时朝廷下令召裴怀古入京任左威卫大将军，并让孙佺代替他，孙佺不懂得用兵，于是被奚、契丹打败。裴怀古卒于官任上。

裴怀古清高耿直办事谨慎，在幽州的时候，韩琬以监察御史身份监军，称赞他“统领士兵诚信，面对财物廉洁，可为‘国家名将’”。

### 裴肃

裴肃，字子敬，生于691年，卒于734年。唐河东人。裴氏家族第四十世。曾祖爽，祖基，父璹，恒州长史。

肃咸以英才，著闻于代。聪

裴行俭

明俊哲，卓荦伟奇。肃之以清贞，行之以易简。祖德孙谋，是为代济。唐开元十六年（728年）自左清道率府兵曹参军员外、置同正员，调任潞州大都督府参军事。后来任定州刺史、卫将军。以才授职，使我参卿。明试以功，遽当考绩。官命未改，且归私第。以开元二十二年（734年）三月八日寝疾，终于河南崇政里，享年四十三岁。

裴行俭（619—682年），字守约，唐绛州闻喜人，裴氏家族第四十世。曾祖名伯凤，是北周骠骑大将军、汾州刺史、琅琊郡公。祖名定，任冯翊郡守，袭封琅琊公。父名仁基。

裴行俭少年时依靠祖上功勋被授为弘文生。贞观年间，考中明经科，拜授左屯卫仓曹参军。当时苏定方任左屯卫大将军，认为他是奇才，把用兵奇术全部教给裴行俭。

显庆二年（657年），经六

次升迁担任长安令。当时高宗将废掉皇后王氏改立武昭仪，裴行俭认为国家忧患必将从此开始，和太尉长孙无忌、尚书左仆射褚遂良私下议论此事，大理袁公瑜在昭仪母亲荣国夫人处谗毁他，由此降职为西州都督府长史。

麟德二年（665年），多次授任为安西大都护，西域各国大多仰慕他的仁义而归降，征入朝廷拜授司文少卿。唐高宗总章年间，升任司列少常伯。

唐高宗咸亨初年，官名恢复旧称，改任吏部侍部，和李敬玄互相协作，同时主持官吏考选十几年，很有才干之名，时人称为裴、李。裴行俭开始设长名姓历榜，引用铨注等方法，又定出州县升降、官员资历高低作为先例。唐高宗上元二年（675年），加授银青光禄大夫。高宗因为裴行俭擅长写草书，曾拿出白绢百卷，让裴行俭草书《文选》一部，皇帝看了之后称好，赐帛五百段。裴行俭曾经对他人说："褚遂良没有好笔好墨，从不书写，不挑捡笔墨而能快速写出美妙的字体，只有我和虞世南而已。"

上元三年（676年），吐蕃背叛，下诏令裴行俭任洮洲道左二军总管，不久又任秦州镇抚右军总管，都受元帅周王指挥。

唐高宗仪凤四年（679年），十姓可汗阿史那匐延都支和李遮匐煽动蕃人部落，入侵逼近安西（今甘肃临潭县东），联合吐蕃，讨论此事的人主张调发军队讨伐。裴行俭建议说："吐蕃叛变，干戈未息，李敬玄、刘审礼战败被杀，怎能再在西方生事？如今波斯王身死，其子泥涅师在京充当人质，希望派使者前往波斯册立他为国王，路经二蕃部落，随机行事，定能平息反叛。"高宗听从，于是，任命裴行俭册立并护送波斯王，并任安抚大食使。途经莫贺延碛，恰逢风沙刮得天昏地暗，向导渐渐迷路。裴行俭命令扎营，虔诚地举行祭祀，传令将吏，泉水不远。不久云收风静，前行几百步，来到水草丰美之处，以后再来的人，再也找不到这个地方。众人都心悦诚服，把他比作汉代的将军李二师。

到达西州，百姓和官吏到郊外迎接，裴行俭召集当地豪杰子弟一千多人随自己西行，却哄骗下面的人说："现在正是酷暑，山坡炎热难以翻越；等到秋季凉爽以后，方可慢慢前行。"都支探听得知，于是不作防备。裴行俭就召集四镇各蕃酋长豪杰对他们说："想起从前在此征战，从不感到厌倦，虽然回到京城，没有一时忘记。现在通过这次行动，想要取得旧日的功绩，谁肯跟我出征？"当时蕃酋子弟投奔应募者多达万人。裴行俭装作打猎游玩，教导训练部队，几天后，便兼程而进。离都支的部落十多里，先派都支亲信的人向他请安，表面看起来优闲自得，好像不是前来讨伐，接着又派人催他快来相见。都支先和李遮匐合谋，准备秋天里抵抗汉使，忽然听说大军来到，彷徨无计，只好亲自领子侄首领等五百多人骑马来营拜见，于是将他擒获。

这一天，传示裴行俭的令箭，各部酋长都来请求归顺，把他们全部押送到碎叶城。挑选部下的精锐骑兵，轻装日夜前进，准备俘虏李遮匐。途中果然抓住都支所派返回的使者，和李遮匐的使者一同前来。裴行俭释放了李遮匐的使者，让他先去晓谕他的主子，并说都支已经被擒，李遮匐不久也来投降。于是将吏以下的众人在碎叶城立碑来记载裴行俭的功劳，俘虏都支、李遮匐而回。高宗在宫中慰劳他说："近来西方边境不安宁，派卿带兵讨伐驱逐，孤军深入，行程万里。卿的权谋才略早已闻名，忠贞之节久为人知，兵不血刃，而消灭凶敌。讨伐叛乱安抚归顺，很好地完成了朕的委任。"随即又赐宴，对裴行俭说："卿文武全才，因此，今天要授卿两个职务。"当天便拜授礼部尚书，兼任检校右卫大将军。

唐高宗调露元年（679 年），突厥阿史德温傅反叛，单于管辖内的二十四个州都反叛响应他，兵众多达几十万。单于都护萧嗣业率兵讨伐，反被打败。于是，命裴行俭任定襄道行军大总管，率太仆少卿李思文、营州都督周道务等部队十八万，加上西军程务挺、东军李文暕等总共三十余万,连亘数千里,全受裴行俭指挥。唐时出师的盛况，未曾有过。

裴行俭到达朔州，得知萧嗣业因所运军粮被夺，很多士兵饿死，于是伪装了三百辆运粮车，每辆车埋伏五名壮士,各持长刀、强弩,让几百名疲弱的士兵押车，又埋伏下精兵，让他们占据险要地段等待。贼兵果然大批下来，疲弱的士兵抛弃粮车四散逃走。贼兵将车赶到有泉水的地方，解鞍牧马，正打算取粮，车中壮士一同杀出，伏兵也赶到了，将敌人几乎全部杀死或俘虏，剩下的都奔逃溃散。从此陆续派遣粮车，无人再敢靠近。等军队到达单于北面，黄昏时扎下营盘，壕沟刚挖好，裴行俭突然下令把军营移到高冈上。将士都认为军队刚刚安定下来，不应再烦劳骚扰，裴行俭不听，再次下令催促。到了夜间，风雨大至，先前设营之处水深一丈多，将士无不叹服。贼众在黑山抗拒官军，裴行俭连战连捷，前后杀死和俘虏贼兵不计其数。伪可汗泥熟匐被其部下所杀，带着他的首级来投降；又生擒了他们的大首领奉职回军。余部逃跑投奔狼山（今内蒙古杭锦后旗西北狼山）。

裴行俭回军以后，阿史那伏念又擅自称可汗，与温傅合力招集余众。第二年，裴行俭又带各军讨伐，驻军在代州的陉口，用反间计游说伏念和温傅，让两人互相猜忌。伏念害怕了，暗中派人前来请求归降，并请求立功赎罪。裴行俭对此事严加保密，而写入表章密封报告朝廷。

几天后，一股烟尘冲天直奔而来，侦察兵慌忙赶来报告，裴行俭召集全军对他们说："这是伏念捉拿了温傅来投降，没有他事。但受降与对敌要同样看待，仍需严加防备。"又派一名使者迎上前慰劳他们。不一会儿，伏念果然率领手下捆着温傅来到军门前请罪,突厥余党全部被平定。

高宗非常高兴，派户部尚书崔知悌前往军中慰问。某权臣忌妒裴行俭的功劳，上言说：“伏念被总管程务挺、张虔勗的侧翼部队逼迫追逐，加上沙漠北方的回纥等部一同向南进逼，走投无路才投降的。”于是裴行俭的功劳不被记录，伏念和温傅在都市被斩首。裴行俭叹息道：“从前晋朝王潭、王濬争功之事，古今以为羞耻。只怕杀死投降的人以后，再没有人肯归降了。”于是称病不出。因功封为闻喜县公。

唐高宗永淳元年（682年），十姓伪可汗车薄反叛，皇帝下诏再次任命裴行俭为金牙道大总管，率十名将军前往讨伐。军队还未出发，这年四月，裴行俭病逝，终年六十四岁。追赠幽州都督，谥号献。特意下诏令皇太子派一名六品京官代管家事，五六年间，待儿孙稍微长大时停止。

唐中宗即位，追赠扬州大都督。裴行俭著有文集二十卷，写有《草字杂体》数万字，都流传于世。又撰写《选谱》十卷，安置军营、行阵部统、预料胜负、分别器能等四十六秘诀，武则天命秘书监武承嗣到他家中，一并收入宫中秘藏。

裴行俭特别通晓阴阳、算术，并有鉴别人物的能力，从掌管考选到任大总管，只要遇上贤士俊杰,无不选拔任用。每次讨伐敌人，总是先定下胜利的日期。当时有后辈杨炯、王勃、卢照邻、骆宾王都因擅写文章受人称道，吏部侍郎奎敬玄极力替他们宣扬名声，将他们引见给裴行俭，裴行俭说：“才名有，爵禄少。杨炯应做到令长,其余三人都不能圆满而终。”当时，苏味道、王勮还没有名气，参加调选，裴行俭一见，就认为他们与众不同而相待极为有礼，并对他们说：“我晚年才有子嗣，遗憾不能看到他们长大成人。二公十几年后当居铨衡人物之位，希望能记得他们。”后来两人相继任职吏部，都合了他的预言。裴行俭曾引进的偏裨将领，有程务挺、张虔勗、崔智辩、王方翼、党金毗、刘敬同、郭待封、李多祚、黑齿常之，都成为名将，做到刺史和将军的有几十人。他所赏识的人物，大多如此。

裴行俭曾叫医人制药，需要犀角、麝香，送药的人误将药遗失，之后因慌张害怕而潜逃。又有诏赐他良马和新马鞍，令史就快马奔驰，马倒鞍破，令史也逃了。裴行俭派与他们亲近的人将他们都招回来，对他们说："你们怎能小瞧我呢？都想错了。"对待他们和过去一样。起初，平定都支、李遮匐以后，获得很多稀世的珍宝，蕃酋将士请求观看，裴行俭于是设宴，将珍宝拿出让大家一一观赏。有个玛瑙盘，宽二尺多，花纹色彩精美绝伦。军史王休烈捧着盘子，登上台阶，误踩衣衫，失足摔倒，盘随之而碎。王休烈惊慌失措，叩头流血，裴行俭笑着对他说："你又不是故意的，何至这样害怕。"脸色始终不变。诏令赐给他都支等人的资产和金制器皿三千多件，骆驼、马匹也很多，他都分给亲近故旧和副使以下的人，几天便分完了。

裴行俭乃唐之重臣，一生效命唐之边境，为唐朝的边境安宁、兴旺鼎盛征战沙场，屡建奇功。世称"边陲卫士""儒将之雄"。

### 裴托

裴托，唐代人，裴氏家族第四十世。父裴怀感，忠州刺史。

累迁幽州刺史、都督、大将军，爵封闻喜县公。

### 裴思谅

裴思谅，唐代人，裴氏家族第四十世。吏部尚书裴知机从子。

累迁陇州刺史、都督、行军大总管。

### 裴法师

裴法师，唐代人，裴氏家族第四十一世。唐开国宰相裴寂之次子。

累迁幽州都督、左金吾大将军，爵封闻喜县公。

**裴鼎**

裴鼎，唐代人。裴氏家族第四十一世。济州刺史裴希仁之孙。

武周时累迁神龙左卫大将军、越州都督。

**裴确**

裴确，唐代人，裴氏家族第四十一世。太仆卿裴昭之子。

开元年间累迁太府卿、太子少詹事、殿中丞、右金吾大将军。

**裴承先**

裴承先，唐代人，裴氏家族第四十二世。裴寂之孙，裴律师之子。

累迁殿中丞、左羽林大将军，爵封成国公。

**裴旻**

裴旻，唐代人，裴氏家族第四十二世。父光裔，祖父元明，裴徽第十五世孙。

裴旻武艺超群，箭法精绝。当时北方少数民族契丹、奚一起与唐为敌，唐睿宗诏令伐奚，裴

旻随军出征。但主帅临阵怯战，宣布撤兵。奚人兵马乘机攻击，将裴旻团团围住。裴旻拍马舞刀向外冲杀。敌人箭矢如雨，裴旻将刀舞得像车轮一般，弓箭都迎刃而断，不能伤及他。前边的敌人大为震惊，向后躲开，裴旻乘机杀出重围，得以脱身。其威名由此在敌我双方传扬开来。回朝后，裴旻奉命出使军中执行临时任务，负责守卫右北平。此地常有猛虎出没，伤害百姓。裴旻艺高人胆大，一心为民除害。他带

人前往老虎藏身之地，箭射刀砍，一天就杀死三十一只老虎。唐玄宗时，裴旻任羽林将军，奉诏出席了花萼相辉楼宴会，并即兴舞剑一曲。这一舞，动若雷霆，静如山岳，令观者惊叫、赞叹声不绝于耳，实为天下壮观。唐文宗曾下诏称："李白的诗歌、裴旻的舞剑、张旭的狂草，并称为大唐'三绝'。"裴旻被称为"剑圣"。裴旻还参与平定安史之乱，以高强的武艺为巩固大唐江山立下汗马功劳，官至左金吾大将军。后人将这位英雄作为绘画题材。中唐以后，《裴将军射虎图》成为官府民宅的镇宅之宝。

颜真卿曾写诗《赠裴将军》赞曰："大君制六合，猛将清九垓。战马若龙虎，腾凌何壮哉。将军临八荒，烜赫耀英材。剑舞若游电，随风萦且回。登高望天山，白云正崔巍。入阵破骄虏，威名雄震雷。一射百马倒，再射万夫开。匈奴不敢敌，相呼归去来。功成报天子，可以画麟台。"王维写诗赞曰："腰间宝剑七星文，臂上雕弓百战勋。见说云中擒黠虏，始知天上有将军。"

开元中，将军裴旻居丧，诣吴道子，请于东都天宫寺画神鬼数壁，以作功德为死者赎罪超度。道子答曰："吾画笔久废，若将军有意，为吾缠结舞剑一曲，庶因猛厉以道出冥。"旻于是脱去缞服，若常时装束，走马如飞，左旋右转，掷剑入云，高数十丈，若电光下射，旻引手执鞘承之，剑透室（鞘）而入，观者数千人，无不惊栗。道子于是援笔毫图壁，飒然风起，为天下之壮观。道子平生绘事得意，无出于此。

### 裴冀

裴冀，唐代人，裴氏家族第四十二世，秘书郎中裴临之子。

官居御史大夫、右金吾大将军。

### 裴谞

裴谞，字士明，唐河南洛阳人。裴氏家族第四十三世。父亲裴宽，唐礼部尚书。

裴谞年轻时考中明经科，补授河南府参军，治理政事豁达简练，不喜欢苛求小节。多次迁官做到京兆仓曹。为父亲守丧，住在东都。当时，安禄山攻占了两京，东都收复后，迁任太子司议郎。不久，虢王李巨奏请任用他为侍御史、襄邓营田判官，为母亲守丧。东都再次被史思明攻占，裴谞藏在山谷中。史思明曾经做过裴谞父亲的将校，怀念旧恩，又一向仰慕裴谞的名声，一心想得到他，于是派数十名骑兵顺着踪迹找到了裴谞。史思明见到他，十分高兴，称他为郎君，不叫他的名字，任他为伪御史中丞，主管刑法。当时史思明残害宗室，裴谞暗中加以解救，使数百人得以活命。裴谞又曾陈述贼中情况报告朝廷。事情败露，史思明大怒，破口大骂，裴谞仅得免死。叛贼平定，朝廷授任他为太子中允，迁任考功郎中，多次被召见谈论政事。

代宗住在陕郡，裴谞携带考功及南曹两个官印徒步赶往皇帝驻跸之地，皇上见了对他说：“疾风知劲草，果真不假啊。”准备任他为御史中丞，受到元载的排挤，出任河东道租庸盐铁等使。当时关辅（长安周围）大旱，裴谞入朝报告财政情况，代宗在便殿召见他，问裴谞道：“经营酒业的利润怎样，一年能有多少收入？”裴谞很长时间没有回答。皇上再次问他，裴谞回答说：“臣正在考虑事情。”皇上问：“考虑什么事？”裴谞回答说：“臣从河东来时，途中经过三百里，看见农民忧愁哀叹，谷物还未下种。臣认为陛下一定十分关切，首先要问百姓疾苦。然而却责问臣获利情况。孟子说：治理国家，在于仁义而已。为何要追求功利呢？因此没敢立即回答啊。”皇上移近坐席说：“不是公的一席话，我还不会听到这样的道理。”授任左司郎中。皇上经常向他咨询国事，受到当政者的忌恨，出任虔州刺史，历任饶、庐、亳三州刺史。召入朝任右金吾将军。

唐德宗李适建中初年（780年）皇上用严刑治理天下，百官震悚。当时十月禁止屠杀，因临近先皇入葬的日子，禁令更加严厉。尚父、汾阳王郭子仪家的奴仆杀羊入城，被守门人发觉，裴谞陈奏此事，皇上认为他不畏权势，多次派人宣慰他。有人对裴谞说：“郭公子仪对国家有功，何不为他遮盖这一小过错呢？”裴谞笑着说：“这就是你不明白的了。今天我揭发郭公的小过失，以表明郭公没有玩弄权术呀。我这样做，对上尽到了侍奉国君的为臣之道，对下可以使大臣安宁，怎么不可以呢？”当时在朝廷另设三司来判决各种讼案，不服者常常敲击登闻鼓。裴谞上疏说：“设置谏鼓、谤木，是为了了解冤情，廷纳直言。如今轻薄奸猾的小人，持槌击鼓，惊动皇上圣听，竟然是为了鸡毛蒜皮的小事。如果是这样，哪里用得着官吏处理呢！”皇上认为他说得对，将判决讼狱之事全部归还有关部门。裴谞又鉴于执法官员玩弄法律条文，经常挟私报复，就献上《狱官箴》作为规劝。

不久，裴谞因一个与他关系密切的僧人被杀而受连累，贬任阆州司马。征入朝任右庶子，改任千牛上将军。时逢吐蕃入侵，不久任他为吏部侍郎、兼御史大夫，任吐蕃使，没有出使。过了不久，转任太子宾客、兵部侍郎、河南尹、东都副留守。

裴谞自祖上到河南以后共有五代为官，裴谞入署中处理政事时，从不以尊位高职对待别人，不因贪赃罪审讯他人，处理事务宽厚谦和。史书评价他：“和易为理，庶几近仁。”

唐德宗李适贞元九年（793年）十一月，裴谞因病去世。终年七十五岁，追赠礼部尚书。

**裴儆**

裴儆，唐代人，裴氏家族第四十三世。开元名相裴光庭之孙。举进士，累迁大理卿、左金吾大将军。

## 裴泰

裴泰，唐绛州闻喜人。裴氏家族第四十世，曾祖裴鸿，后周襄州刺史封高邑侯。祖裴师义，隋兵部侍郎。父怀感，唐忠州礼州二刺史。

唐德宗建中初年，始佐戎幕，屡迁监察御史。

贞元中，入为祠部员外郎，累迁兵部郎中、吉州刺史，充安南都护，邕管经略使、都督。

## 裴政柔

裴政柔，唐代人，裴氏家族第四十三世。父裴千钧。

职任左金吾大将军。

## 裴修己

裴修己，唐代人，裴氏家族第四十三世。邓州刺史裴琬之长子，唐德宗建中年间曾任济源令。官至左金吾大将军，爵封闻喜县公。

## 裴复己

裴复己，唐代人，裴氏家族第四十三世。邓州刺史裴琬之次子。官至礼部郎中、左金吾大将军。

## 裴行立

裴行立，唐代人，裴守真曾孙，裴侨卿之孙，开元年间刑部尚书裴伯言之子。裴氏家族第四十四世。职任蕲州刺史，桂州都督。

行立重然诺，学兵有法。母亡，泣血几毁。以军劳累授沁州刺史，迁卫尉少卿，口陈愿治民，试一县自效，升任河东令，宽猛时当。

由蕲州刺史迁安南经略使。环王国叛人李乐山谋废其君，来乞兵，行立不受，命部将杜英策讨斩之，归其孥，蛮人悦服。英策及范廷芝者，皆奚洞豪也，隶于军，他经略使多假借，暴恣干治，行立阴把其罪，贷之，许自效，故能得英策死力。廷芝尝休沐，久不迁，行立召之。约曰：“军法，逾日者斩，异时复然，尔且死！”后廷芝逾期，行立笞杀之，以尸还范氏，更为择良子弟以代，于是威声风行。徙桂管观察使。行立向天子表示：“唯当遵守诏条。贬弃奸慝，平匀摇赋，示以义方。持清净以临人，守无私以奉国。重修前志，再砺戈矛。展驽骀之效，申鹰犬之用。庶荒陬夷獠，尽沐皇风，率土生灵，备闻斯庆。微臣之志也。”

黄家洞贼叛，行立讨平之。行立在上奏表中曰：“右今月四日，邕管奏事官严训过称：押衙谭叔向等，与黄家贼五十余人谋为翻动，虽已诛斩，犹未清宁。臣当时差本道同十将试光禄卿雷尧至邕管界首宾州，以来迎探事宜，兼为声援。昨得雷尧十四日状，并严训状报同到，其黄家贼并已退散，各归洞穴。讫伏以鼠窃狗偷，非足为患。陛下威灵远被，神化旁流，遂使奸狡之谋，先期而自露。回邪之党，不戮而尽夷。伏恐飞章已达，吉语未闻，尚轸天心。犹烦庙笑。臣谬居方镇，忝接疆界，所得事宜，不敢不奏。”不久，代桂仲武，为安南都护。锐于立劝，为时所訾。召还，道卒，年四十七，赠右散骑常侍。

### 裴绍业

裴绍业，唐代人。裴氏家族第四十四世。太子舍人裴利物之子。

职任泰州都督，爵封闻喜县公。

### 裴元本

裴元本，唐代人，裴氏家族第四十六世。

唐贞元年间，任大都督。

**裴循已**

裴循已，唐代人，生卒年不详。裴氏家族第四十九世。

职任金吾大将军。

**裴良积**

裴良积，字少槐，明清时人，祖居山西曲沃(今侯马市)大李村。东眷裴，裴氏家族第六十七世。明大汉将军。赠光禄大夫。昂子，嗣巨卿后。巨卿，世科子，诰赠荣禄大夫。再赠光禄大夫、江西巡抚都察院右副都御史。

万历中，边庭不靖，裴良积以勇略奉调出征。出征前有言：“大丈夫当立功万里外，为朝廷扫靖烽烟，垂光史册，否则效命疆场，马革裹尸，亦足以报主，至室家之事，一健妇主持之足矣。”裴良积悉以家事嘱夫人，慷慨遂行。

1627年（明熹宗天启七年，即后金皇太极天聪元年），诏令东征后金（清王朝的前身），兵出三海关后，为敌所乘。时后金军以树身横截明军，良积所率部遂被截为数段。虽良积骁勇善战，然众寡莫敌，终至身负重伤，战死疆场。据传良积战殁后，其乘骑口衔尸奔驰突围，数十里后，马力已竭，仅衔公腰带现时归营垒。部下从此腰带知公已殉身，派人寻找公尸，卒不可得。后奉旨从优抚恤，给予锦衣卫指挥世职。其后，良积子加厚于十六岁时只身赴关外寻找父骸，未得。仅从当地居民中得到其父腰带一围，即乘骑所衔之物，归故里后葬于大李祖茔之次。

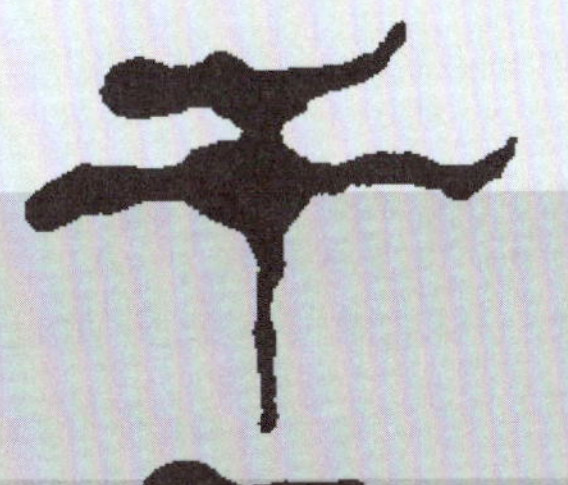

# 第二篇

# 裴 氏 文 化

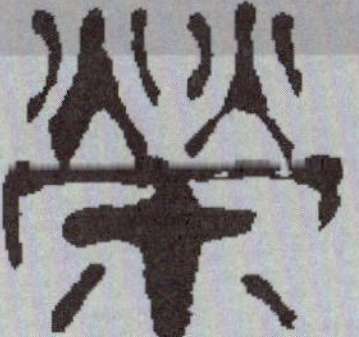

# 第一章 关于文化的概念

## 一、文明与文化

文明一词源自近代欧洲，最初是用来形容人的行为方式，和有教养的、有礼貌的、开化的这一类词意思相似。法国的启蒙学者最早使用这一名词，该词最初确指对知识进步、技术进步、道德进步和社会进步的一种朦胧向往，也就是所谓“启蒙思想”。在使用中，文明的含义逐渐由指个人的行为而具有了社会的意义，文明与野蛮相对应，用来指社会的一种进步过程，一种进化所达到的状态，一种发展趋向。

在当今的西方学术界，关于文明和文化的定义、概念、界说，可谓五花八门，不过一般来说可以划分为两大类：一类比较强调它的物质内容，另一类比较强调它的精神内容。布罗代尔认为，“文明事实上有两层意义，它指的是精神的和物质的价值。马克思在基础（物质）和上层建筑（精神）之间做了区分，按照马克思的观点，后者严重地依赖于前者”。布罗代尔还说：“我最后坚信，政治、社会和经济的结构左右着道德生活、精神生活和宗教生活的方向（不论是好的方向还是坏的方向），缺少这样一个强有力的结构，文明也就不能存在。”和布罗代尔不同，亨廷顿的文明概念更多地强调它的精神方面的内容。他认为文化实际上是所有文明定义的共同主题，在所有界定文明的客观因素中，最重要的通常是宗教，人类历史上的主要文明在很大程度上被基本等同为世界上的伟大宗教。因此，文明是人类最高的文化归类，人类文化认同的最广范围，人类以此与其他物种相区别。

文明是人类所创造的伟大成果，它既有物质的，也有精神的，既有政治的，也有经济的、文化的等，所以我们也可以大致把文明划分为物质文明和精神文明两大类。文明是人类所创造的全部物质和精神成果。

那么，什么是文化呢？文化有广义和狭义之分。所谓广义文化，即人类在改造客观世界中所获得的一切文明成果。所谓狭义文化，就是人们在长期的生产、生活实践中所形成的思想观念、价值取向、行为规范、生活方式。我们所弘扬追求的，也就是这种狭义文化。

20 世纪 50 年代，美国有两个社会学家、人类学家写了一本关于文化概念探讨的书——《文化：关于概念的探讨》。在这本书里列出了西方关于文化的 160 种定义。在 20 世纪 70 年代，西方符号学盛行，所以对文化的定义更多。如果你现在说，什么是文化？答案千奇百怪，怎么说的都有。我国文化学者刘梦溪在写作时给文化用了这样一个概念，即："文化是指一个民族的整体生活方式和它的价值系统。"笔者基本认同这个概念。

文化作为一个民族的精神记忆、灵魂和血脉，是该民族的自我确认、自我阐述、自我表达的符号系统，表征这个民族共有的归属感、认同感和凝聚力。

正如人长得像自己的父母是有遗传基因。一个国家、一个民族也有自己的精神基因，从而形成不同于他国、他民族的人文性格和文化习惯。基因，是内在成因，是根脉，是抗体。那么，中华民族的精神基因、文化根脉在哪里呢？在中华民族的传统文化之中。千百年来，中华文化中凝聚、积淀、总结了许多优秀、精辟、独特的思想精华，已经融于中华民族的文化血脉之中，为一代代中华儿女所敬仰、认知、学习、传承。中华文化是中华民族最深沉的精神追求，代表着中华民族独特的精神标识，是中华民族生生不息、发展壮大的丰富滋养。文化是民族的根，传统是民族的本，精神是民族的魂。中华文化是中华民族永远不能离别的精神家园。

习近平总书记讲："实现中华民族伟大复兴，必须坚定中国特色社会主义道路自信、理论自信、制度自信、文化自信。”

中华文明所处地形复杂，族群众多，但它在历史上却发展出以汉文化为主体，融合了许多其他族群文化的辉煌文明。中华文明长期保留了自己的文明特性，历经磨难而未曾中断，彪炳于世界，贡献于人类。这在世界文明史的发展上可以说是绝无仅有的。

坚定中华民族的文化自信，就是要“保持对自身文化理想、文化价值的高度信心，保持对自身文化生命力、创造力的高度信心”。使中华文化成为激励中国人民和中华民族不断前行的精神力量。

文化自信是更基础、更广泛、更深厚的自信，是更基本、更深沉、更持久的力量。坚定文化自信，是事关国运兴衰、事关文化安全、事关民族精神独立性的大问题。历史和现实都表明，一个抛弃了或者背叛了自己历史文化的民族，不仅不可能发展起来，而且很可能上演一场历史悲剧。

中华民族精神，既体现在中国人民的奋斗历程和奋斗业绩中，体现在中国人民的精神生活和精神世界中，也反映在几千年来中华民族产生的一切优秀作品中，反映在我国一切文学家、艺术家、哲学社会科学家的杰出创造活动中。

在每一个历史时期，中华民族都留下了无数不朽作品，从四书五经、汉赋到唐诗、宋词、元曲、明清小说等，共同铸就了灿烂的中国文化历史星河。中华民族文化创造力是如此强大，创造成就是如此辉煌，中华民族素有文化自信的气度，我们应该为此感到无比自豪，也应该为此感到无比自信。

坚定文化自信，离不开对中华民族历史的认知和运用。历史是一面镜子，从历史中我们能够更好地看清世界、参透生活、认识自己；历史也是一位智者，同历史对话，我们能够更好地认识过去、把握当下、面向未来。“观古今于须臾，抚四海于一瞬。”

## 二、中华传统文化

中国文化包括传统文化、革命文化和社会主义先进文化。那么，什么是中华传统文化呢？中国传统社会的文化，就叫作中华传统文化。

中华传统文化有精华，也有糟粕，其中的精华部分，我们称之为中华优秀传统文化。中华优秀传统文化是中华民族强大的精神支柱，它使中华民族屡经磨难而百折不挠。翻开中国的历史，我们看到，就算华夏奔突异族铁骑，就算神州横流屠城之血，就算汉奸国贼弹冠相庆，就算武将怕死文官爱财，就算帝愦官贪政昏国灭，几千年来，我们这个民族依然有无数壮士豪杰、忠臣义烈，他们总会顽强挺直脊梁，出血海而不折，仰首青天，壮怀激烈，使中华文明形成并延续发展几千年而从未中断。这是一种什么力量？这就是中华优秀传统文化的力量。是这种力量，对形成和维护中国团结统一的政治局面，对形成和巩固中国多民族知合一体的大家庭，对形成和丰富中华民族精神，对激励中华儿女维护民族独立、反抗外来侵略，对推动中国社会发展进步，促进中国利益和社会关系平衡，都发挥了十分重要的作用。同时，中国优秀传统文化的丰富哲学思想、人文精神、教化思想、道德观念等，也蕴藏着解决当代人类面临的难题的重要启示，可以为人们认识和改造世界提供有益启迪，可以为治国理政提供有益启示，也可以为道德建设提供有益启发。

那么，中华优秀传统文化有哪些特点呢？

### 1. 历史悠久，源远流长

到了春秋战国，我国的文化发展到了百花齐放、百家争鸣的鼎盛时代，一大批像四书五经这样的文学及哲学社会科学的巨著涌现出来，充填了我国的文化宝库。其中的《诗经》是一部伟大的文学经典，是我国，也是世界上最早期的文学巨著之一，它收录的305篇歌诗，其中歌诗雏形可能诞生于五帝时代，最晚的篇章截止于春秋时代，前后跨度长达2000多年。“关关雎鸠，在河之洲，窈窕淑女，君子好逑”，多么曼妙的诗句。

在高等教育方面，我国也是世界上最早的。古有四大著名书院，即嵩阳、睢阳、岳麓和白鹿洞书院，而白鹿洞书院又称四大书院之首。这所与国外最古老，原为贫穷学士聚集读书和学生参与管理的牛津大学（1168年创立）、波伦亚大学（1158年）、剑桥大学（1209年）和萨莱诺大学（1231年）有相似之处，但比它们均早创立三四百年之久的中国民办高等学府，吸引了一些著名大师在此讲学、任教，如朱熹、王阳明等。

**2. 内容丰富，博大精深**

中华传统文化内容之丰富，是世界上任何一个民族都无法比拟的。下面，笔者仅从这个丰厚的精神家园中，拿出部分学派的理论及思想进行展示，就足以彰显它的博大精深。

（1）为人之道

关于“为人之道”的学说，主要贯穿于孔子孟子的学说中，也就是儒家学派的思想之中，它的核心内容有以下几点：

做人要善良，勿以善小而不为，勿以恶小而为之。《康熙八大家训》的第一句就是：“怀善念，行善事。最能安详平和。”

做人要本分，富贵不能淫，贫贱不能移，威武不能屈。

做人要诚实，诚信乃做人之本。

做人要自重，严于律己，宽以待人。

做人要知足，知足者常乐。

做人要坦荡，己所不欲，勿施于人。

做人要高尚，仁、义、礼、智、信。

做人要有理想，宋代的儒家大师张载说：“为天地立心，为生民立命，为往圣继绝学，为万世开太平。”

（2）处世之道

处世之道，贯穿于老子的学说之中，其要点是：“四心”“五勿”“十能”。

“四心”是：大其心，容天下之物；虚其心，受天下之善；平其心，论天下之事；潜其心，观天下之理。

“五勿”是：勿近无益身心之人；勿入无益身心之境；勿展无益身心之书；勿言无益身心之语；勿为无益身心之事。

“十能”是：①“忍”能养福；②“忠”能养禄；③“和”能养寿；④“动”能养身；⑤“学”能养识；⑥“静”能养心；⑦“勤”能养财；⑧“爱”能养家；⑨“诚”能养友；⑩“善”能养德。

（3）养性之道

养性之道，主要贯穿于庄子的学说之中，它的核心内容：身安，不如心安；屋宽，不如心宽；以自然之道，养自然之身，以喜悦之身，养喜悦之神。有所敬畏，是做人基本的道义准则。做人，人品为先，才能为次；做事，明理为先，勤奋为次。

人要学会平和心、喜乐心、慈悲心。

（4）学习之道

学习之道，主要见著于荀子的《劝学篇》，其要点可以概括为六个方面：

一曰“蜕”：即学习不能满足于自己的成就，应该不断地有所发现，有所进展，日渐而月进，并且产生质变。

二曰“虚”：“虚”指的是学习态度，虚心，谦虚。

三曰“一”：“一”是指专一，“学之道，贵以专”。

四曰“静”：“静”指的是心要静，要摒弃一切杂念。

五曰“积”：荀子说：“不积跬步，无以至千里；不积小流，无以成江海。”

六曰“师”：“国将兴，必贵师而重傅……国将衰，必贱师而轻傅。”“得贤师而事之，则所闻者尧舜禹汤之道也。”

（5）韬略之道

意指文韬武略。中国的韬略思想，实为传统文化之瑰宝，三十六计是历史遗产。

（6）统驭之道

统驭之道，主要存在于韩非子的论著之中，其核心内容是：“精诚为道，运筹为数，组织为器，人才为本，制度为体，文化为魂。”

（7）权谋之道

权谋之道，主要在鬼谷子的论述之中。权谋，是指在争夺、巩固、发展权力的过程中使用的一切灵活应变的手段。权力是指能够直接支配他人，使之按照自己的意志行动的力量。权谋天然地不受一切仁义道德公平正义的约束；它甚至没有任何原则可言，唯一的原则是：为达目的，不择手段。权谋的合理性取决于权谋的结果。正直的人、好人与小人或坏人得到权力所产生的结果是截然不同的。“胜者为王，败者为寇。”

（8）修身之道

这里所讲的修身，是《大学》里所论述的修身。

修身的过程，实质上是一个格物、致知、诚意、正心的过程。格物就是探究事物的发展之道；致知就是获取知识；诚意就是用赤诚、真诚、忠诚之心对待一切事物；正心就是自己的心正，使自己成为一个道德高尚、修为高深的人。因此，修身的过程，就是探究事物发展规律的过程，就是学习知识的过程，就是真诚地对待一切事物的过程，就是严格要求自己、完善自己，把自己变成一个道德高尚的人的过程。

**3. 成就辉煌，影响深远**

回顾历史，中国的科技及人文社会科学成果一直引领全世界，只是近 200 年才被西方拉开一定距离。美国专门研究东方学的费正清教授说：“直至一个半世纪之前，中国在西方生活中所起的作用，要比西方在中国所起的作用大得多。”

在中国优秀传统文化中，对世界影响最大的是孔子及他的儒家学说。不仅影响世界的过去、现在，而且影响世界的未来。受儒家学说影响最深的国家有日本、朝鲜、韩国、越南、东南亚其他各国以及欧洲各国。孔子学说的影响涉及各个层面，从政治制度逐渐深入精神生活、意识形态的各个领域。

4世纪，孔子学说就开始传入日本。6世纪，在日本的宪法中就有了孔子的儒家思想的内容。如日本宪法的第一条：“以和为贵”，第二条：“君则天之，臣则地之”。这充分反映了儒家学说的影响。

17世纪末，欧洲出现了研究中国的热潮。这股“中国热”大约延续了一个多世纪。法国传教士除翻译中国的《诗经》《易经》《礼记》《大学》《中庸》外，还有专著介绍，如《孔子传》《孔门弟子传略》《中华帝国全志》等。以上著作在法国引起了强烈的反响，激起了法国人了解中国的热切期望。法国的思想家们从中发现，中国是一个不信教，但治理得井然有序，繁荣而稳定的国家。儒家并非宗教，而是中国人的指导思想和治国理政的原则。正如法国启蒙思想家伏尔泰所说：“孔子并非教主，而是宣扬伦理道德的圣人。”伏尔泰认为：中国文化的发现，同达伽马和哥伦布在自然界的发现是同等重要的一件大事。他还认为：人心中最根本的不渝的法则是孔子所说的“己所不欲，勿施于人”。这与牛顿的地心引力原则同样普遍。他利用这一原则激烈指责西方传教士以天主教教义干预中国内政。

大量的事实雄辩地证明，孔子学说不仅是中国的，也是世界的。

在现代社会中，世界许多著名学者都在潜心研究人类文明危机问题，渴望给人类寻找一条解决人类文明危机的道路。其中不少学者把解决人类文明危机的希望寄托在弘扬中国的传统文化上。在所有这些探索中，有一场影响十分广泛的对话，这就是英国著名历史学家和哲学家，85岁的汤因比博士与日本年仅40岁的著名学者、社会活动家池田大作关于《展望21世纪》的长时间对话，出版后长达30万字。那么，他们认为解决人类文明危机的希望在哪里呢？汤因比博士毫不犹豫地说：“至今为止，人类创造的许多文明就要衰落下去了，西方文明兴盛了几百年，也在走向衰落，解救人类文明危机的唯一希望在中国的文明，并以中国文明为轴心向外传播。”他说：……我们预料的和平统一，一定是以地理和文化为中心，不断结晶扩大起来的。我们预感到这个主轴不在美国、欧洲和苏联，而是在东亚。又说：“世界统一是避免人类集体自杀之路，在这一点上，现在各民族具有充分准备的，是2000年来培养了独特思维方法的中华民族。”池田大作完全赞同这个观点。他说：“……对现代人类社会的危机来说，把对‘天下万物’的义务和对亲密家庭关系的义务同等看待的儒家立场，是合乎需要的。”东方思想最高最完整的体现是“天人合一”。汤因比博士与池田大作的这次谈话是在1972年5月。

1988年1月，全世界诺贝尔奖获得者在巴黎的会议上集体宣称：“如果人类需要在21世纪生存下去，必须回头2540年，去汲取孔子的智慧。”

在1994年10月于北京召开的“孔子诞生2545周年纪念与国际学术研讨暨国际儒学联合会成立大会”期间，澳大利亚著名专家李瑞智教授认为，21世纪无论是政治、经济、文化等诸多方面都是儒家文化圈的世纪。他说：“我们已经看到了儒学的复兴，21世纪必将看到儒学在世界范围的兴旺发达。”李瑞智教授认为，尽管19世纪至20世纪之间，儒家文化的有效性面对着西方的巨大挑战，但20世纪60年代以来，儒家在亚洲的复兴是不可置疑的事实。他说：“中国人对自己儒家文化的未来不持乐观态度，是因为只看到了现状，但是，如果看到20年前的新加坡、韩国，30年前的日本，谁能想象得到今天的新加坡、韩国、日本的发达呢？”他说：“事实上，中国有能力超越日本的经济成就，这种自信中国人是应当建立的。”这是李瑞智教授出自对中国传统文化的相信，在二十几年前的一种预言。现在，预言已经变成了现实。李瑞智教授指出，诸多方面的事实说明，21世纪，儒家文化将“不战而胜”。

**三、独特的裴氏文化**

裴氏文化是中华优秀传统文化一道亮丽的风景线。裴氏家族源于周秦，显于汉魏，历六朝而盛，至隋唐而盛极，五代以后余芳犹存，沿及宋元明清，以迄于今，绵延达2700年之久。其间将相接武，仕宦如林，名人辈出，各领风骚，在正史立传者600余人，名垂后世者千余人，先后出宰相59人，大将军59人，中书侍郎14人，尚书55人，侍郎44人，常侍11人，刺史211人，太守77人，七品以上官员不计其数，俗有“一斗芝麻官”之称。

裴氏文化是裴氏家族之魂，它体现了裴氏的血脉基因。既是裴氏灵魂之根，又是裴氏的血脉家族之根。一旦有了根，人的精神就能成长，就像树一样。树有了根才会成长，我们的精神也是如此。只有我们的精神有了根，我们的人格、心灵才能茁壮成长，才能成长为一个杰出的人，一个有作为的人。

裴氏文化的特点是：以人才为主体，以优良家风和廉洁清风为两翼的“一体两翼”文化。裴氏文化的灵魂是：“精忠事国、敬宗睦族、强学育人、积德传家”。

我们弘扬裴氏文化，不仅要学习先人们留下的精神产品，学习家训、家规，还要在我们的心中时时效仿先祖，以先祖为榜样，特别是，还要认真学习他们的人格。一个人的人格里面携带着他的一切知识、智慧、特点、脾气、性格，甚至包括他们读过的书。人格的影响，是一种“无我之我”的影响，是一种“精神影响力”。因此，弘扬裴氏文化，也包括认真学习先祖们的光辉事迹。所谓慎终追远，就是要与先贤们建立良好精神沟通。

# 第二章 物质文化层

物质文化层，是由“物化的知识力量”构成，是可触知的物质实体，即人们加工自然所创造的各种器物、遗存等。如环境、建筑、碑刻等，是整个文化创造的物态表现。

## 一、环境

裴氏的传统文化物质文化层，要从裴柏村谈起。裴柏村，又名中华宰相村。裴柏村作为裴氏祖根之地，展示了裴氏祖先风水文化的独具慧眼及深厚功力。

裴柏村的东南方是层峦叠翠的中条山，北方有绵延的紫金山，西方有蜿蜒起伏的峨嵋岭，村东是千曲百转的涑水河。汉顺帝刘保永建初年，并州刺史、度辽将军裴晔来到闻喜，看到这里有一处依山傍水的空地，只见此地形：头依紫金山，峰峦突兀，足蹬董泽湖，烟波浩淼。整个地势坐西朝东，前低后高，前宽后窄；公鸡岭、南岭等9个山头呈现元宝形，拱卫着两三千亩良田。9座岭上柏树参天、郁郁葱葱，犹如展翅欲飞的9只凤凰，真乃“九凤朝阳”；而董泽湖又是古“董父豢龙”之处，是龙的故乡。像这样龙凤呈祥、风云际会的地方，确为千载难逢的风水宝地！于是裴晔将全家搬迁于此。他以裴姓为首，以柏树为名，“裴柏村”由此诞生了。这就是河东裴氏家族的祖居地。从古至今，一代又一代的裴氏后裔根植在这块肥美厚实的土地上繁衍生息、散枝发叶，从而走出裴柏，走向全国。

## 二、建筑

裴氏物质文化还表现于建筑上。俄国大文学家果戈里曾说："建筑同时还是世界年鉴，当歌曲和传统已经缄默的时候，而它还在说话。"

### 1. 裴晋公祠

裴柏村最突出的建筑就是裴晋公祠。裴晋公祠创建于唐代中后期，距今1000余年。晋公名度，是唐代中晚期一位非常有作为的政治家，因爵封晋国公，因有德于民，当地的老百姓亲切地称其为裴晋公，裴晋公祠就是纪念先贤裴度的祠堂。

裴晋公祠原有前殿、后殿、廊房、碑廊、状元坊及世系碑等建筑，规模宏伟，甚为壮观，可惜由于迭遭兵火，大都焚毁。据明嘉靖二年（1523年）御史朱实昌《裴晋公祠堂记》碑文记载，嘉靖元年闻喜县令张问行修建有先门一间、仪门三间、东西廊各三间，有献殿、正殿，规模宏大。御史何赞捐奉置田30亩，以资祠堂所需。清雍正十年（1732年），裴氏后裔江西巡抚裴[illegible]度重修裴氏宗祠，将宗祠与晋公祠合二为一。乾隆五十六年（1791年），曲沃后裔裴志灏又重修祠堂，并在原有基础上又重置地60亩，除祠堂所需外，其余归裴柏村裴氏子弟读书所用。到了咸丰年间，裴氏后裔又大修祠堂。虽历代重修，后经战乱，这些建筑群屡遭拆除。

### 2. 道光年间民居

距裴氏宗祠遗址西200米尚存有清道光年间四合院1座，现保留有东西南3座房屋，各3间，木雕窗棂、门棂，整体结构基本完好。门窗上的木雕，墙壁的砖雕，风格古朴，细腻精巧，装饰性极强，有着鲜明、浓厚的民族特色和地方色彩。一幅木雕往往由三四层图案构成，重重叠叠，里呼外应，浑然一体，有极强的主体感。高明的构思、精湛的雕工，把生动的画面和传神的意趣淋漓尽致地再现在门窗之上，令人叫绝。

### 3. 咸丰年间巷门

距裴氏宗祠遗址西100多米

尚存有清咸丰十年（1860年）重修的砖木结构巷门一座，门楣上嵌着“气凝绿野”石牌匾，落款是“清咸丰十年重修”，基本完好。据《旧唐书·裴度传》载：裴度“东都立第于集贤里，筑山穿池，竹木丛萃，有风亭水榭、梯桥架阁、岛屿回环，极都城之胜概。又于午桥创别墅，花木万株；中起凉台暑馆，名曰‘绿野堂’。引甘水贯其中，酾引脉分，映带左右。度视事之隙，与诗人白居易、刘禹锡酣宴终日，高歌放言，以诗酒琴书自乐，当时名士，皆从之游”。明蒋一葵的《尧山堂外记》卷三十也记：裴度“有别墅于集贤里，具凉台燠馆，号绿野堂”。东都集贤里在今洛阳狮子桥村东部。后人就把“绿野堂”作为裴氏家族的堂号。咸丰十年，裴柏村修巷道、建巷门，门楣上嵌“绿野堂”三字，意为此村为裴度故里、裴氏源头。

**4. 裴氏墓群**

裴氏墓群位于裴柏村东10里的凤凰塬上，方圆40里，北自紫金山，南至涑水，东至牛坞，西至鸡鸣山，包括永青、仓底、赵村、坡底、柳泉、居台、爱里诸村墓地，为隋、唐时期裴氏家族墓群。农业合作化以前，这里依旧是高冢累累，碣石林林，计有大坟200余座，碑记60座，石人石虎数十对。永青东，有亭1座，在爱里和裴家寺各有守坟寺院1座。如今，由唐代中书令张说撰文的裴行俭神道碑，依然耸立在凤凰塬上，昭示着裴氏家族不同凡响的往古岁月。裴氏墓群与其中的裴行俭墓均被列为“山西省重点文物保护单位”。

**三、碑刻**

裴氏家族在几千年的历史长河中，将相接踵，名人辈出，他们的丰功伟绩，有的正史列载，有的家乘有录，有的则见之于碑文与墓志，还有的摘其经典勒石为碑，向人们展示。碑文与墓志史料翔实，历百代而璀璨，因此成为裴氏文化一个不可缺少的重要组成部分。

自秦汉以来，裴氏的先民们为我们留下了许多碑文墓志，构成了一个鸿篇巨制的石板历史长卷。一座座丰碑，把我们带进了往古岁月，为我们研究裴氏文化提供了最好的实物佐证。碑文还留下了先祖的墨宝真迹，成为我们瞻仰、学习的楷模，是祖传的无价之宝。

裴王旗、裴寿山二位先生，在广大裴氏后裔的支持下，经过几年的努力，收集了大量的碑文与墓志，编辑成书，是为《裴氏碑志集》，为裴氏家族做了一件功在千秋的好事。既传承弘扬了先祖的辉煌，又抢救了将要失落、消失的文物古迹。关于碑文的全部内容，书中都有详细记载。本书仅就几通影响较大的历史名碑加以介绍。

### 1. 裴氏相公家谱之碑

裴氏相公家谱之碑，又称“金大定谱序碑”。此碑为唐碑金刻，是由金代裴氏族人裴再兴利用唐代的一块无字碑，将他珍藏的唐代闻喜县令裴滔编撰的《裴氏家谱》刊其上而成碑，距今已近千年，是目前裴氏家族现存最早的家谱。碑额题为“裴氏相公家谱之碑”，碑文由“里人靳愿书并题额，石匠杨卞刊”。碑文刊刻在碑阳和碑阴两面，现碑阳基本可读，碑阴则漫漶不清，多不可辨认。碑阳前面是《闻喜裴氏家谱序》，末云“金大定十一年八月晦日里人彭城刘若虚序”。家谱正文题为《裴氏家谱》，署名为“唐将仕郎试秘书省校书郎闻喜县令裴滔”。这份重刻唐代裴氏家谱具有十分重要的内容和独特的排列方式。它以河东裴氏在《贞观氏族志》中的等第为主要线索，罗列裴氏族人。据碑文，裴氏在《贞观氏族志》中占有等第的共13人，清晰可辨姓名的5人。他们是裴汉，第二等；裴世矩，第三等；裴怀节、裴神安、裴世清，第四等。每载一人，都要说明该门有宰辅、入省、三品、皇后、王妃、驸马的人数，然后谱列这一门中诸人物及其官爵著述等。这份金刻唐代裴氏家谱对于河东裴氏《贞观氏族志》，乃至谱学史的研究都有重要的价值。华夏文化促进会裴氏委员会常务副会长裴建民认为，这是裴氏碑馆的镇馆之宝。

附：

## 裴氏相公家谱之碑

【碑额】裴氏相公家谱之碑

【文】　闻喜裴氏家谱序

里人靳愿书并题额　石匠杨卞刊

尝谓木之植也根深则中叶茂水之疏也源浚长流物理如是在人奚独不然河东闻喜裴氏先乃伯翳之后至秦封姓为裴自后宗枝繁衍昌大迄于近代其间豪杰俊迈名卿贤相摩肩接踵辉耀前史茂郁如林世不乏人非祖宗积善累德且深且厚曷能若此而庆流绵远者乎昔春秋时王侯卿大夫旧有世谱先儒所载者甚博今裴氏家藏族谱则而象之始自一宗次分三眷详列支派千载间晋绅声迹可谓简而易究炳而易知也裴柏乃裴氏祖庄自来耆旧相传祖先家谱珍藏宝秘未易示人奈何先因兵火继缘寇盗常虑遗坠一日远孙裴再兴与众议曰祖茔畔旧有碑一座并无一字镌刻次后迁移村下立在道左积有年矣好事者过之睹其阙文莫不再三叹惜焉今欲将家谱模勒是碑非徒为远近荣观又且为不朽之计顾不韪欤族人闻者悉皆悦从乃再兴鸠工聚费再加磨砻用记于后云大定十一年八月晦日里人彭城刘若虚序 将仕郎试秘节省校书郎知闻喜令裴滔

其先与秦同祖佐舜帝封伯翳又赐姓嬴累世有功佐殷伐桀至始皇非衣之后封为裴遂以为姓自汉有水衡都尉盖五世生后汉敦煌太守遵口口自云中居河东邑遵口曾孙辽东将军晔晔又迁居于闻喜晔生侍中羲羲生潜潜生秀秀生頠三世皆知名子孙并不绝潜弟辑子孙仕燕在东因号东眷弟徽子孙仕凉在西因号西眷徽子楷秉绰潜子秀秀孙頠邈辑子杰楷子瓒绰子遐等

八人时为八裴封为八王比尧时八元八凯于大国天下可谓高门自秦汉魏晋宋齐梁陈魏周隋唐一十二朝国代皆标於史记裴居道东眷承辑子司隶昶昶八世孙周时开封府仪同三司宽字长周有传宽弟汉即居道曾孙贞观氏族志第二等著姓称长宽时家为昌门宰相一人人三省九人三品八人皇后一人驸马五人金紫光禄大夫中书令内史纳言异国公女为孝敬皇后裴公居道父熙载兵部侍郎□望麟台郎融将军叔熙勣礼部郎中邢州刺史冀国公堂叔瞿昙舒州刺史子大方吏部员外熙勣孙恂京掾昙孙恽有著述恽子孝礼京掾大方子居士银青光禄大夫太子少詹事殿中监三品居士子虚已光禄卿驸马三品弟虚舟襄陵三水尉左金吾将军玲太仆卿驸马三品居士孙徵秘书丞居道堂叔义符河州刺史之隐司农少卿始州刺史三品之隐侄希仁都官郎中齐州刺史希庄洛阳令陈州刺史稚珪户部郎中希庄子杭京掾扔虞部郎中宁州刺史搏职方郎中太子中允希庄侄思慎职方郎中侄巽鸿胪卿驸马三品孚朝丞使赠宁州刺史临秘书郎鼎越州都督巽子齐参赞善大夫齐闵国子司业齐游秘书少监齐丘秘书监驸马齐婴陈王府长史齐闵子颖卫尉卿驸马三品鼎子友悌太子中允柳州刺史鼎侄冀御史大夫裴怀节东眷后秦并州刺史冲怀节六世祖怀节居□□从叔贞观氏族志第四等 宰辅一人 入省七人 三品三人怀节工部侍郎洛州刺史弟怀俭御史大夫子皓吏部侍郎太仆卿昭度支郎中太仆少卿皎太庙令皓子真殿中丞亳州刺史昭子确太子少詹殿中监平阳公三品纲屯田郎中蔡州刺史三世入省皎子之庆绥州刺史昭孙观赤尉相京掾确子兢大理司直□渔阳太守□鄜州刺史节弟怀照忠州刺史怀感礼州刺史感子泰京掾孙纪京掾纪子冕金紫光禄大夫中书侍郎平章事左仆射裴冤罕吏部郎中太仆卿堂弟明礼兵部郎中太常卿礼子匪躬少监裴知礼中眷丞徽长子晋黎曾孙嗣西京武都太守本称西眷嗣弟奣子孙又号奣次子双虎之孙疋携堂侄文举之再从孙仁基兼有传知

礼居道十二从兄弟贞观氏族志知礼父神安入志第四等宰辅一人 入省七人 三品一人知礼同州刺史三从弟太感石州刺史感子允初礼部郎中宾客允子庆之司仪则之京掾感孙臧晋州刺史知礼五从弟金紫光禄大夫礼部尚书太尉闻喜县开国公裴行俭长子在碑上见出裴贞隐次子金紫光禄大夫行侍中兼吏部尚书弘文馆学士平章事赠太师政正平忠献公裴光庭俭孙参玄泾邓二州刺史义玄京掾悟玄赤丞参玄子稹祠郎中子儆皇任御史中丞明州刺史侄殿中侍御史俭堂侄嘉朗州刺史俭再从弟思谅将佐大匠谅侄休贞大将军裴世矩西眷与知礼同丞秘书监黎黎孙诜诜子劬劬子和和子锺锺子景景子惠让子七世五举秀才二察孝廉再从弟瑾同告河西归河东解县兴子让并有传让子即净沧祖让子弟亦有附传即世矩父世矩即知礼九从祖贞观氏族志第二等 宰辅二人 入省五人 王妃一人金紫光禄大夫侍中安邑公撰西图平陈记入唐书仪修国史隋有传裴世矩子宣机礼部郎三品侄净沧太子舍人□孙子仪驾部郎中嬴州刺史杰死王事赠沂州刺史杰再从侄式微大理司直矩再从侄善昌河州刺史金紫光禄大夫中书令左仆射司空魏国公女为王妃裴寂子法师幽都左金吾将军闻喜公三品律师汴州刺史驸马河东公三品律师子丞光殿中监郇国公三品第丞禄尉河东公三品寂侄孙焕户部郎中焕侄恂赤丞裴世清中眷与知礼同丞奋少子三虎后魏义阳太守即世清五世祖三世孙仲规子伯茂后魏并有传世清即知礼五从叔贞观氏族人志第四等 宰辅一人入省七人 三品二人 世清驾部郎中江州刺史子嘉陵侍御史侄孙思训膳部郎中巴州刺史训子修然沙门有文章修三教训孙周南监察御史召南士南修国子并有词才清再从孙景叔清州刺史世清四从侄方产工部郎中侄□金紫光禄大夫刑部尚书平章事晋国公三品裴谈子□明新定太守原京掾谈侄亨库部郎中陈州刺史恒拾遗旻左金吾将军武艺绝伦晟和州刺史晞尚方监晞再从侄弘献刑部郎中颍州刺史

□子邦基大理正晞三从侄万顷右丞相□□冀州刺史顷再从侄克己京掾克谐都官郎中裴敬彝中眷与知礼世清同丞毌三子敬□丞长子万虎知礼丞中子双虎世□丞□□虎中眷始分为三房万虎有良传即□□□。

（碑阳面文完，阴面文字漫漶不清，无法辨认故未录）

**2. 唐平淮西碑**

在裴柏村裴氏碑馆中，特别引人注目的是“唐平淮西碑”。世传此碑为“三绝碑”，所谓“三绝碑”，即指裴度的历史功绩，唐古文大家韩愈的文章，清代书法家、清廷的体仁阁大学士兼军机大臣祁隽藻的书法，三人都是一代之绝，故名“三绝碑”。全碑由4通巨碑组成，高2.54米，宽0.92米，一律楷书，字大如拳，刻工精湛，气势宏大。碑文主要歌颂唐代名相裴度力挫藩镇割据，平定淮西叛乱的不朽业绩。

裴度平叛的事迹十分动人，但是“三绝碑”立碑的前前后后更是令人惊叹不已。

元和十二年（817年），吴元济叛乱彻底平定，唐宪宗欣喜之余，当即命令古文大家韩愈撰写文章，刻石立碑，永作纪念。韩愈作为平淮西前线的行军司马，亲历其事，对各路军将所作的贡献了如指掌，尤其对裴度的功业非常佩服，倾其全力，写出了《平淮西碑文》这篇名传千古的碑文，并命石工精刻而成。在这篇碑文中，韩愈全面地论述了当时的形势，热情歌颂了裴度及各路将士的功绩，文章是十分中肯的。不料大将军李愬自恃功高，深为不满，通过其妻向宪宗告御状，诉说碑文不实，言下之意即没有很好地突出李愬的功绩。原来，李愬妻是唐安公主、唐宪宗李纯的姑姑，唐宪宗犯了难，只好命人将碑文磨掉，又命大学士段文昌写了一篇碑文（此文见《全唐文》）重新刻石，最后竖于河南汝南的裴晋公庙中。到了百余年后的宋代，一个叫陈珦的人出任河南蔡州知府，当他到裴晋公庙看见段文昌的碑文后，大为不平，他认为，李愬的功绩怎能与裴度相比？段文昌的碑文更不能同韩愈相比。这样的碑文立于晋公庙中，是违背历史真实的，后人是不能苟同的，所以，他毅然下令磨去段文，重新刻上韩愈的碑文。

陈珦磨去段文，重刻韩文，不管当时情况如何，总的来说是符合民意的。因为从平淮西叛乱而言，李愬大雪之夜破蔡州，其功固然不小，但裴度当时以宰相身份兼彰义军节度使，充淮西前线宣慰使，亲赴前线指挥，实际上是淮西战场的总统帅。而李愬不过一路之大将，所起的作用远不能同裴度相比。第一，裴度一到战场首先向皇帝奏请除去历来宦官做监军的积弊，使各路军将有了用兵自主权，所以连连取胜。第二，作为全军总统帅，裴度一到前线亲自慰问士兵，察看战情，各路军兵士气大振，彻底改变了战局。第三，裴度知人善任，举贤荐能，任人唯贤，增强了官军的向心力。第四，当李愬提出夜袭蔡州的作战方案时，许多军将不理解，极力反对，而裴度总领全局，高瞻远瞩，首先支持李愬的方案，并与李愬彻夜商定作战的周密计划，使夜袭蔡州终获成功。总之，在整个平淮西战役中，李愬的功劳不过是一个重要的局部战役的胜利，而裴度的功绩是总领全局的功绩。他们各自贡献大小是不言而喻的，自己再争功也无济于事，后人自有公论。

陈珦重刻的韩愈的“平淮西碑”，随着时代的推移，历经兵火之灾也湮没无闻了。直到几百年后的清代道光三十年(1851年)，山西寿阳人祁隽藻，清廷的体仁阁大学士兼军机大臣、书法大家，平生最敬慕裴度的为人与功业。他从兰州出使回来，道经闻喜，亲自到裴晋公祠拜谒。当裴氏后裔要求他书韩文“平淮西碑”时，欣然答应。于是，在他回京后用正书大楷，工工整整地写下了这四通巨碑，并命石匠精心雕刻，竖于闻喜的晋公祠中。我们现在所见的，就是此碑。

从“平淮西碑”千百年来几

经磨刻、重书重刻这一历史现象不难看出，真正的历史功绩是永远不会被磨灭的。人为的“段碑”终究会被后人磨掉的。唐代诗人李商隐有长篇《读韩碑诗》，为韩文叫绝。另有一首《临江驿》诗曰：“淮西功业冠吾唐，吏部文章日月光。千载断碑人脍炙，不知世有段文昌。”

附：

## 唐平淮西碑

元和十二年彰义军行军司马兼御史中丞韩愈撰文

天以唐克肖其德，圣子神孙，继继承承，于千万年，敬戒不怠，全付所覆，四海九州，罔有内外，悉主悉臣。高祖太宗，既除既治。高宗中睿，休养生息。至于元宗，受报收功，极炽而丰。物众地大，孽芽其间。肃宗代宗，德祖顺考，以勤以容。大慝适去，稂莠不薅，相臣将臣，文恬武嬉，习熟见闻，以为当然。睿圣文武皇帝既受群臣朝，乃考图数贡曰：“呜呼！天既全付予有家，今传次在予。予不能事事，其何以见于郊庙？”群臣震摄，奔走率职。明年平夏，又明年平蜀，又明年平江东，又明年平泽潞，遂定易定，致魏博贝卫澶相，无不从志。皇帝曰：“不可究武，予其少息。”九年，蔡将死，蔡人立其子元济以请。不许，遂烧舞阳，犯叶、襄城，以动东都，放兵四劫。皇帝历问于朝，一二臣外，皆曰：“蔡帅之不庭授，于今五十年，传三姓四将，其树本坚，兵利卒顽，不与他等。因抚而有，顺且无事。”大官臆决唱声，万口和附，并为一谈，牢不可破。皇帝曰：“惟天惟祖宗所以付任予者，庶其在此，予何敢不力？况一二臣同，不为无助。”曰：“光颜！汝为陈许帅，维是河东、魏傅、郃阳三军之在行者，汝皆将之。”曰：“重允！汝故有河阳、怀，今益以汝。维是朔方、义成、陕、益、凤翔、延庆七军之在行者，汝皆将之。”曰：“宏！汝以卒万二千，属而子公武往讨之。”曰：“文通！

汝守寿，维是宣武、淮南、宣歙、浙西四军之行于寿者，汝皆将之。”曰：“道古！汝其观察鄂岳。”曰：“愬！汝帅唐、邓、随，各以其兵进战。”曰：“度！汝长御史，其往视师。”曰：“度！惟汝予同，汝遂相予，以赏罚用命不用命！”曰：“宏！汝其以节都统诸军。”曰：“守谦！汝出入左右，汝惟近臣，其往抚师。”曰：“度！汝其往，衣服饮食予士。无寒无饥，以既厥事。遂生蔡人，赐汝节斧，通天御带，卫卒三百。凡兹廷臣，汝择自从。惟其贤能，无惮大吏。庚申，予其临门送汝。”曰：“御史！予悯士大夫战甚苦，自今以往，非郊庙祠祀，其无用乐。”

颜、允、武合攻其北，大战十六，得栅城县二十三，降人卒四万。道古攻其东南，八战，降万三千。再入申，破其外城。文通战其东，十余遇，降万二千。愬入其西，得贼将，辄释不杀；用其策，战比有功。十二年八月，丞相度至师，都统弘责战益急，颜、允、武合战亦用命。元济尽并其众，洄曲以备。十月壬申，愬用所得贼将，自文城因天大雪，疾驰百二十里，用夜半到蔡，破其门，取元济以献，尽得其属人卒。辛巳，丞相度入蔡，以皇帝命赦其人。淮西平，大飨赉功。师还之日，因以其食赐蔡人。凡蔡卒三万五千，其不乐为兵，愿归为农者十九，悉纵之。斩元济京师。册功，宏加侍中，愬为左仆射，帅山南东道。颜、允皆加司空，公武以散骑常侍帅鄜、坊、丹、延，道古进大夫，文通加散骑常侍，丞相度朝京师，道封晋国公，进阶金紫光禄大夫，以旧官相，而以其副总为工部尚书，领蔡任。既还奏，群臣请纪圣功，被之金石。皇帝以命臣愈，臣愈再拜稽首而献文曰：

唐承天命，遂臣万邦。孰居近土，袭盗以狂。往在玄宗，崇极而圮。河北悍骄，河南附起。四圣不宥，屡兴师征。有不能克，益戍以兵。夫耕不食，妇织不裳。输之以车，为卒赐粮。外多失朝，旷不岳狩。百隶怠官。事忘其旧，帝时继位，顾瞻咨嗟。惟汝文武，孰恤予家。既斩吴蜀，旋取山东。魏将首义，六州降从。

淮蔡不顺，自以为强。提兵叫欢，欲事故常。始命讨之，遂连奸邻。阴遣刺客，来贼相臣。方战未利，内惊京师。群公上言，莫若惠来。帝为不闻，与神为谋，乃相同德，以讫天诛。

乃敕颜、允、愬、武、古、通。咸统于宏，各奏汝功。三方分攻，五万其师。大军北乘，厥数倍之。常兵时曲，军士蠢蠢。既翦陵云，蔡卒大窘。胜之邵陵，郾城来降。自夏入秋，复屯相望。兵顿不励，告功不时。帝哀征夫，命相往釐。士饱而歌，马腾于槽。试之新城，贼遇败逃。尽抽其有，聚以防我。西师跃入，道无留者。额额蔡城，其疆千里。既入而有，莫不顺俟。

帝有恩言，相度来宣：“诛止其魁，释其下人。”蔡之卒夫，投甲呼舞。蔡之妇女，迎门笑语。蔡人告饥，船粟往哺；蔡人告寒，赐以缯布。始时蔡人，禁不往来；今相从戏，里门夜开。始时蔡人，进战退戮，今旰而起，左飧右粥。为之择人，以收余惫。选吏赐牛，

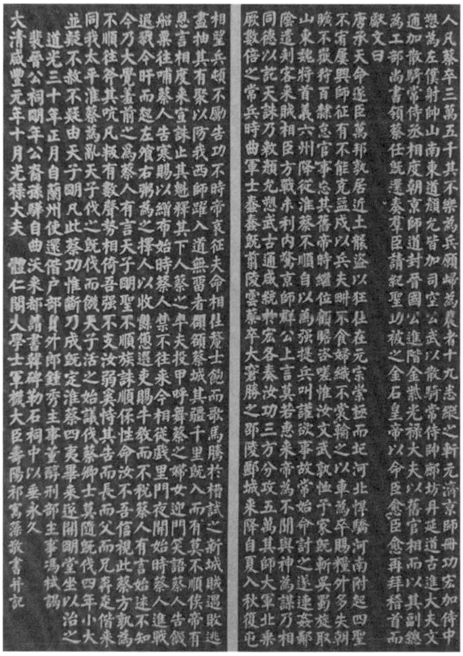

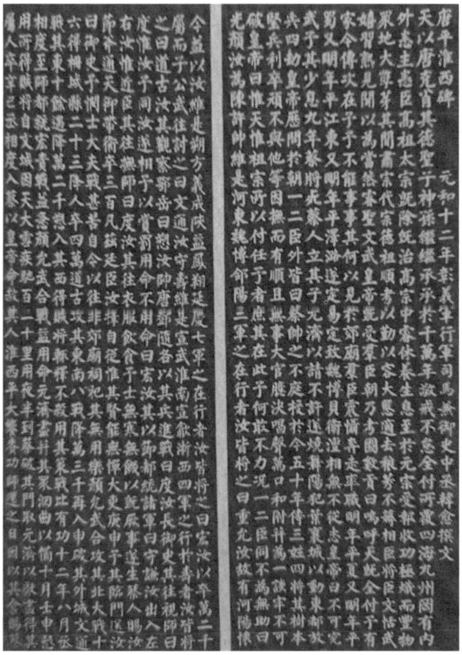

教而不税。蔡人有言：始迷不知。今乃大觉，羞前之为。蔡人有言：天子明圣，不顺族诛，顺保性命。汝不吾信，视此蔡方；孰为不顺，往斧其吭。凡叛有数，声势相倚，吾强不支，汝弱奚恃？其告而长，而父而兄，奔走偕来，同我太平。淮蔡为乱，天子伐之。既伐而饥，天子活之。始议伐蔡，卿士莫随。既伐四年，小大并疑。不赦不疑，由天子明。凡此蔡功，惟断乃成。既定淮蔡，四夷毕来。遂开明堂，坐以治之。

大清咸丰元年十月光禄大夫体仁阁大学士军机大臣寿阳祁寯藻敬书并记

**3. 蜀丞相诸葛武侯祠碑**

在成都武侯祠大门内右侧碑亭中的唐碑，连云纹碑帽，通高3.67米，宽0.95米，厚0.25米，碑名为“蜀丞相诸葛武侯祠碑”。它是具有多种价值的珍贵文物，是成都最古老的碑刻之一，堪称成都武侯祠博物馆的镇馆之宝。此碑被称为“三绝”碑。何为“三绝”？即诸葛亮的事迹，裴度的文章，柳公绰的书法。宋振誉在《金薤琳琅补遗》一书中指出：“人仅知诸葛名垂宇宙，而不审裴中立之文与柳子宽之书，均足鼎峙千秋。”在后世的理解中，裴度的文字瑰丽，柳公绰的书法奇绝，二者浑然一体，将诸葛亮治世功绩予以一碑刻中，足可留千世之美。

元和二年（807年）十月，唐宪宗下诏，武元衡出任西川节度使。武元衡到成都就任后，大力推行德政，安抚边远民众，发展人口数量，提拔使用人才，严格厉行节约，很快使蜀地经济好转，得到各族民众拥护。

元和四年（809年）二月，在社会经济明显好转时，武元衡开始注意兴复文教，亲率僚属27人，前往武侯祠拜谒诸葛亮。“有仪可象，以赫厥灵。虽徽烈不忘，而碑表未立。”当时，诸葛亮的风采，可以从他的神像上看到，他的神灵之气，赫然彰显出来。武元衡认为，诸葛亮的丰功伟绩虽然没有被人们遗忘，然而纪念和颂扬他的碑刻却还未建立，实属武侯祠里的一大缺憾。随即，武元衡安排他的节度使府掌书记裴度撰文，柳公绰书丹，刻石立碑以纪其事。

裴度在碑文的开篇，把诸葛亮的功绩首次归纳为“事君之节，开国之才，立身之道，治人之术”。碑文的最后，裴度用62铭句、250个文字的泣涕之声的四言古诗，尽展诸葛亮的生平及其雄才大略，亮节高风、忠义之心、鞠躬尽瘁、死而后已的人生风格，表达了裴度对这位先人若敬若悲的心声。

裴度对诸葛亮的颂扬，引来了一代伟人毛泽东对裴氏家族的高度赞誉。1958年，在中共中央召开的成都会议期间，毛主席率领与会代表游览武侯祠，观看裴度撰写的诸葛武侯祠堂的碑文时，找到时任山西省委第一书记陶鲁笳，并对他说：“你在山西当父母官，可知道裴度是谁？”没等陶鲁笳回答，他便说：“裴度是唐朝的宰相，是你治下的闻喜人，闻喜县是中国历史上出宰相最多的县，出自闻喜的宰相多是裴氏家族。裴氏家族千年荣显，是历史上最有名的家族。”一代伟人毛泽东对姓氏家族的赞誉是绝无仅有的。这是裴氏家族最大的荣耀。

附：

## 蜀丞相诸葛武侯祠碑

度尝读旧史，详求往哲，或秉事君之节，无开国之才，得立身之道，无治人之术；四者备矣，兼而行之，则蜀丞相诸葛武侯其人也。公本系载在简册，大名盖天地，不复以云。当汉祚衰陵，人心竞逐，取威定霸者，求贤如不及；藏器在身者，择主而后动。公是时也，躬耕南阳，自比管乐，我未从虎，时称卧龙。诗曰：“潜虽伏矣，亦孔之昭。”故州平心与元直神交。洎乎三顾而许以驰驱，一言而定其机势。于是扶翼刘氏，缵承旧服，结吴抗魏，拥蜀称汉。刑政达于荒外，道化行乎域中。谁谓阻深，般为强国；谁谓遂脆，励为劲兵。则知地无常形，人无常性，自我而作，若金在镕。政九州之地，魏有其七，我无其一。由僻陋而启雄图，出封疆以延大敌。财用足而不曰浚我以生，干戈动而不曰残人以逞。其底定南方也，不以力制，而取其心服；震叠诸夏也，不敢角胜负而止候其存亡；法加於人也，虽死徒而无怨；德及於人也，虽奕叶而见思。此所谓精义入神，自诚而明者矣。若其人存其政举，则四海可平，五服可倾。而陈寿之评，未极其能事；崔浩之说，又诘其成功。此皆以变诈之略，论节制之师；以进取之方，语化成之道，不其谬欤？夫委弃荆州，不能遂有三郡，此乃务增德以吞宇宙，不黩武以争寻常。及出斜谷，据武功，分兵屯田，为久驻之计，与敌对垒，待可胜之期。杂乎居人，如适虚邑。彼则丧气，我方养威。若天假之年，则继大汉之祀，成先生之志，不难矣。且权倾一国，声震八纮，而上下无異辞，始终无愧色，苟非运膺五百，道冠生知，曷以臻于此乎！故玄德，知人之明者，倚仗曰“鱼之有水”；仲达，姦人之雄者，嗟称曰“天下奇才”。度每跡其行事，揆其用心，愿奋短札以排群议，而文字蚩鄙，志愿未果。元和二年冬月，圣上以西南奥区，寇乱余烈，罢氓未息，污俗未清，辍我股肱，为之父母。乃诏相国临淮公由秉钧之重，承推毂之寄。戎轩乃降，藩服乃理，昭明帝道，陬落绥怀，溥畅仁风，闾阎滋殖，府中无留事，宇下无弃才，人知晌方，我有余地，则诸葛公在昔之治，与相国当今之政，异代而同辙矣！度谬以庸薄，获参管记，随旌旐而爰止，望祠宇而修谒，有议可象，以赫厥灵，虽徽烈不忘，而碑表未立。古者或拳拳一善，或师表一城，尚流斯文，以示来裔，况如在之叹，终古不绝，其可阙乎？乃刻贞石。庶此都之人，存必拜之感云尔。铭曰：

昔在先主，思启疆宇，扰攘靡依，英雄无辅。爰得武侯，先定蜀土，道德城池，礼义干橹。煦物如春，化人如神。劳而不怨，用之有伦。柔服蛮落，铺敷渭滨，摄迹畏威，杂居怀仁。中原旰食，不测不克，以待可胜，允臻其极。天未悔祸，公命不果，汉祚其亡，将星中坠。反旗鸣鼓，犹走司马，死而可作，当小天下，尚父作周，阿衡佐商。兼齐管晏，总汉萧张，易代而生，易地而理，遭遇丰约，亦皆然矣。呜呼！奇谋奋发，美志夭遏。吁嗟严立，咸受谪罚，闻之痛之，或泣或绝。甘棠勿翦，骈邑斯夺，由是而言，殊途共辙。本于忠恕，孰不感悦；苟非诚悫，徒云固结。古柏森森，遗庙沉沉。不殄禋祀，以迄于今。靡不骏奔，若有照临。蜀国之风，蜀人之心。锦江清波，玉垒峻岑。人海际天，知公德音。

元和四年，岁次己丑，二月二十九日建，镌字人鲁建

# 第三章 形为文化层

形为文化层，表现为裴氏家族在传统社会所形成的文化定势。其表现为与时代意识合拍的政治、经济、军事、外交、科学、艺术、文学、诗歌等实践活动中。

## 一、裴氏文化的形成与发展

裴氏家族源于周秦，显于汉魏，历六朝而盛，至隋唐而盛极。五代以后，余芳犹存。在上下2700年间，豪杰俊迈、名卿贤相摩肩接踵，辉耀前史，茂郁如林。其家族人物之盛，德业文章之隆，在中外历史上堪称绝无仅有。

天下无二裴氏族，
千年荣显赞誉殊。
五九宰相出一村，
文武名流世代逐。
德业并举家风正，
强学为本传耕读。
推诚为先扬正气，
绿野门风入谱书。

一首对裴氏家族的赞美诗，使我们看到了裴氏文化波澜壮阔的历史画卷。

裴氏家族的起点比较高，从被赐姓的陵公起，就是贵族。到了陵公六世的裴鍼时期已经是上大夫。贵族精神有三大特点：第一，有文化教养，抵御物欲主义诱惑，不以享乐为人生目的，培养高尚的道德及高贵的忠孝情操。第二，有社会担当，作为社会精英，严于自律，珍惜荣誉，扶助弱势群体，担当起社会与国家的责任。第三，有自由的灵魂，有独立的意志，在权力与金钱面前敢于说不，而且具有道德的自主性；其高尚达到的境界就是“富贵不能淫，威武不能屈”。

一个家族的家族文化的生成、发展是受多种因素影响和制约的，但归根结底是由该家族所从事的实践活动决定的。

历史的发展进入汉魏、南北朝时代。裴氏家族由贵族世家发展到了官宦世家，裴氏文化也由贵族文化发展到了官宦文化。河东裴氏从秦嬴生发出来，在西汉百年之后，开始崭露头角。汉武帝时期出现了西汉水衡都尉侍中裴盖。东汉时期出现了敦煌太守裴遵、裴岑；东汉中书侍郎裴桀；其子并州刺史裴晔；其孙裴羲、裴茂。

裴茂的四个儿子成了裴氏家族后来发展的奠基者。

裴茂的长子裴潜，魏光禄大夫，吏部尚书、右丞相，赠开国公，是裴氏中眷的始祖。其子裴秀，魏黄门侍郎，晋散骑常侍、侍中济川侯，钜鹿郡公。潜三世孙，秀长子裴濬，晋惠帝时散骑常侍。

潜三世孙、秀次子裴頠，晋国子祭酒、侍中、尚书仆射、钜鹿郡公。潜四世孙裴憬，晋高阳亭侯。潜四世孙裴嵩，晋黄门中书侍郎。潜五世孙裴球，晋钜鹿郡公。潜六世孙裴奣，晋谘议参军、并州别驾、后魏大将军。潜七世孙裴万虎，后魏大将军。潜七世孙裴双虎，后魏河东太守、赠雍州刺史。潜八世孙裴秀业，后魏天水太守，赠平州刺史。潜九世孙裴邃，后魏正平郡守，赠侍中。潜九世孙裴良，北魏考功郎兼尚书左丞、汾州刺史、赠侍中、尚书仆射。潜十世孙裴文举，北周绛州刺史、骠骑大将军、开府仪同三司。潜十世孙裴子恳，良长子，本郡功曹；裴子诞，良次子，齐征虏将军、中散大夫；裴子升，良三子，荆州卫军府外兵曹参军；裴子通，良四子，北齐骠骑大将军、太中大夫；裴子祥，良五子，北齐尚书郎、骠骑大将军、司空；裴子休，良六子，北齐骠骑大将军；裴子阐，良七子，北齐镇西将军；裴辅翼，良八子，开府参军事。

裴茂的次子裴绾，建安中尚书令，中眷始祖。

裴绾

裴辑

裴茂的三子裴辑，汉献帝时金紫光禄大夫、工部尚书，东眷始祖。辑子裴昶，吏部侍郎；辑三世孙裴武，晋大将军、元菟太守、元帝工部尚书、赠兰陵郡公；辑四世孙裴开，晋太常卿、祭酒、汉成帝时冠军大将军；辑五世孙裴范，晋河南太守、并州刺史、升平初赠司徒；辑六世孙裴冲，晋安帝初建威大将军；辑七世孙裴道子，仕晋至宋为征南大将军、并州别驾、梁州刺史、义昌伯开国公；辑八世孙裴德欢，后魏河内太守、中书侍郎、镇国大将军，豫、郑、广、方四州刺史；辑九世孙裴澄，后魏高祖谏议大夫、散骑常侍、汾州刺史、宋顺帝金紫光禄大夫、荆州刺史；辑十世孙裴宽，西魏都督、骠骑大将军。辑第十八世孙裴度。

裴茂的少子裴徽，魏冀州刺史、金紫光禄大夫、兰陵武公，西眷始祖。徽长子裴黎，晋游击将军、秘书监；徽次子康，晋太子左卫士、庶卫；徽三子楷，晋惠帝时散骑常侍、进侍中、中书令、开府仪同三司、司空、临海侯；徽四子绰，晋黄门侍郎、长水校尉。

徽三世孙裴苞，晋秦州刺史、太子少师、清河公；徽三世孙裴盾，晋徐州刺史；徽三世孙裴瓒，晋中书侍郎；徽三世孙裴遐，晋都官郎中、太傅主簿；徽三世孙裴邈，晋太傅、监军、左司马散骑侍郎；徽四世孙裴丕，晋兵部尚书；徽四世孙裴昧，晋金紫光禄大夫；徽五世孙裴嗣，晋西凉武都太守、黄门中书侍郎；徽六世孙裴松之，晋尚书祠部郎，元嘉六年（429年）七月二十四日奉诏撰《三国志注》；徽七世孙裴骃，曹参军、历太守，著《史记集解》；徽八世孙裴昭明，宋明帝大中大学博士、长沙广陵太守；徽九世孙裴子野，梁武帝中书侍郎、赠散骑常侍，著《宋略》二十卷。

河东裴氏自曹魏分为三祖，在正史中有反映。河东裴氏将内部的宗亲称为“眷”，是非常独特的。唐杜牧《邕府巡官裴君（希颜）墓志铭》说：“裴氏于百氏中独标其族曰眷，三分之为东、西、中。”家族内部区分为派别，说明裴氏家族人口增多，社会政治经济地位较高，是家族繁荣发展的一个标志。

在裴氏家族的发展史中，裴茂和裴潜是两个具有奠基意义的人物。建安十九年（214 年），汉献帝被迫封曹操为魏公，左中郎将杨宣、亭侯裴茂持节、印绶之。从这里也可以看出裴茂在当时的政治地位和社会影响力。裴茂在汉献帝政权中，实际上已经接触了曹操集团的高层官僚和曹操本人，从而为其子孙在曹魏、西晋的迅猛发展埋下了重要的伏笔，具有里程碑式的意义。从此以后，开创了河东裴氏在魏晋南北朝一直到唐代达数百年的长盛不衰。

汉末三国，天子失去对国家的控制能力，诸侯之间战争不断。能否准确地判断局势，决定着士人政治去取得失，关乎个人、家族的政治命运，在政治博弈中是一项非常重要的素质。而裴潜在这一方面表现得非常突出，他的去就选择为其家族以后的发展指明了向上一路。裴潜在三国各势力中投奔曹操，在政治上取得了主动，为家族发展打下了根基，也正是这一次投靠指明的方向，使得河东裴氏家族在西晋政治中迅速崭露头角，成为和琅琊王氏并肩的世家大族。

裴潜除了卓越的政治、军事才能外，还对自己要求严格，践行儒家修身的要求，为官清廉，克勤克俭，谨守礼法，恭谨友爱，树立了良好的家风。可以说，裴潜是裴氏家风的开启者，其后才有不断的传承。

汉魏南北朝时期，裴氏家族文化发展具有哪些特点呢？

**第一，强调修身齐家，为后来家族的发展打下坚实的基础。**

北魏名臣裴良，奉公之余着手整理祖上口传遗训，为家族制定《宗制》十卷，尽管没有使用“家训”一词，但实质上就是我国历史上第一部家训。《宗制》的核心内容就是为人处世要有正德、崇德的思想，自强自立、仁爱忠孝的精神与行为。裴良的后人正是注重家族的内修，一个个才成为国家的栋梁，他的八个儿子有五位是将军，裴良家族成为一相五将军的将相之家。

孝悌是中华民族几千年来一直提倡、遵循的美德，是其他一切道德规范的基础，历代统治者都大力倡导和褒奖。裴氏族人严格恪守这种道德规范，因而见重于当时是必然的。孝悌的最高境界是忠君，有子曰："其为人也孝悌，而好犯上者鲜矣，不好犯上而好作乱者，未之有也。"在中国古代，家庭的结构模块与国家治理的结构模块是一致的，家庭维护父权，国家则强调君权；在家庭倡导孝悌，在国家则要求忠君。移孝作忠，是孝悌道德的归结，也是"修齐治平"思想的重要内容。

裴氏家族具有比较浓厚的"修齐治平"思想传统，因此，移孝作忠、忠于王事者甚多。

大量的记载可以说明裴氏家族十分注重道德教育培养，孝友持家，忠义为本，成为族人遵守的门风。这是其历数千百年而兴盛不绝的主要因素之一。

**第二，荫袭官位，使裴氏家族的政治地位得到巩固。**

裴氏家族之所以千百年兴盛不衰，客观上主要取决于其门第，是著名的阀阅世族。

在魏晋时期，出现一个中国历史上独特的政治现象，即门阀政治。其特点是选官首重门第，因此，凡高门士族往往世代高官显爵，在政治、经济等各方面具有极大特权。裴氏家族的兴盛，也正是植根于此。

作为门阀望族，在政治上有特权首先表现在从政机会多，具有世袭的特点，往往其子弟甫一成人即可做官。政府对士族子弟按谱授官，这实际是中国古代贵族世袭政治的一种表现和延续。在北魏世祖到肃宗统治（500—527年）的二十余年间，裴植及弟裴粲、侄裴炯先后以本官兼任扬州大中正，而同一时期裴植兄弟子侄近二十人任尚书令、刺史、郡守等显职。魏晋南北朝时期，裴氏家族仅辟举做官的就达六十五人，荫袭入仕的六十四人，有封爵的一百七十四人。有封爵往往有食邑。裴秀在西晋封钜鹿郡公，邑三千户；裴炯在北魏封高城县侯，邑一千户。占有封邑，使大家族的社会政治地位从经济上得到巩固。正因如此，裴氏家族在政治上盘根错节，门户自固。正是在魏晋这一特定历史阶段，在政权与族权紧密结合的政治土壤中，裴氏家族奠定并巩固了其政治大家族的地位。

**第三，名门望族，三河领袖。**

魏晋南北朝时代，裴氏家族已成为赫赫有名的名门望族，其影响力之大，几乎是人尽皆知。当时能与裴氏家族比肩的只有琅琊王氏，但与裴氏相比，还略逊一筹。西汉昭、宣时期，王吉父子三公，开创了琅琊王氏显贵的先河，至两晋则蔚然成为海内一大望族。一公二相三名士是琅琊王氏在西晋的代表人物。一公指王祥，西晋时官至大司农、太尉、太保、睢陵公。二相指王戎、王衍。王戎是三国至西晋时的名士，“竹林七贤之一”，官至司徒、安丰县侯；王衍是西晋末年重臣，玄学清谈领袖，官至黄门侍郎、尚书令、尚书仆射、司空、司徒。三名士指王戎、王衍、王澄。王澄时任荆州刺史。西晋时期河东裴氏的代表人物是裴秀、裴頠和裴楷。裴秀因立司马炎为世子有功，西晋代魏后，晋武帝拜裴秀为司空、尚书令，封钜鹿郡公。裴秀还被称为“儒林丈人”“后进领袖”，在朝野享有盛名。裴頠善清谈，被称为“言谈之林薮”“西都硕学”，他的《崇有论》在中国哲学史上占有一定的地位。裴楷为吏部司郎，乃钟会的推荐。后任中书令，加光禄大夫、开府仪同三司。袁宏作《名士传》，称其为“中朝名士”。

在裴王二族比肩的情况下，出现了“八裴方八王”的社会认同。首先是《世说新语·品藻》记载：“正始中，人士比论，以八裴方八王；裴徽方王祥，裴楷方王夷甫（衍），裴康方王绥，裴绰方王澄，裴瓒方王敦，裴遐方王导，裴頠方王戎，裴邈方王玄。”正始是曹魏的年号，自公元 240 年至 249 年。到了唐代修《晋书》时，“正始中”变成了“魏晋之世”，这个看法已经不限于正始年间，而是整个魏晋时期了。“八裴八王”中大多数人都长期活跃于魏晋之世。

魏晋南北朝时期，河东裴氏的主要活动区域在十六国北朝。北魏统治者为了笼络中原地主阶级上层，以便得到他们的支持，大力任用门阀世族，并推奖河东裴氏为“三河领袖”，汉代人以河东、河内、河南为三河。三河地区居天下之中，是中华文化的发祥地。“三河领袖”的美誉，无疑是河东裴氏在北朝继续发展的重要标志。

**第四，精忠事国，以功业自强。**

裴氏家族既是政治望族，又是文化望族和精神望族，该家族信奉“修齐治平”的价值理念，把治国、安邦、平天下作为家族及其成员的社会责任和使命担当。他们崇文尚武，精忠报国，或拨弄风云，或征战沙场，凭着自己的智慧、勇气和才能，在为国效力的征途上，踏着功业的坚实阶梯，一步步走向人生的辉煌。

在裴氏家族历史上，出现过许多杰出的政治家、军事家、思想家、文学家、史学家、诗人，活跃在中国历史舞台上，这并不是靠特权所能达到的，关键还在于他们有真才实学。裴秀在西晋革创时制定礼仪制度，居功至伟，官至司空，同时他在地理学上也成就巨大，绘有《禹贡地域图》《地形方丈图》，特别是他提出的分率、准望、道里、高下、方邪、迂直（绘图的比例尺、方位、距离）等原则，在我国地图学上起了开先河的作用。类似的情况在裴氏家族还有很多，如裴秀的儿子裴頠是著名的政治家、思想家，著有《崇有论》；裴松之的《三国志注》是中国史学上的不朽之作；北朝宋文帝以陈寿的《三国志》过于简略，令裴松之作注，经过三年的辛勤耕耘，于元嘉六年（429 年）七月完成了《三国志注》一书，近五十四万字，是原书字数的三倍，大大提高了《三国志》的史学价值，文帝阅览之后称赞道："裴世期（裴松之，字世期）为不朽矣。"史称："松之甚得奉使之议、论者美之。"裴松之的儿子裴骃倾用毕生精力著《史记集解》八十卷，为研究古代史提供了宝贵资料。裴松之的曾孙裴子野也是一位著名的历史学家。梁武帝曾下诏曰："裴子野文史足用，廉白自居，劬劳通事，乡历年所……。"史学家对裴子野的评述是："居官不求富贵，济贫则常为之""家素清贫，时逢水旱，两担米为薄粥，仅得遍焉""家传素业，世习儒史，苑圃经籍，游息文艺，著《宋略》《方国使图》《丧服集注》《百官九品志》"，等等。

忠于职守，敢于担当，励志创新，力争一流，是裴氏人物以功业自强的显著特点。正因如此，裴氏家族在数百年间才能不断涌现出一批又一批叱咤于历史舞台的杰出人物，使家族如一颗璀璨的明星闪耀在中国历史的长空。

到了隋唐，裴氏家族进入了极盛时期。西晋末年，"元嘉之乱"后，河东裴氏失去了南下发展的机会，留在北方继续发展。裴氏成为了宰相世家，裴氏文化也进入了宰相文化，河东裴氏达到了发展的最高峰。

隋朝从建立、巩固到衰亡，都有河东裴氏在其中发挥作用，表明这个家族的社会地位和政治地位达到了一个新的高度。

在隋的统一事业中，河东裴氏发挥了重要作用。据史书记载，在"平陈之役"中，河东裴氏的裴矩、裴仁基和裴蕴都作出了重要的贡献。隋灭陈之战是南北朝末期的统一战争。580 年，北周宣帝去世后，权臣杨坚于隔年废北周静帝自立，建立隋朝，即隋文帝。在安定内部、解决北方突厥的外患以及并吞西梁后，隋开皇八年（588 年）十二月至次年二月，在隋统一战争中，隋文帝杨坚令晋王杨广统率水陆大军五十余万，攻灭江南陈后主陈叔宝，陈亡。并陆续招降三吴、岭南等地区。

隋文帝完成了大一统，成功结束了纷乱近四百年的魏晋南北朝时期。

河东裴氏在隋“平陈之役”中的上乘表现，是他们在隋朝历史上奏响的第一个乐章。此后，他们在隋朝的内政、外交等许多方面都有过积极的作为。裴矩为黄门侍郎、裴蕴为御史大夫，与纳言苏威、左翊卫大将军宇文述、内史侍郎虞世基参掌朝政，时人称为“五贵”。

裴政在隋朝政治制度的建设中参与律令的制定，是值得称道的。开皇元年（581年），隋文帝任命裴政为率更令，加上仪同三司，令他与苏威等人修定律令。他吸收魏晋、齐、梁的刑典，去重取轻，遵循“以重为轻、化死为生”的原则，制定新律。开皇三年（583年），又加以修改完善，这部法典史称《开皇律》。《开皇律》改定的死、流、徒、杖、笞五刑的刑罚制度，标志着封建五刑的确立，使肉刑变为以束缚自由的劳役为中心的刑罚体系。从此我国古代刑罚走上了比较人道的正规之路。因此，《开皇律》在中国法制史上具有非常重要的作用。明代大思想家王夫之高度评价道：“今天的法律，它的体系建立都是隋朝裴政制定的，裴政的功绩很高啊。千余年间，不是没有暴君酷吏，而他们的淫威不能得逞，因为有法制的缘故。”足见《开皇律》其影响之深远。

晋文帝在追忆裴政时说：“由于裴政等人的辅政，我朝才有今日！”

河东裴氏在唐代发展到了顶峰状态。宋欧阳修所撰的《新唐书·宰相世系表》首列河东裴氏。“宰相门第”“宰相世家”，河东裴氏引以为骄傲和自豪的这些光环，主要是在唐代形成的。

在唐朝二百八十九年的历史长河中，裴氏家族先后有三十四人为相，三十二人为将军，实在是世所称奇，难怪有“无裴不成唐”的说法。

裴氏家族与唐朝的关系，还得先从裴寂说起。裴寂出身河东裴氏西眷房，隋末曾任晋阳宫副监，与晋阳宫监李渊交情甚厚。当年，李渊次子李世民打算举兵反隋，但又不敢对父亲李渊明言，让裴寂从中做李渊的工作，裴寂当即应诺。后来，裴寂私下挑选晋阳宫宫女服侍李渊，在酒酣之际对李渊说："二郎暗中招兵买马，欲行大事。我私自让宫女侍奉您，如果事情泄露，一定会被皇帝诛杀。如今天下大乱，盗贼遍布天下。若守小节，难免一死，若举义兵，必能成事，您意下如何？"李渊道："我儿既已定计，就这么办吧。"

617年，李渊起兵太原，裴寂进献宫女五百人，并以粮草九万斛、杂彩五万段、甲胄四十万领，充作军用。不久，李渊开大将军府，任命裴寂为长史，赐爵闻喜县公。十一月，李渊攻取长安，立代王杨侑为帝，自任大丞相。任命裴寂为大丞相府长史，进封魏国公。618年（武德元年），杨侑欲禅位于李渊，李渊推辞不受。裴寂又带众将劝进，李渊仍不同意。裴寂进言道："桀纣皆有后代，但成汤周武却没有辅佐他们。我裴寂的封爵、地位都来自唐国，陛下若不称帝，臣当辞官。"李渊这才同意。五月，李渊受禅称帝，建立唐朝，是为唐高祖。裴寂因功被拜为尚书右仆射，成为宰相，每日还获赐御膳。当时，唐高祖临朝，必请裴寂同坐，散朝之后也把他留在宫中，对他言听计从，只称"裴监"，而不直呼其名。裴寂所享有的待遇，满朝文武无人能及。

武德六年（623年），裴寂升任尚书左仆射。武德九年（626年）唐高祖册封裴寂为司空，赐实封五百户。玄武门之变后，李世民继位，是为唐太宗。裴寂的食邑被加至一千五百户。裴寂去世后，唐太宗李世民追赠他为相州刺史、工部尚书、河东郡公。

裴矩，隋唐时期著名政治家、外交家、战略家、地理学家。一生中曾平定岭南，讨伐突厥，经略西域，随征辽东，总领北蕃，从幸江都，后辗转归唐，以年近八十之高龄，晚年拜相，辅佐唐太宗李世民，深受太宗推崇。以刚直不阿、直言敢谏而闻名于世的一代名相魏徵，在《隋书》中对裴矩大加赞扬："裴矩学涉经史，颇有干局，至于恪勤匪懈，夙夜在公，求诸古人，殆未之有。与闻政事，多历岁年，虽处危乱之中，未亏廉谨之节，美矣。"

翻开唐朝的历史，不难发现，每到重要的发展时期，总会有裴氏家族的重要人物起到重要的作用。

在武则天统治时期，河东裴氏接连出了四位宰相，即裴炎、裴居道、裴行本、裴谈。同时又出现了平定突厥、建立奇功的裴行俭。

唐高宗时，裴炎以黄门侍郎同中书门下三品，成为宰相。次年为侍中，主持政事。这时，武则天加快了篡唐的步伐，裴炎一再进谏，加以反对。武则天反诬裴炎谋反，将其杀害。裴炎是武则天为篡唐而杀害的第一个宰相。直到武则天死后，唐睿宗复位，裴炎一案才得到昭雪，并专门下制曰："文明之际，王室多虞，保义朕躬，实著诚节。"以此来赞扬裴炎在唐王朝多事之际的忠心铁骨。同时赠太尉、益州大都督，谥号"忠"。

裴行俭，六任长安令，又任安西都护。在吏部侍郎任上十余年，多有建树。仪凤四年(679年)，唐高宗命裴行俭赴波斯册立波斯王，沿途必经突厥故地。裴行俭依靠当地少数民族，机智地生擒阿史那匐延都支和李遮匐，圆满地完成了任务，特拜礼部尚书兼检校右卫大将军。调露三年(681年)，又大败单于大都护府突厥阿史德温护和奉职，将二人俘获奏凯。卒赠太尉。

唐玄宗时期开创了唐朝的开元盛世，裴光庭、裴耀卿、裴冕都是开元年间的名相。

裴光庭，裴行俭之子，他先后任兵部侍郎，中书侍郎并同平章事，即宰相。又兼御史大夫、侍中、吏部尚书、加弘文馆学士。奉职勤谨，多有政绩。裴光庭神道碑上有唐玄宗的御书制文，以示褒美。

裴耀卿，唐玄宗开元年间，他先后担任了济州、宣州、冀州三州刺史，积累了丰富的行政经验。这时，由于运河管理不善，加之关中人口大增，漕粮供不应求。唐玄宗起用裴耀卿为相，负责整理漕运。裴耀卿受命后，沿黄河建置河阴、集津、三门三个大粮仓，开通河道，实施“节级转运程”，把江淮租粮由孟津泝河西运至关中长安，三年时间运粮米七百万石，省运费三十万缗。转运使任满后，裴耀卿迁任侍中，拜尚书左丞相，封赵城侯。

裴冕在唐玄宗和唐肃宗两代为官。唐玄宗时，拜冕为御史中丞兼左庶子副之。“安史之乱”之后，叛军攻占东西两京，唐玄宗仓皇出逃，太子李亨留在了关中。裴冕与杜鸿渐、崔漪将太子接到了灵武，并劝他即皇帝位。太子犹豫不决，裴冕五次上劝进书，太子才答应。肃宗即位，进裴冕为中书侍郎、同中书门下平章事，主持军国大政。裴冕支持肃宗在灵武建立抗敌领导中心。经过几年的艰苦努力，终于平定了安史之乱。裴冕去世后，“有诏冕配享肃宗庙”。

唐朝后期，在裴氏家族中有两名家喻户晓的名相，那就是裴度和裴休。

裴度是唐朝后期一位重要的政治家，也是河东裴氏最有代表性的人物。他历仕几朝皇帝，在宪、穆、敬、文四朝任宰相，身系国家之安危，时之轻重者二十余年。同时代的白居易称赞他“中台一品高，勋业过萧曹”。裴度的主要政治活动，表现在三个方面：一是平定藩镇割据；二是反对宦官专权；三是直言相谏，罢除弊政。

皇帝制曰：“……特进守司徒、兼门下侍郎，同中书门下平章事，充集贤阁大学士、上柱国、晋国公，食邑三千户，食实封三百户裴度：禀河岳之英灵，受乾坤之间气。珪璋特达，城府洞开。外茂九功，内苞一德。器为社稷之镇，才实邦国之桢，故能只事累朝，宣融景化。在宪宗时，扫涤区域，尔则有出车珍寇之勋；在穆宗时，混同文轨，尔则有参戎人辅之绩；在敬宗时，阜康兆庶，尔则有和国庇之之勤；迨弼朕躬，总齐方复，尔则有吊伐底宁之力……”

唐宣宗大中六年（852年），裴休以礼部尚书、诸道盐铁转运使，转兵部侍郎、兼御史大夫，领使如故。八月，以本官同平章事，即成为宰相。在担任相职以后，他为疏通漕运、增加政府的财政收入、解决长安的粮包紧缺问题作出了重大贡献。

在裴氏家族的发展史上，联姻成了裴氏家族久盛不衰的助推剂。在唐朝，裴寂开了与皇室联姻的先河。他的儿子裴律师尚高祖之女临海公主成为驸马，女适高祖之子赵王为王妃。唐中宗的孝敬皇后为裴家之女，唐玄宗的女儿中，有十二人嫁入了裴家。裴氏历史上出过皇后三人、太子妃四人、王妃两人，裴氏子弟尚公主及宗室女二十人。说明裴氏家族的社会地位崇高，有与皇室联姻的资格。通过联姻，皇室可以依靠裴氏这样的大家族安定一方、联络士大夫，稳定政权；而大家族可以巩固自己的政治地位，扩大政治势力。可见这种姻娅关系是皇室与大家族双方在政治上的互补与利用，是政治联姻。在皇权专制的家天下时代，能够得到皇室的奥援，是裴氏等大家族在社会历史舞台上久盛不衰的一个重要因素。

裴氏家族因其门第高贵，社会地位显赫，所结交者除皇室以外，还多为当世名士权贵，姻亲也多是有政治势力的显赫世家。这种社会范围，为家族势力的发展提供了便利条件。如裴度的妻子韩琼英，有个弟弟叫韩愈；裴冕有个孙女婿，叫杜牧；裴迪有个妹妹嫁给了王维；裴氏有个外甥名为王勃；元稹的原配夫人过世后，继任妻子名叫裴柔之；柳宗元有个姐姐，也嫁给了裴氏……这种社交状况使裴氏家族在国家政权结构中具有多层次政治利益网络的特点，即使出现王朝更替，新王朝也不能不正视大家族的政治势力，与之周旋。如此，裴氏家族的政治根基更加稳固。

裴氏家族的崛起、兴盛、式微与自汉迄唐整个门阀阶层的发展过程相一致，蕴含着历史发展的内在必然性，有兴盛就有衰亡，裴休之后裴坦为相，已是农民起义前夜，面临衰朽的唐朝，不能有所作为。

在唐朝走向衰亡的过程中，河东裴氏还有几位宰相陪伴唐朝走到历史的尽头。他们是裴澈、裴贽和裴枢。

裴澈是裴休的侄子，唐僖宗广明元年（880 年），裴澈由翰林学士、户部侍郎为工部侍郎，同中书门下平章事，拜为宰相。这时，黄巢起义大军已攻破潼关，不久进入长安。加之宦官为祸，皇帝播迁，裴澈很快被杀。

裴贽、裴枢二人于唐昭宗光化三年（900 年）同时拜相。这时，黄巢起义的叛将朱温投降唐朝，并掌握了唐朝的大权，朱温篡唐受到裴贽、裴枢等一干唐朝老臣的阻碍。于是朱温制造了“白马之祸”，于天佑二年（905 年）将裴贽、裴枢等 30 多位大臣杀于百马驿，继而统统抛尸黄河。内中还有裴姓官员五六人。随着裴氏家族宰相在唐朝的消失，唐王朝也走到了生命的尽头，还真是应了那句话：“无裴不成唐。”

裴氏家族的宰相时代结束了，但宰相留下来的精神遗产依然鼓舞着后人。宰相作为一人之下、万人之上的高官，负有总理国政、调鼎辅君、治平天下的重大使命。裴氏家族的宰相文化，也是裴氏文化独特性的一个重要方面。在一个家族内，在那么漫长的历史阶段，出现了那么多的宰相，在中外历史上都是绝无仅有的。裴氏家族的宰相经历，蕴含着丰富的政治智慧和文明结晶，需要我们深入研究和开发。

通过研究裴氏家族这些宰相的事迹、言论以及历代皇帝对他们的赞许，可以将他们治国平天下的理念经验归纳如下：

除暴治乱，实现安邦定国；建言献策，日益心系国民；除奸忠君，彰显凛然正气；削平藩镇，实现大业一统；治国方略，崇尚儒家经典；立法制法，提倡法治天下；制定国策，强调以民为本；预立储君，进以稳定政局；为官之道，以坚持廉政；强学之本，以知识渊博；诚信质实，为行政之先；合理公平，为执法原则；个人修养，为做官之基；慎言果行，为基本作风；克己奉公，以弘扬大义。

裴氏诸宰相在治国理政上的所作所为，对今天的施政也有许多方面的启示，可以为我们深入挖掘优秀传统文化、开展党内政治文化建设提供参考。

裴氏文化，是裴氏家族延续发展的思想基础和内在动力，是在家族历史上起主导作用的基本精神。

家族文化是一个家族历史实践的产物，不同家族从事不同的历史实践活动，决定了必然生成不同的家族文化。我们国家多姓氏的存在，决定了家族文化的差异性、独立性和多样性的存在。同样，从此角度说，中华文明也可以理解为是中华多姓氏“多元一体”的民族文化；是维系中华民族生存、支撑中华民族永续发展的文化，是中华民族的一种精神存在。

那么，裴氏家族千年荣显背后的“文化密码”是什么呢？明末清初思想家顾炎武给出的答案是：联姻、世袭、自强不息。

从唯物主义的观点来看，顾炎武的结论是正确的。“联姻、世袭”讲的是社会存在，社会存在决定社会意识。“自强不息”讲的是裴氏家族的基因，是内因。内因是依据，内因在一定的条件下起决定作用。因此，我们研究裴氏文化，不仅要研究裴氏的文化形态，也要研究裴氏文化形成的历史过程。

唐代之后，裴氏家族作为门阀世族的历史已经结束了，但裴氏家族自强不息的精神依然存在。凭借这种精神，在新的历史环境下，又开启了裴氏文化的新篇章。

进入宋、金时代以后，裴氏家族已经没有唐朝及以前那样优越的外部环境了。然而，裴氏家族不但可以在顺境中创造辉煌，而且可以在逆境中负重前进。据陕西师范大学李裕民教授提供的材料显示，在宋金300年的时间里，裴氏家族依然产生进士36—45人，超过唐朝近300年间出现的进士18人。一批中高级官员仍然活跃在社会的各个层面。

## 二、裴氏文化对中华文明的开创性贡献

### 1. 地图之父裴秀

真正对地图学体系作出突出贡献的，世界上公认的有两位，一位是古代希腊的托勒密，另一位就是中国晋代的裴秀，这两位可以称为东西方地图学的巨星。

裴秀最主要的成就是提出了绘制地图的“制图六体”，这是中国人第一次明确提出地图的绘制理论。而且这种理论方法十分科学，涵盖了我们今天在地理学习上所用到的比例尺（分率）、方位（准望）、地势起伏（高下）、距离（道里）、倾斜角度（方邪）、河流道路曲直（迂直）等绘图的影响因素，六体相互制约，对后世的绘图学影响十分深远。英国的李约瑟在《中国科学技术史》

中称裴秀为“中国古代地图学之父”“科学绘制地图的创始人”。裴秀也被称为“中国科学制图之父”。

裴秀将他的理论整理成《禹贡地域图》，还完成了《地形方丈图》，在这些地图中，不仅有古今地名的对比，还有山川、河流、城镇等地标的标明，而裴秀还掌握了地图缩放技术，用他的制图法将现实的地理结构按照比例缩放在图纸上，不过可惜的是，

这两部著作如今都失传了。

作为一位1700多年前的古人，裴秀以他卓越的聪明才智给我们留下了宝贵的财富，当时他所提出的这些制图方法，在现今地理研究的时候还能看到。

**2. 我国最早的唯物主义哲学论著《崇有论》作者裴頠**

《崇有论》是裴秀次子，西晋宰相裴頠的论著。裴頠是我国最早的朴素唯物主义思想家。

魏晋时期,玄学盛行,以何晏、王弼为首的玄学派大谈“天下万物皆以无为本”的论点。魏晋士人不务实事,浮散懒惰、清淡成风。对这种世风日下的局面，裴頠深恶痛绝,不为时流所惑,独树一帜,写出了中国历史上最早的朴素唯物主义哲学论著《崇有论》。

首先，裴頠认为，总结万有的“道”，不是虚无，而有“有”的全体，离开万有就没有独立自存的道，道和万有的关系是全体和部分的关系。他的观点有力地批驳了“贵无”派认为万物背后有“道”，万有背后有“无”的唯心主义观点。

其次，他主张，世界万物是互相联系、互相依赖的，并不需要有一个虚无的“道”来支持，万有并不以“无”作为自己存在的条件。裴頠深刻阐述了宇宙间万事万物的客观性、外部条件的客观性、事物法则的客观性以及人们必须按照客观规律办事等基本原理。

再次，万有最初的产生都是自本自生，万有既然是自生的，则其本体就是它自身，“无”不能成为“有”的本体。在裴頠看来，万物的本体就是事物自身的存在，万物皆因“有”而生成,不能从“无”而派生。同时，他又认为，“无”是“有”的丧失和转化。

最后，他认为，“无”不能对事物的存在和发展起积极作用，只有“有”才对事物的发展变化起积极的影响。

裴頠早在1700年前就提出了这种朴素的唯物主义思想，他不仅为中国的唯物主义哲学研究作出了重大贡献,在全世界范围内,也是唯物主义哲学的伟大开拓者。

**3. 开创了我国史学考证及评议先河的“史学三裴”**

《三国志注》的作者裴松之与其子《史记集解》的作者裴骃，曾孙《宋略》的作者裴子野合称“史学三裴”或“一门三史”。

元嘉六年（429年），宋文帝以陈寿所著《三国志》记事过简，命裴松之为之作补注。裴松之以补缺、备异、惩妄、论辩等为宗旨，呕心沥血，历时三年，博采群书二百余种，保存大量史料，注文较正文多出三倍的文字。宋文帝看后赞叹道：“裴世期将此为不朽矣。”清朝大学者纪昀在《四库全书总目提要》评论其作注方法为六点：“辨是非、核讹异、详委曲、补阙佚、详生平、附同类。”今人则总结为三条：一为开创了博采群书，补阙备异的新体例；二为开创了史学考证的先河；三为开史学评议之端。

裴骃为司马迁的《史记》作注，完成《史记集解》八十卷，为现存最早的《史记》注本。唐代史学家刘知几称他“开导后学，发明先义，古今传授，是曰儒宗。”肯定了裴骃在史注上的宗师地位。

裴子野三十岁左右就将沈约写的《宋史》删撰为编年体的《宋略》，共二十卷。此书一出，立即博得朝野上下一致赞赏，连和裴子野打过笔墨官司的沈约本人，见后也自叹不如。《宋略》二十卷是南朝宋史专著，唐代史学家刘知几极赞赏之：“世上说《宋史》时，以裴子野的《宋略》为上，沈约的《宋史》次之。”裴子野被梁武帝赏誉为：“文史足用，廉白自居。”

4.“语林先河”裴启

裴启，字荣期，东晋河东人。少有才识，好论古今人物，撰汉魏西晋士族逸事言论为《语林》，生动传神地表现了当时崇尚“清谈”与“放浪”的所谓名士风流，展示了广阔的社会生活画卷。如嵇康灯下弹琴，忽有一鬼在面前晃动，由小变大。他毫无惧色，索性吹熄灯烛，轻蔑地对鬼说：“耻与魑魅争光！”小鬼对他无计可施，只好遁逃。

裴启所著《语林》是一部汉魏以来迄于两晋的知名人物精彩应对的记录。魏晋时期，品评人物之风是其源源不竭的资料宝库。该书真实地反映了魏晋之际的时代特点和社会风貌，生动具体，意味隽永。在裴启笔下，人物惟妙惟肖，鲜活毕现，很好地把握住了那个时代的精神实质。同时，《语林》也紧贴现实，记录了一些重大历史事件。《语林》具有很高的史料价值，知识性、可读性很强。由于《语林》的别开生面，遂令世人耳目一新，时流年少，无不传写，形成了风靡一时的“裴氏学”。可惜原书已佚，鲁迅先生曾不辞辛苦，将散见于各类书中的《语林》文字搜集整理成《裴子语林》一书。

《语林》已具志人小说雏形，对后世影响颇大。随后才有了郭澄之的《郭子》、刘义庆的《世说新语》、梁代沈约的《俗说》、殷芸的《小说》等。比《语林》晚170年的《世说新语》则多取材于此。《语林》在取材与写法上，开创了后世笔记小说的创作先河。

**5. 中国封建法制体系的创建者裴政**

裴政，字德表。裴氏家族第三十八世，祖裴邃，梁侍中，左卫将军，豫州大都督。父裴之礼，南梁信武将军，北徐州刺史。

政幼明敏，博闻强记，达于时政，为当时所称。隋文帝开皇元年（581年）转率更令，加位上仪同三司，诏与苏威等修定律令。他吸收魏、晋、齐、梁的刑典，去重取轻，遵循“以重为轻、化死为生”的原则，制成新律。开皇三年，又加以修改完善，这部法典史称《开皇律》。《开皇律》废除了前世的枭首、鞭笞等酷刑，把刑讯时惯用的大棒、毒仗、车辐压踝等革除，并规定民有冤屈，县里不受理时，可依次上诉到郡、州，如仍不受理，可直接向刑部申诉。《开皇律》改定的死、流、徒、仗、笞五刑的刑罚制度，标志着封建五刑的确立，使肉刑变为以束缚自由的劳役为中心的刑罚体系。从此我国古代刑罚走上了比较人道的正规之路。因此,《开皇律》在中国法制史上具有开创性的奠基作用。明代大思想家王夫之高度评价道:“今天的法律,它的体系建立都是隋朝裴政制定的,裴政的功绩很高啊。千余年间,不是没有暴君酷吏,而他们的淫威不能得逞,因为有法制的缘故。”足见《开皇律》影响之深远。

**6. 国画鉴赏之祖裴孝源**

裴孝源活动在南北朝末期至唐代初期,历仕后魏昌平太守、唐吏部尚书、尚书令、中书令、吏部员外郎等职,是我国的美术鉴赏鼻祖。

裴孝源对绘画有着独特的认识和精辟的见解,他认为绘画在我国有着悠久的历史,历代名家辈出,题材多样,风格独特,而且历代珍重。他在《贞观公私画史》中阐述了绘画的历史、题材、流派、风格等重大问题,并高度评价了绘画的教育功能,还反映了至隋唐时代绘画的盛况。《贞观公私画史》为我们了解、探究、评价古代绘画发展史、绘画种类、绘画流派作品的实绩,以及绘画题材与品位提供了丰富的资料。因此,该书被誉为“美术鉴赏祖书”。裴孝源也因其在该书中的精妙论述,被誉为我国的“国画鉴赏之祖”。

**7. 绘制我国“古代丝绸之路”地图的奠基人裴矩**

裴矩是隋唐之际著名的政治家、外交家。

隋朝前期,西域诸国官民经常到张掖与隋朝互市,隋炀帝即位后,就命裴矩监掌其事,正式着手开展“通西域”的工作。

裴矩到任后,通过与各国商人接触,获得了有关西域各国的政治、经济、文化、交通、山川河流、风俗习惯等大量资料,编

撰成《西域图记》三卷。书中不但用大量文字介绍了西域 44 国的国情，还绘制了许多地图，标出了从敦煌到达地中海的三条大道，并详细叙述了三条大道的路线，其中中道和南道，即为历史上有名的“丝绸之路”。《西域图记》是第一部专门记录中西陆上丝绸交通的文献。在宋朝人的著述中还有引用，成为后人研究丝绸之路的唯一地图。裴矩由此不仅成为有名的“西域通”，而且还成了绘制“古代丝绸之路”地图的奠基人、开拓者。裴矩开拓西域、促进各民族之间交往的历史功绩是不可磨灭的！

裴矩与欧阳询合编的《艺文类聚》是我国现存最早的类书，全书百卷，征引唐以前失传古书 1431 种，保存了大量文史资料，这在我国编辑史上也是创新。

### 8. 中日邦交的开拓者裴世清

裴世清，裴氏家族第三十九世，隋炀帝时为文林郎、鸿胪卿掌客。入唐为驾部郎中、江州刺史。他是我国历史上第一个代表官方出访日本的外交使臣，为发展中日友好关系作出了开拓性的贡献。

中日两国隔海相望，一衣带水，友好情谊源远流长。隋朝的统一，结束了南北朝长期纷争的局面，为中日友好关系的发展提供了有利的条件。隋大业三年(607年)，日本圣德太子派遣大礼小野妹子访隋，次年3月到达长安。隋炀帝派遣裴世清率领代表团一行十三人回访，小野妹子伴同回国。同年4月，裴世清到了日本筑紫。6月15日到达难波。8月3日，在日本皇室的隆重欢迎下进京(今奈良)。倭王派小德阿辈台，带领数百人设仪仗，鼓角相迎。后10日，又派大礼哥多毗，带领二百余骑效劳。8月12日，裴世清晋见倭王，献上方物及国书。这天，圣德太子和诸王、诸大臣都头戴金髻华，身着锦紫绣织及五色绫罗参加会见仪式，足见日方的重视程度。倭王谦虚地对裴世清说："我听说大隋在我国之西，乃礼仪文明之邦。我则区区岛国，偏居海隅，不识礼仪，孤陋寡闻，以至久不相见。今贵客远来，特意清扫道路，装饰会馆，以待大使，希望听到来自泱泱大国的文明教化。"裴世清则以大国口吻回答说："皇帝德并二仪，泽流四海，以王慕化，故遣行人来此宣谕。"隋朝国书的内容，表达了隋朝对日本友好的诚意，赞扬了倭国政通人和的局面，肯定了倭国为发展中日友好作出的努力。

裴世清在倭国京城逗留了一个月，圆满地完成了光荣的使命，即向倭王辞行。倭王为他设宴饯行。9月11日，裴世清等从难波出发，启程回国。倭王再次派遣小野妹子为大使，并带领留学生和学问僧各四人与隋使同往。小野妹子于次年9月才回到日本。

裴世清访日，直接推动了隋代中日关系的发展。这次访问，总共在日停留了三个月时间，加深了对邻邦的了解，增进了友谊，形成了中日关系发展的高潮。作为一代外交大使，裴世清的名字将永远铭刻在中日友好关系的史册上。

**9. 中国地质界、古人类学界和考古学界的一代宗师裴文忠**

裴文忠，字明华，河北省唐山市丰南县人。生于1904年1月

19日，卒于1982年9月18日。史前考古学家、古生物学家、中国科学院学部委员（中国科学院院士）、中国科学院古脊椎动物与古人类研究所研究员。

裴文忠是第一个北京猿人头盖骨的发现者，是中国旧石器考古学和第四纪地质及哺乳动物研究的奠基人之一。他开创和推动了我国旧石器时代考古学和第四纪哺乳动物学的研究，为中国旧石器时代考古学的发展作出了重大贡献，是地质界、古人类学界和考古学界的一代宗师，也是卓有成就的文学家、科普作家和教育家。

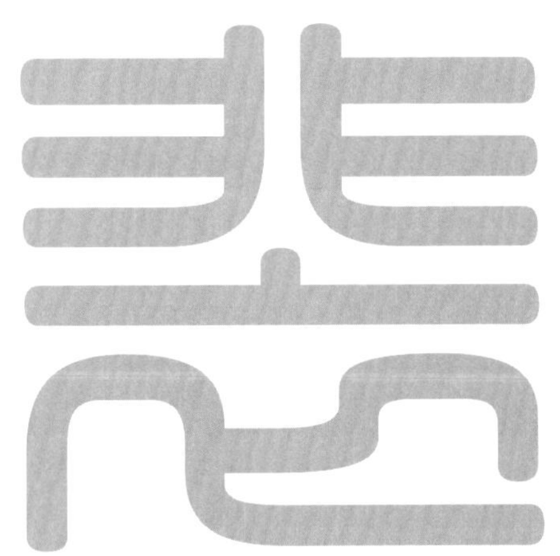

# 第四章 心态文化层

心态文化层，是裴氏家族在社会实践和意识活动中，长期演化出来的价值观念、审美情趣、思维方式、道德情操、家族性格等主体因素构成。这一层面决定着物质文化层和形为文化层的具体表现。

## 一、裴氏谱牒

家谱，又称宗谱、族谱，是族人血缘关系的记录，是以特殊形式记载的关于家庭起源、家族形成、民族融合及其繁衍生存、迁徙分布、发展兴衰的重要史籍。家谱是中国特有的文化遗产，与国史、方志并列为中华民族三大文献之一，是珍贵的人文资料，对深入研究历史学、民俗学、人口学、社会学和经济学、政治学，均有不可替代的独特功能。

裴氏后裔们为了铭记先祖的光辉业绩，在每个时期都有编撰谱牒的传统。据《隋书·经籍志》记载，裴松之撰有《裴氏家传》四卷。裴子野撰有《续裴氏家传》二卷。《唐书·艺文志》也载有唐户部尚书裴守真编有《裴氏家牒》二十卷。

金大定十一年（1171年）《裴氏家谱碑》，是迄今所知现存最早的裴氏家谱。明代的裴氏家谱主要有成化年间《裴氏家谱》，弘治十六年（1503年）的《津州裴氏家谱》。

清朝康熙五年（1666年），福建布政司左布政使翟凤翥“以欧阳公《唐书·宰相世系表》参以家谱，稽诸史传，考诸郡邑志，旁及群书，使三眷十二族井然如水之源流，森然如木之枝干”，并“附以列传诗文”，纂修成《裴氏世谱》四卷，由监察御史朱裴校订。

裴徕度、裴宗锡、裴正文祖孙三代所修《裴氏世谱》于清嘉庆十年（1805年）问世。

在清《裴氏世谱》之后，又一些谱牒相继问世。

清道光二十五年（1845年），裴际昌撰《河北永年临洺关裴氏宗谱》。

清咸丰七年（1857年），《裴氏世系源流考碑》，作者署名“唐将仕郎试秘书省校书郎知闻喜县令裴滔”。

当今裴氏后裔们也收集、整理、编撰、修撰各地裴氏发展的谱牒，并对其研究成果进行汇总，著书立说。例如：

裴学瑜教授主修了江苏阜宁的《裴氏族谱》；

浙江天台的裴敬华主修了天台《裴氏宗谱》；

江西九江的裴新生主编了《中华裴氏宗谱》；

福建安溪的裴受禄、裴有发二人主修了安溪的《裴氏世谱》；

河南固始的裴熙民主修固始的《裴氏宗谱》；

裴耀光主修了河南豫西十三县市《裴氏世谱》；

湖北汉川裴寿山主修了汉川的《裴氏宗谱》；

山东东营裴泽民主修了东营的《裴氏世谱》；

湖北监利裴来勤主修了监利的《裴氏族谱》；

山西乡宁的裴有荣、裴保富编纂了《余凹裴氏家谱》；

江西贵溪的裴中澄主修了贵溪古港的《裴氏宗谱》；

台湾台北的裴尚苑主修了《裴氏家谱》；

裴克隆主修了山西洪洞迁居虹桥的《裴氏世谱》；

河南新密市的裴允功、裴立恒主修了《裴氏族谱》，等等。

在诸多的裴氏宗谱中，内容最丰富、影响最大的有：

清裴徫度、裴宗锡、裴正文祖孙三代修撰的《裴氏世谱》和当今裴新生主编的《中华裴氏宗谱》。

清《裴氏世谱》，是后世修谱的蓝本，由裴徫度、裴宗锡、裴正文祖孙三代，从康熙、雍正、乾隆到嘉庆，从开始到完工历经87年，在这漫长的岁月中，他们呕心沥血，立志修谱，父死子继，子死孙承，为裴氏家族留下了不朽的精神财富，他们的业绩将与世长存。《裴氏世谱》内容十分丰富。全书共47万字，分12卷，篇幅浩瀚，琳琅满目，洋洋大观。第一卷为“源流考”，概述了裴氏家族的起源，姓氏来历、三眷分支和历代封爵情况，勾画出裴氏家族发展史上大的线条框架及来龙去脉。第二卷为“制命”，载列了历代皇帝给裴氏60余显要之人颁布的近120道诏书文诰。第三、四卷为“列传”，重点记载了一百二十六位裴氏名人的生平事迹与主要历史业绩。第五卷为“列女卷”，概要记述了十四位女才人的动人事迹。第六卷为“奏议”，是裴氏名臣上呈历代皇帝的50余道表奏章。第七卷为“杂文”，是裴氏自己撰写的各种文体的文章。第八卷为“诗赋”，是历代30多位裴氏名人的诗词歌赋作品。第九卷为“表启”，是唐代名家李商隐、柳宗元、刘禹锡、王勃、韩愈等写的裴氏卿相名宦的书表文章。第十卷为“碑志”，是历代名人名家给裴氏名人撰写的近50篇碑文、墓志、记序等。第十一卷为“赠答诗”，辑录了李白、杜甫、白居易、王勃、韩愈等历代80多位诗文大家写给裴氏名宦的近200首赠答唱和诗篇。第十二卷为“事录”，分条记载了7篇序言和7篇跋与识。综观《裴氏世谱》全部内容，可以说，它虽名曰家族谱牒，实际上已远远超出了谱的范围。它的大部分内容都同社会历史问题相联系，是当时社会政治、经济、科学、文化兴衰更替的真实记录。因此，《裴氏世谱》不仅是一部珍贵的裴氏族谱史料，而且更是一部独具特色的中华文化宝库。

《中华裴氏宗谱》是裴新生与裴建民等人在全国广大裴氏宗亲的大力支持下，经过13年不懈的努力，克服了重重困难而完成的一部巨作。

13年来，统修裴氏宗谱所花费的200多万元，主要是裴新生个人掏腰包自筹，也包括部分宗亲的捐助。他走遍了全国25个省市、100多个县区、数百个裴氏村寨，以及北京、上海等地各大图书馆，往返行程20万千米，进行调查研究和资料收集。裴新生视力不好，患有严重的眼底板出血，黄斑变性眼疾，平时必须用高倍的放大镜才能看清资料，同时还患有严重的睡眠呼吸暂停综合征，睡觉时必须配带呼吸器。他走到哪里，就把呼吸器带到哪里。13年来，裴新生就是凭着这种对裴氏文化的执着追求和拼命精神，感动了许多专家、学者和广大宗亲，齐心协力将统修中华裴氏宗谱的伟大工程进行下去。《中华裴氏宗谱》在清《裴氏世谱》的基础上，将裴氏渊源始祖及繁衍各地的500多支世系、数千位裴氏人士，2700年传承下来的历史文化，进行了很好的梳理，最终编成了5大册、5000多页、800多万字的《中华裴氏宗谱》，并于2017年由中国文史出版社公开出版发行。

《中华裴氏宗谱》是千百年来裴氏家族集体智慧的结晶，它记录着裴氏家族的千年荣显，流淌着裴氏家族的血脉基因，传承着裴氏家族生生不息的精神之魂，凝聚着裴氏家族的价值观、道德观、人才观，是裴氏家族的文化瑰宝，也是中华姓氏家园文化的一大奇迹。

山西省闻喜县裴氏研究会会长何沁学先生写了一副楹联，对《中华裴氏宗谱》给予了高度评价：

两千年史脉连根，谱系九州，问天下谁能扛鼎，因忠因孝，因德因才，因俭因勤，因文因武，因耕因读，因正因廉，长宜辈出精英，建功立业，家国情怀荣大道；

十三载宗风励志，序延一族，

仰此间君尽沁珠，或暑或冬，或南或北，或甜或苦，或探或求，或著或修，或昭或示，自可卷铭简牍，裕后光前，辉煌裴氏振中华。

上下联恰各59字，其一代表裴氏家族五十九位宰相、五十九位大将军2000余年间并肩而立而行，其二反映了作者不畏艰辛、自垫费用，历数年，成宏构的修谱雄心和双肩荷使命、大义著春秋的鼎鼎气象。

## 二、裴氏家训综述

裴氏家训是十分独特的，因为“训”与“戒”是相互依存的，它既要求族人“必须怎么做”，又要求族人“不能怎么做”。它是随着历史进程逐渐形成、不断被丰富和完善的；它不是一个人或一个家庭的家训，而是一个家族的家训。比如，《颜氏家训》是颜之推一人之作；《朱子家训》一为朱柏庐治家格言，一为朱熹之作。裴氏家训则不同，它是整个裴氏家族集体智慧的结晶。

北朝名臣裴良奉公之余，着手整理祖上口碑相传遗训，动笔写了《宗制》10卷。这是最早的裴氏家训，比颜之推的《颜氏家训》还要早。隋唐时期，河东裴氏发展到鼎盛阶段，其家规、家训的打造和修练也日臻完善。在唐朝的《正议大夫行太子左谕裴公（咸）墓志》中，就出现了“推诚为应物之光，强学为立身之本”，后来又加进了“节俭为持家之基，清廉为从政之道”。这是裴氏家族的千年古训，由此生发出枝繁叶茂的裴氏家训。明万历二十四年，裴濂修订《河东裴氏族戒》9条。历经漫长的历史沿革和传承实践，《裴氏家训》散布在全国各地，已经在山西、河南、河北、山东、江西、浙江、江苏、内蒙古、海南、台湾、安徽、福建、贵州、云南、湖北、湖南等省发现90余种，其数量之多，流传之广，内容之系统，意蕴之丰厚，在全国诸姓氏中堪为少见。

《裴氏家训》凝结着裴氏族人传统的家庭观、道德观、价值观，体现着积久形成的人才观、教育思想和成才途径，还昭示了正确的治家之道、处世之方、报国方式。例如：《裴氏家训》中父严子正、母慈子孝、耕读传家、勤俭持家、倡廉戒奢、早教持恒、志存高远、历难弥坚、尚清守正、忠言直论、风正人端、齐家从和、淡泊明志、宁静致远、砥砺名节、崇尚正气、义不受辱、完善人格、不畏权贵、知足常乐、无求品高、安贫乐道、尊师重道、为学日益、反躬自省、节欲制怒、处人以礼、推诚守拙、戒骄戒躁、绝不妄议、秉公持正、杜毒戒赌、勿染黑帮、遵纪守法、亲亲睦邻等，至今仍是我们应该倡导和奉行的。

在诸多《裴氏家训》中，有的内容相同或相近，有的自具特色，但大部分都传承了中华优秀传统文化。为了便于学习，现选择其部分内容，归纳出以下若干条目：

## 敬祖先

建祠宇。古云：“宗祠不建，不营私室。”盖以祠宇为祖宗神主之所栖，祖宗安，而子孙亦安耳。若不为之修建，以致风雨侵露，灵爽无依，不孝莫大于此。所以人之孝子，无则建之，有则修之。

守坟茔。坟茔者，先人魂魄之所归，骸骨之所藏。务宜培植树木，以阴护之；时加修筑，以隆固之。若斩伐树木，坟茔必致倒塌，风水必然损伤，先人神魂，不能安静，子孙家道，岂能兴旺乎？凡我族人，俱宜巡守。勿得侵窃。

谨祭祀。夫生养死葬者，报本也；春祀秋尝者，追远也。凡有家庙之族，必于庙中，表图礼于月旦，以序彝伦；荐时享于春秋，以隆祭典。斯称大礼，方为望族。即无祠宇之宗，亦当绘祖容像，每逢四时八节，就于家庭张挂宗图，精洁祭礼序派。须春社寒食之际，祭其丘冢，修筑坟墓，扫其枯叶，飘其绕灰，裔沐虔诚，感格阴灵。诗曰：“永言孝思，孝思维则。”此之谓也。

崇祀典。祖宗功德，如天高地厚，无所用其补报于万一之中，而可以少伸其志者，唯岁时节序荐明德，以达馨香耳。事死如事生，事亡如事存，为子孙者，自当究省。若诚敬未将，止以拜献虚文，遂云了事，其如“对越”之意何？吾恐在左在右者，难云来格来享也，若不预行警饬，无以崇尊祖敬宗之典。

修谱系。祖宗德业之盛，子孙生聚之蕃，何以垂百世而不泯灭，就是靠谱书的存在，祖宗之事迹可述，历史文献可证，支派之分支别派可稽考。但传代以远，老成凋谢，有亡者失名，存者失序，生死年月日无可考。日后修谱之人，就会因无考而间断。所以，以往吾老辈规定，三十年一小修（登记附本），五十年一大修（归入正本）。

续年勤修，防止遗忘或遗漏，能继续不断，必须每代有能干的孝子贤孙，才能办到。

**睦宗族**

家族虽众，千枝万叶，总属一本。然其中不无贤愚、贵贱、强弱之异，自祖宗视之，皆一礼也。迩来浅薄之徒，视同宗若秦越，肥瘠不关于心。是不知重祖宗亲骨肉耳。凡我族人，务要彼此相洽，情意相孚，有无相济，患难相周。毋以尊凌卑、幼侮长、富欺贫、贫害富、智诈愚，阴致祖宗之怨恫。至若邻里亲戚，危难急迫，亦当量力调助，不得悭吝。水火盗贼，互相救护。毋斗殴，毋争讼，彼此劝勉，以敦仁厚之风，则族将大矣。

宗族众矣，原其始皆祖宗一气所分。祖宗昔年之同胞，今日子孙之同族也。一树千枝，总是一树。一源千派，总是一源。浇薄之风，视若秦越，是不知重祖宗之骨肉也。但分殊齿别，不能无长幼亲疏之等，禀殊命异，不能无贤愚贵贱、贫富强弱之差。乃祖宗之心同，则愿子孙千万均皆得所也，为同宗者务体祖宗之心。尊长则恤卑幼，卑幼则敬尊长；贤智教愚昧，愚昧听贤智；富贵恤贫贱，贫贱辅富贵，族众彼此相维，情义相孚，有无相济，患难相顾，此谓睦宗，此谓美族。乃若尊凌卑、幼侮长，富欺贫、贫害富，奸猾者逞才智以弄痴愚，凶狠者放刁泼以暴寡弱，是族中之蛇蝎、人类之虎狼，祖宗之大罪人也。被害者果有明证，投之祠堂，量其轻重或责或罚，毋得容缓！

宗族乃祖宗一脉之流传，以和睦为贵。《白虎通》云：“族者，凑也，聚也。”谓恩爱相流凑，生相亲爱，死相哀痛，有聚会之道，故谓之族。世俗不知其义，或剪枝叶而伤本根，以至祸起猜嫌。俨如仇敌，是以一气之人反不如陌路也。余族棋布星罗，分居数地，总宜以一体视之。

宗族虽有远近亲疏之不同，原其始，固吾祖一人身也。知其也于一人，则远近亲疏之见可泯矣。君子敬宗收族，不以强凌弱，不以众暴寡，不以富欺贫，不以贵藐贱，恤其寒饥、救其忿争，患难疾苦，常体吾祖爱子孙之心以爱吾宗族之人，则我爱人而人亦复爱我，彼我情谊浃洽，若血气之流贯于一身，而无所乖戾，岂不可称仁里哉！昔王彦方所居，号“君子乡”，其盖法之。

吾族中子弟有勤苦攻书者，此其志向不在小，今日为鱼安知异日不为龙乎？倘或力不足不能卒业，宜尽情加意奖借提掇，量给饭食纸笔之需以立成之。古人设义学、置义田，今纵未能，岂可吝小费而不成人之美乎？天道好还，勉之！

同根而生，相爱相亲。贫富远近，一视同仁。若伤和气，愧对先人。

若夫一族构怨，尤属同类相残，根本既坏，枝何能茂，不惟贻笑亲邻，必且日就消亡。今与族众约：凡稍可得已之事，有不鸣宗党辄自讼官者，墓祭之日，众责以义。至于雨覆云翻，教唆词讼，尊长廉得其情，惩以三尺无赦。

天下裴氏，同根同源，本族不婚，同姓不残。

一家有难，举族相援，誓从伦理，历代相传。

宗族之亲，本同一脉，历世既久，于是始有亲疏远近之分；然自祖一人视之，则均是子孙，固无分亲疏也。是以谱牒之修，所以别尊卑、序昭穆，使知一本万殊之归，非可秦越相视也。凡我宗族，谱成之后，各宜敬长慈幼，正伦理、笃恩义，勿以尊凌卑，勿以小加大，相亲相爱，相携相顾，富者怜恤乎贫，贫者无忌乎富，明者扶持乎愚，愚者听信乎明，论尊卑长幼不论富贵明愚，视族姓为一家，视宗人为一体，慎勿阿附权势而残害骨肉，亦无昵比偏觉而败坏彝伦，有一于此，是为伤祖宗，祖宗必降以殃，以速其戾。

族谊宜敦也。同宗一本，无分亲疏远近，弱者扶之，贫者济之，孤者助之，愚者训之。灭绝则为嗣续，患难则为排解，危急则为救护。加以敬老慈幼，礼贤恤能，上毋凌下，下毋抗行。吉凶庆吊之礼，敦孝友姻睦任恤之行。即有纷争，必先投鸣族长房长，公同秉正，剖其是非，不得糊涂了局，不得偏袒徇私，不得挟势分肥，不得乘危夯制。倘有不经族众公评，擅行讼官者，咎在先发，叱罚不贷。又有恃强胡行，不遵公论，公同禀究以抑强横。即处乡邻亦同此例。

### 重治家

晨光熹微即起床，打扫环境与厅堂。一日之计在于晨，早起运动身体强。

晚间无事早休息，养足精神来日忙。门户水电多检点，疏忽失慎致遭殃。

衣饰器物须朴素，妇女切忌务艳妆。自奉淡泊得中和，营养适度菜根香。

饮食卫生最重要，暴饮暴食腐肚肠。宴请宾客梅花餐，婚丧寿衣勿铺张。

屋房够住即足矣，不求华美与装潢。凡属物资宜珍惜，暴殄天物为不良。

勤则不匮俭有余，百事无成由颓唐。为人父母身作则，教育子女有义务。

夫唱妇随家和睦，兄友弟恭门庭昌。万恶淫首孝善先，反哺跪乳有鸦羊。

数典忘祖非人子，不可舍本而崇洋。生事死葬祭之礼，慎终追远福无疆。

男娶女嫁人伦始，兄宜慎重连凤凰。酒色乱性致表身，嫖赌倾家鲜下场。

敬身如在贵诚意，误崇迷信招不祥。积善之家庆有余，积恶之家有余殃。

忠厚笃实传家远，诗书经典继世长。积财亿万非是福，不如专技在身强。

预则立兮不预废，临渴掘井功杳茫。正当职业是神圣，多财损志瓦上霜。

富贵功名莫强求，积德蓄能即宝藏。求学立志下苦功，且须有恒日就将。

读书宜早贵及时，免得老大徒悲伤。乐观奋斗必成事，玄思幻想如失航。

行险侥幸祸及身，脚踏实地履康庄。居必择邻游就士，见贤思齐恶探汤。

家之和睦，身之大幸，欲之永久，规之须循；内孝尊长，外敬亲朋，诚信乡邻，友爱弟兄；祖宗虽远，祭祀应诚，子孙虽愚，书业要恒；娶媳择婿，人生大事，不求富贵，只选才艺；家境殷实，毋忘族众，携手致富，繁荣昌盛；勤俭为基，耕读为本，忠孝传家，世代永亨。

父子之恩，须寓严于宽之内，毋过逞怒气以相加，毋苛为督责以相处。

耕读传家，清白传世。一家仁，一国兴仁；一家让，一国兴让。家和万事兴。

有日思无日，富日思苦日；勤俭节约，艰苦奋斗；节约好比燕衔泥，浪费好比河决堤。积土成山，积水成渊，积小成大。

治家贵忍：寿张人张公艺九世同居，北齐、隋、唐皆旌表其门。麟德中，高宗封泰山幸其宅，召见公艺，问所以睦族之道。公艺请纸笔，书“忍”字百余以进。上善之，赐之缣帛。

传家两字曰耕与读；兴家两字曰俭与勤；

安家两字曰让与忍；防家两字曰盗与贼；

败家两字曰嫖与赌；亡家两字曰暴与凶；

休做生忿之事，休专公共之利；

吃紧在尽本求实；切要在潜消未形。

子孙不患少而患不才；

产业不患贫而患非正；

精力不患衰而患无志；

交友不患寡而患从邪。

不肖子孙，眼底无几句诗书，胸中无一段道理。神昏如醉，休懈如痴，意纵如狂，行卑如丐。败祖宗之成业，辱父母之家声。乡党为之羞，妻妾为之泣。岂可入吾祠而祀吾茔乎，岂可立于世而名人类乎哉！

戒石具在，朝夕诵思，切记，切戒！

**严修身**

高才贵仕，盛矣国朝，祖德家风，存乎史册。公舍淳粹之精，受渊邈之量，九德资器，五行秀质，推诚为应物之先，强学为立身之本。行不苟合，义不取容，礼无废于斯须，仁莫违于造次。居家以廉让，事主以忠公，肃肃乎宗庙之仪，堂堂乎领袖之表。由是誉籍知己，宦成当世。

唐晋国公裴度训子：“吾辈当令文种勿绝。”

心地要善良，莫起不良心。心邪伤自身，祸及子与孙。

孝敬父母亲，做人是根本。忤逆悖天伦，明朝祸自身。

兄弟出一母，理应骨肉亲。莫听闲碎言，团结值万金。

子孙是希望，耕读传家风。学习技术精，养家致富能。

书内藏黄金，教子常用功。儿女不识丁，裴氏何出相。

邻里胜亲朋，处事和为上。与邻若为壑，家里何安康。

儿女婚姻事，随由儿女行。爱财不顾脸，儿女带灾星。

孤寡残疾者，人人要恤怜。阴德要多积，晋公拾带还。

勤劳是本分，便宜不能占。无论干哪行，巧诀是勤俭。

丧葬按礼行，不要奢侈攀。清明祭祖宗，务必记心间。

国家有法规，遵照去行动。莫要逞凶蛮，违法万事空。

工作之余时，看书写文章。莫要论人非，闲言伤亲情。

酒本益健康，多饮劳神伤。酒后吐狂言，惹来大事情。

毒品似火龙，谁挨让谁伤。好人成恶鬼，家败失亲情。

家贫不做贼，勤劳创立新。做官莫要贪，贪必锁自身。

同姓不通婚，事关子孙身。近亲莫联姻，后辈好儿孙。

家族论长次，尊老好礼风。严禁见长辈，直呼其姓名。

子孙有错误，长辈要指正。莫要怕惹他，纵尔锁法绳。

闲时玩一玩，也在情理中。严禁聚赌博，家财尽输光。

儿女生人世，做人要正经。男盗女娼事，败坏好家风。

人之立世，首当树志，胸怀远大，崇尚务实；无论从业，行行夺魁，万事交往，缘分第一；心术不正，天理难容，言行一致，圣贤称颂；躬顺而谨慎，聚财而廉洁，凡事应立断，不可无心骨；瞻前顾后，眼观六路，耳听八方，永占不败之地；闻过则喜，虚怀若谷，安守福分，神鬼远离；爱读书则知识广，研经鉴则古今通，写文丰则论著高，讲法度则己自安。

厚道交朋，肝胆相照，关爱弱势，童叟无欺；激贪厉俗，激浊扬清，发蒙振落，急公好义；启蒙兴学，倾尽相助，财自道生，利缘义取；以礼取德，以德取利，见财不谋，遇才不妒；小人敬远，不可为敌，君子诚近，不可奉迎；温良谦恭，不骄不躁，有礼有节，不亢不卑。

德之心，之谓德；措之躬，之谓行。未有得之心而不见之行者也。古人谓：“读得一章，不如行得一句”。如言孝，即能体孝之理以供子职；言忠，即能体忠之理以尽臣道；推之夫妇、兄弟、朋友之道，无不皆然，又推之宗族、亲戚、邻里，亦无不皆然。此之谓真举子，更亦不必别立道学门户也。如文艺虽优，德行则亡，华盛实衰，本宗不录。

教子弟抑浮薄、去奸伪，大都谨厚忠信，人所爱敬。浮薄奸伪，人所厌恶。或挟术用智，慢视尊长而不听其教；或睨视缓步，辙见尊长而不循其礼，凡我子弟不可习为此风。且士君子立身，自有法度；孝悌，其根本也；器度，其规模也；言动，其枢机也；节操，其质干也。无孝悌则根本蹶，无器度则规模隘，言动不慎则枢机坏，节操不坚则质干朽。纵有聪明徒增罪障，纵有富贵徒益恶孽。教家要略曰：无暇之玉，可以为国器；孝悌之士，可以为家瑞。又曰：宝玉用之无尽，孝悌享之无穷，可以观根本也，当自勉诸。

身为一家之本，所言所行须自当乎理，不远乎人情。若用情一偏，人必不服，且效其偏而逞其偏，其弊日滋，其言日积，小则诟谇时闻，大则争斗成仇，将乱不可治矣。

骄矜固不可，谦退太过亦不可，人过至于失己，或不免纳侮。故谦尊而光，卑而不可逾。

立志原则：夫英雄者，胸怀大志，腹有良谋，有包藏宇宙之机，吞吐天地之志；人生要务实，一步一脚印，做好每件事。长风破浪会有时，直挂云帆济沧海。

人有七不可犯：一、忤逆；二、尖刻；三、淫污；四、欺诈；五、贪鄙；六、俏帮闲；七、刚愎斗狠。

薛文清曰：“君子之制心也，如制奔驰之马，这个心神明不测，必时将一事放在心上，方留得他（同它）住。如为官，将‘爱民’二字放在心上；为子，将‘爱亲’二字放在心上；为妇女，将‘守身’二字放在心上。时时刻刻提醒一番，唯恐有违。一言将出，一事将行，打算一番，唯恐或背。积之日久，自然理得心安，没有些子走作。所谓为学工夫，从‘仰不愧于天，俯不怍于人’做起。此下手之处也。”

朱子曰：“心者，身之所主也。心，群动之宰，即受福之源。故人必先正其心，务仁厚而勿刻薄，务光明而勿阴险，务广大而勿偏仄，务坦直而勿邪曲，常常以天理洗沃其心，而不令为物欲所牵引，则心正矣。却又不可有徼福之念，有徼福之念即心不得而正，心不正则身不正，而一切不正。一切不正之人，天又孰从而福之哉！”

自强不息，重德修文；

诚信守法，堂正为人。

先君子谓章曰：人生于世，须要经过苦楚，受过折磨，方肯替祖宗留朴素之风，替天地节不尽之福，方得一生受用不尽。

夫循规蹈矩者，斯为正道，好勇斗狠者，即系非为。行正道，天必佑，家必昌；作非为，身必贱，产必败。天网恢恢，疏而不漏，理所宜也。每见有人，旷安宅而弗居，舍正路而不由，放辟邪侈，无不为已，及蹈乎罪，遂致身危家败，岂不可惜哉！吾愿族众，务行正道，禁作非为，贫则安分守命，富则克己恕人。语云：“一心行正道，天地不相亏。”不怨天，不尤人，毋欺诈，毋谣慝，行不愧影，寝不愧衾，盛名播于闾里，德行重于乡邦，古今贤达，堪与等论矣。

安定公曰：凡人立身行己，恭慎为本，学行为业。文忠公云：吾辈但令文种勿绝，中间有成功能致身于万乘之相者，则天也。男年七岁，教以义方，则古称先。女年九岁，训以女工，娴习妇礼，莫犯七出。父子有亲，君臣有义，夫妇有别，长幼有序，朋友有信。贫穷患难，亲戚相救。婚姻死丧，邻保相助。毋负国课，毋惰农业，毋作盗贼，毋好赌博，毋好争讼，毋以恶凌善，毋以富吞贫。心不负人，面无惭色；志不骄人，面无德色；气能自胜，面无惧色；量能容人，面无怒色。贫不足羞，可羞是贫而无志，贱不足恶，可恶是贱而无能；老不足叹，可叹是老而虚生；死不足惜，可惜是死而无补。物不经寒暑者，决不坚凝；人不历困苦者，决不谙练。俭可以助廉，恕可以成德。天下大事，唯忍者能之。处家制事，遭一番魔障，长一番练达；御人接物，容一番横逆，增一番器度。凡此皆动心忍性成身成德之所必需，后世子孙勉而图之。

人终身修认一个忍字，小不忍则乱大谋。忍得一分受用一分。父子不忍，则乖天伦；兄弟不忍，则成吴越；夫妻不忍，则鱼水反目；朋友不忍，则气谊参商；居家不忍，则乖气致戾；世情不忍，则变起仇敌。甚而一言不合，戈矛顿起，人命反掌，悔焉莫及。不忍之害大矣，可不慎诸！

### 强学习

强学为立身之本。

裴氏源始祖家规：子孙考不中秀才，不准进入宗祠大门。

晦明风雨，须吟咏以求纯粹之精。毋窃名以盗虚声，毋疏略以荒岁月。

本家子弟内有聪颖超群，父兄或无力教训，以致美质沦废，族长必敛众捐资，陶成其器。

书为至宝，儒乃席珍，十年窗下，面壁为真。

困苦寒毡，精察力行，敬守卧碑，毋蹈虚声。

学为人师，行为世范；口不学则惑，月不学则愚，年不学则废。学而不思则罔，思而不学则殆；知之者不如好之者，好之者不如乐之者。

世间有志气人不可限量，而读书人尤不可限量。故读书为吾人第一紧要事，试看文武之政，行于三近五弗措，《大学》三纲领（明明德，亲民，止于至善）八条目（格物，致知，诚意，正心，修身，齐家，治国，平天下），先格物致知。可知朱子读书法：一曰居敬持志；二曰循序渐进；三曰熟读精思；四曰虚心涵泳（涵泳：如在水中潜泳般读书精思，深入体会）；五曰切己体察；六曰著紧用力，盖奉以为则焉。

昔贤有言：人能知得愧耻，学问便有几分。倘父师蝇营狗苟，毫无羞耻即毫无学问，然则其子弟又安从有学问哉！

## 重家教

古人胎教不可望矣，蒙养不可不慎也。必能言常示毋诳，能立教之正，方教他莫顽戏、莫爱财，养其节也；教他莫伤生、莫折枝，养其爱也；教他即席饮食，必厚长者，养其让也；教以孝悌忠信，礼仪廉耻，以养其心；教以洒扫、应对、进退，以养其身；教以忠孝、诗章、歌咏，以养其性情。稍长，则出就外傅，居宿于外，读《孝经》《小学》等书，庶几少成。若在性，习惯若自然，而大人之本实立矣。

闺门，万化之原，人道之始也，最宜谨之。故曰：“教妇当于初来时。”教她勤俭、恭顺、温良、贞洁。少有不听，则当戒饬，久则自成贤德。苟始之不谨，溺衽席而忽皮韦，养成悍妒之性，不孝公婆，不顺夫子，不和妯娌；有妾不能容，有婢不能蓄，淫佚刚愎，丑行彰闻，良由妇教之不能谨始也。禁治不止，即当出之，若男不早教，养成傲慢之气，奸淫无羞，纳婢为妾，聚妓为乐，或弃妻宠妾，或纵妾凌妻，卖乱天常，皆由男教之不谨始也。本宗各宜知之。

凡人非上智，未有不由教而善者，如古妊妇有胎教之法，礼记内则有始学，皆不可不知。即今常情，教小子者，能言教之称呼及唱喏，务从容和顺，不可教以戏谑。至四五岁，教之谦恭逊顺，以收其放逸之心，温和安静以消其刚猛之气。有不识长幼尊卑者，诃禁之。七岁则入小学，读蒙童孝经书，即与训解教章歌以养其性情。稍长而聪明者，出就外傅，渐次读语孟书，庶几少成若天性，习惯成自然，而大人之本立矣。

教小儿女不可太严，亦不可太宽。须因时徐徐开导：如能食则教以右手，能言教以男唯女俞，不高声，不疾行，长幼有序，不呼尔汝，见长者则侍立，相向不问不言。尊长生日教之拜贺，朔望亦然，令勿忘尊卑之分。日浸月润培养根本，渐长进以曲礼、内则、少仪之说，则易就范矣。

齐家之道，如父慈子孝、兄

友弟恭、夫和妻柔，件件紧要，而要以义方为首。盖吾子之贤不肖，吾家之隆替因之；吾教之善不善，吾子之贤不肖因之，此之不可不省也。子生至五六岁，即不可与儿戏，如自己问安视膳俱率观之，凡行立、坐卧、饮食、言语，须教之使知规矩。及入学，即当察其所识之字、所读之书，字眼必令无讹，句读必令成诵；十岁以外，动止必绳以礼法，稍涉是非口舌，非但弗听，必痛责之。倘于幼小时即导之好小利、犯大人，及长又姑息苟容，何以不堕我门户而无忝于世家子弟也哉。

养子必教，教则必严，严则必成。故凡教子孙者，非仅读书识字而已。务使习礼仪，知廉耻，尚节俭，方为故家人物。苟礼仪之不习，则傲慢而无拘，廉耻之不知，则污辱而卑贱。节俭之不当，则骄奢而荡费。每见今世子孙，放心流荡，而为伤风败俗之行，有玷家风者，皆训诫不严之故耳。

凡家之兴败，皆由子孙之贤与不肖。子孙贤则败者能兴，子孙不肖则兴者必败。夫资性虽自天生，而贤与不肖全凭教训。然教之必自幼始，幼则天性浑然，有直无伪，言行举动易于成习。所以古人谨胎教、端蒙养，孟母三迁良有以也。昔孔子家儿不知骂，曾子家儿不知怒，所以然者，生而善教故也。今人狃于溺爱，不知教法，自幼服必华、食必美，畏其啼号，有求必得，诱其欢笑，无物不陈，全不知有禁忌。及至稍长，任其犯上凌尊，旁人戒之反生嗔恨，骄惰之念到底不移，渐至成立，自游自纵，奢傲之性，暴慢之容，遂终身难变革矣。奸淫邪盗，犯法罹刑，家业被其破荡，祖宗被其玷辱，父母兄弟被其株连，此时欲救不能，欲舍不忍，虽悔何及哉！故姑息骄养，非所以爱子孙，实所以害子孙也。族中养子孙，富则选择乳母，贫则自为养育，服食随时端严自式，勿以诡戏欺亵杂其心，勿任暴慢傲戾骄其性。能言之日，教其应对，能行之日，教其动止。尊卑有礼，长幼有序。入塾从师之日，先读《孝经》《小学》，次及四书、经史，务使解说旨义，令其熟玩贯通。果有聪明俊轶者，必使勤举学业，周观博览。子弟复令合群聚读，立社会课，岁试月试，以定其优劣。信赏必罚，以励其志趣，勿怠勿懈，以图上进。愚顽鲁钝者，止令习熟书算，早教他习一件本分生理、农工商贾之类，量其才力而教育之。教其始终一业，不得见异而迁。总教其存好心、行好事、明伦理、顾廉耻、习勤俭、守法度，教其礼让、教其谦恭，勿游手好闲，勿肆酒赌博，在家出外做一好人。此子孙之福，祖宗之光也。至于吏胥刀笔，损伤阴骘，切不可为，如有为者，重惩革逐。

家庭长者，幼学之标榜，子弟之模型也。长上之所言，子弟一一记之；长上之所行，子弟一一效之。故形端表正，木直从绳。若长上原是不正之人，即将圣贤道理每日训讲，子弟其谁信之？凡族中为长者，须先自学好，言必中法，动不越度，崇节俭为保业之常规，尚礼义为守身之要诀；内敦孝友，外务谦恭，在在端方，永为子孙之仪表。勿作嬉戏事，勿蓄非礼书，勿置闲玩器。至于招匪类，浪谑呼卢，美馔鲜衣，踰偷越理，皆败家之事，尤不可为子弟法者。古人云："但留好样与儿孙"，不可不谨。

**孝父母**

人有父母，斯有此身。为人子者，肥甘养亲，不足以报乳哺之恩；轻暖衣亲，不足以酬胞胎之苦。父母即是天地，爱我恶我，皆当顺令而不违。

孝为百行之原。养志尚矣，养口体次之。若子妇众多，独以行孝，是以一人教众人也。若毋有嫡继，而行孝不改，亲尤慕之，是教子之能终其始也。其实迹显著，如闵子孝母、崔氏乳姑等，烦本族立篇直书，仍呈县以旌其孝顺。

父母兄弟，天伦所属。亲莫大于养生送死。生则甘旨菽水，毋缺于供；疾则朝夕侍榻，亲调药饵；殁则哀毁自致，殡葬必诚必敬，勿之有悔。总宜竭情尽礼，庶无忝于所生。

父母之恩，昊天罔极。夫人自有此身，即有此心，自有此心，即知有父母之慕。故孝者是当然而自然者也。智故渐长，而孩提真念，遂移之又移，天性寖薄，甚至不如乌鸟之反哺者，殊可流涕。凡为人子，当思天下无不是的父母。居常尽心竭力，爱日承欢。万一所遭不顺，亦要委曲行孝。仿佛闵子骞与大舜之事亲者，以事其亲。庶几能供子职，无忝所生云。

孝为顺德。子事父母，唯命是从，虽遭谴责，不敢疾怨，总以承顺为要。乃有不遵父母之教，当面横眉竖眼；父母有命，任性违拗；父母怒骂，反以恶言回之，如此者责四十。骂父母者责八十，跪门示众；打父母者，捆绑送官。

诗云："哀哀父母，生我劬劳。欲报之德，昊天罔极。"盖言父母之恩，实难报答，三年乳哺，十月怀胎，担多少惊恐，受多少劬劳，爱子之心，无所不至。如何可以忤逆？如何可以冒犯？如何可以不孝？如何可以不敬？且父母即现世之生佛也。俗语云："堂上父母恭敬，何必灵山见世尊。"故凡为子者，必时时孝顺，刻刻恭敬，生养死葬，尽心竭力，修身谨行，毋蹈匪僻。若夫轻佻忤逆，罪莫大焉。愿吾裴氏之后裔，永为孝子慈孙，则世世其昌矣。

百行莫先于孝，五刑之属三千，而罪莫大于不孝。古人言之详矣。夫孝道非一，其要有二：第一，要安父母之心；其次，要养父母之身。何为安父母之心？凡人之生子，悉望其为好人、行好事，成家立业，嗣续祖宗。为人子者，当饬身俭行，守分循理，内振家声，外立事功，以符父母之期望。毋犯刑罹法，为父母辱；毋招非贾祸，为父母忧。父母所爱，亦当爱之；父母所敬，亦当敬之。先意承颜，时时体认，劳则代之，疾则治之。晨昏必省，出入必告，怡声下气，常使父母宽怀。整肃家规，使妻妾子女皆能和顺，则父母之心安矣。何为养父母之身？

人之生子，望其终养也。子而不养，生子何为？饥则奉食，寒则奉衣，随家贫富，量力丰俭，务须源源资给，使无缺乏。乐其耳目，安其寝处，四时寿节，以礼庆拜。冬温夏凉，无一不曲尽其道。然皆要一点真爱之心以对父母。有真爱即菽水亦可承欢，不真爱则三牲五鼎亦徒设耳。论语曰：至于犬马，皆能有养，不敬何以别乎？养亲者当时时佩服此语。更有兄弟之间，以父母公堂之人，不肯多养一日，则亦不孝之甚矣。夫父母之于子，无不视为一体，竭尽劬劳，岂子于父母而即可以二体视之乎？所遗房产器具宜共之为公，而父母独当之为私，万不可以房产器具为私，而以父母为公，不尽其爱敬也。若或父母憎长爱幼，以至恼怒挞逐，人子于此，当以先贤所言“天下无不是的父母”，和颜悦色，柔顺听从，起敬起孝，久而不衰，则父母之心自回，未有不反憎为爱者。若以变境视之，不幸置之，粗言暴气，执拗违逆，则反致激怒，亲心愈难绾矣。或父母一时有过举动和违，当从容劝导，期其必改。若使父母获罪于乡里，或干刑险，则子亦不能无过，总以不孝论罪。父母终天之日，随家有无以礼葬祭，尽孝尽哀，毋贻后日之悔。至于晚继嫡庶之分，尤易生嫌忌，人子于此，尤当曲致孝敬，始终不渝。从来只有不能孝之人子，未有不可回之亲心。凡族中有忤逆不孝者，宗长宜重惩之，俾自改悔；若终怙不悛，则会同族长、祠正副宗子，送官究治，毋容轻恕。

孝子之爱亲也，生则致其养，死则致其哀，然犹未也。又，必笃志力行德修，修业大，大而登高第、跻显荣；小而叨一命、沾寸禄。则生前非徒养也，且有俸禄以养其亲；没后非徒哀也，且有显号以尊其亲。斯为亲之孝子也。世俗则昧此道，生不能养，死不能哀；且又专事浮屠，务为荐拔，自谓爱亲之孝，则吾不知之矣。

## 友兄弟

兄弟一体，而分若手足然，

相亲相爱，宜无过是。世之人，或贫富贵贱、贤愚相形遂生妒忌，或听妇言，或争田地，或竞财帛，或因父母偏爱，或因兄弟早亡，或因子侄暴戾，彼此怀疑，互盯殴伤，阋墙变作，兴讼不休，子孙世为寇仇，良可哀也。通族当念同气之亲，笃相好之爱。富由耕来，贵由读来，贤由习来，无容嫉妒也。妇人之言，切不可听。世间难得者兄弟；易得者田土财帛。曲从亲意，抚恤伶仃。子孙之不才则教训之。安常则数燕会；御侮则协心力。父产均分，不倚长占幼，恃强凌弱。遇空乏则周之；有过失则善道之。至于妯娌之间，务须和睦。毋恃家母势豪，欺压侪辈；毋多私蓄财产，嗾夫分析；毋肆嘴舌锋毒，酿成大变。则内外和顺，家道其日昌矣。

兄弟同气之亲。世俗好货财，私妻子，或巨阋墙燃箕，薄恶极矣。昔周公吊二叔之不贤，赋《棠棣》之诗曰：“凡今之人，莫如兄弟。”夷齐之逊孤竹，田氏之感紫荆，皆古人可法者也。凡属子姓，当思人生最难得者兄弟。兄友弟恭，同心一德，勿因财产以生嫌隙，勿信妻妾以撤藩篱。一门之内，睦如春融，则人和气瑞，可致吉祥。家道不患不兴矣。

兄弟一体，而分手足。然试观发福之家，未有不起于雍睦者也。近代人家兄弟相牴牾，大要有二：溺妻妾之私以言语相谍，较货财之入以多寡相争。或因子侄暴戾，或因兄弟早亡，彼此怀怼，互相矛盾，甚至兴讼不休，子孙世为寇仇，良可哀也。通族当念同胞之亲，必须平心度理，不惑妻子之言，不听细人之谤，轻财重义，一气同心，父母何等快乐。二亲既殁，亦当缓急相顾，如形之于影，声之于响，乃兴家造福之道。些少财产，些微语言，不以介意；小儿戏嬉，各责其子，不以关心。或有间言，喻令弗辩，则嫌隙不作，而和气自融，外侮不生，家道日昌矣。

兄弟情同手足，兄友弟恭，兄乃得驰，既翕而歌，和乐之耽。如或听妇言，乖骨肉，而兄不友弟，弟不敬兄，势必至析处离居，是手足之分离也。其情可不畏哉。语云：“兄弟同居忍便安，莫因毫末起争端，眼前生子又兄弟，留与儿孙作样看。”吾族其共懔之。

孝之一字，人犹粗知；弟之一字，人都忽略。顾吾父母生我，有先我而生者焉，有后我而生者焉，是兄弟也。弟弗恭厥兄，兄不友于弟，胡可训也。且五服内外，凡与吾同行者，皆吾兄弟也。虽有亲疏之不同，吾亦当推吾友恭之谊而手足视之。更有与吾父同行、与吾祖同行者，皆吾父吾祖之兄弟也。自吾父吾祖推而上之，凡吾父吾祖之兄弟，其始皆一人之身、一父之子也，吾更当广吾友恭之谊，而以曲礼少仪之节次将之。夫然，而凡吾兄弟、吾与子若孙之同行兄弟，亦必以吾之敬兄弟而敬同祖同父子兄弟者，敬我矣。

## 忠国家

国之大器，宜安宜定，安之民生，定之国富；国依法治，宽严适度，身先守法，民之义务；为政之道，旨在利民，策规普惠，民恩拥戴；事国则绝谋，事众则必谋，事家则共谋，事己则勿谋；功勋社稷，乃众之智，损辱国体，绝非己从；然之聪睿，谦之以愚，绩之盖世，虑之以心；忠之上孝，求之以全，富之天地，贵之以民；予胞之交，信之以誉，宁失怨气，不失和气；予夷之交，坚之以公，宁失财气，不失骨气。

君臣之义，通于天地。凡族有登科第跻仕者，无论资格，但有一命之寄，务为忠良，上不负天子，下不负所学。若汉关西杨氏，世称“清白吏子孙”可也。其不仕者，居王土，均王臣也。各当奉公守法，正办钱粮，依时输纳。杂泛差役，依时应当。凡有佥点，粮长收头。京解之烦，将官钱花费，上累本县追并，下累通家赔纳，甚至问军问徒，累及多人，此真圣世所不容也。通族之人。其共惕之。

度尝读旧史，详求往哲，或秉事君之节，无开国之才，得立身之道，无治人之术，四者备矣，兼而行之，则蜀丞相诸葛公其人也，公木系载简册，大名盖天地，不复以云。

毋忘历史，知国知乡，立足本职，卫国兴邦。

学法知法，依法行事，遵守秩序，维护安定。

移孝作忠，原无二理。以力事亲，而力为亲之力，不得自有其力；以身许君，而身为君之身，不得自有其身。至于事君之礼，典籍详明，遵而行之，愈笃其忠，愈尽其孝矣。曾子曰：事君不忠，非孝也。

鸟兽识凤鳞之长，孑孓知上下之分；人无论穷达，莫不有君臣之义。穷而在下，闭户著书，扶犁耕雨，亦即所以尽臣职也；达而在上，则惟致身而已。我晋国公主平淮之议，贼刺公，三进不慑，卒取元济；晚更明哲保身，四朝相业，照烂千古，允可为法。

人人识得这个忠字，人人鲜能全得这个忠字者何？忠不是临时取办的物件，全在平日究切书史名臣志向事业，到那时才能不为身家、妻子、利害、死生所摇夺，若不晓得李、郭、韩、富诸公是何等学问何等作用，如何施展得开，不晓得陈少阳、文文山、方正学、杨忠愍诸公是何等仁爱，何等义勇，如何拢合得上，识见不到即血性不济，再从何处并出这个忠来？凡兹清秀皆晋公后也，须知冯长乐、刘棉花辈，唾骂之余，更无立脚处。

君臣之义，自古为昭。我辈遭逢盛世，休养生息，孰非国恩？子姓有膺簪组司民社者，必期上不负天子、下不负所学。位无论崇卑，唯在尽职；遇无问常变，总期一心。至补弟子员而食国饩者，尤当修品行，为上达作根基；勤学问，俟异日宏事业。倘居官而贪墨贻讥，在庠而劣恶致诮，俱听尊长挥之家祠之外，春秋无许奉祀。

## 讲诚信

诚信，立世之本。精诚开金石，与人方便，与己方便。弄文侮法纪，蛇狐伎俩，终究遭人弃。持身端正心地善，光明俊伟子孙昌，懿德四方。

诚信的原意是真诚，真诚之心。语出《礼记·祭统》：“是故贤者之祭也，致其诚信，与其忠敬。”意思是古代的祭祀活功，参与者都非常虔诚、恭敬。而现今演义成“诚恳和遵守信誉”。

处己接人，重在信义。出言有章，心口勿二。

造次颠沛，毋失正气。欺谎负背，鄙贱之辈。

立身处世，诚信为本。踏实做事，老实做人。

自尊自强，求知求真。积极进取，敬业勤奋。

## 明礼让

优游礼让之操，雄姿风举之规。

家长之举动，家人之范也。古之君子，上堂则声必扬，入户则视必下，以头容则敬，以手容则恭，以足容则重。推而至于饮食起居，莫不以礼。非徒寡身过，亦以示家则也。苟不不然，出入进退，少有减则，己先轻率，何以责人之厚重。是故齐家者，慎举动为贵。

礼始于谨夫妇，别男女。若有不肖子孙不守礼制，淫烝荒乱，败坏人伦，此系十恶首诛，家门大不幸也。不问服之轻重有无，犯此者男女悉令致死。夫主之族人，亦不得党众擅杀；若奴仆犯，主者齐如之。若妇有外通逃走，获则即时以火焚死，实迹亲闻而未获者，废出之。如夫溺爱，不能裁以义者，即无廉耻之心，本族逐出之，不与共祀。若风闻讹误，事须覆实。

尊卑长幼，自有定分。古人谓：“五年以长，则肩随之；十年以长，则兄事之。”故隅坐随行，礼有明训。孔子之抑阙党，孟子之语曹交，皆所以明有长也。而况本宗亲属，尤当尽礼乎！为子弟者，凡遇尊长，言必逊，貌必恭，命必从，行必让，庶尽卑幼之道。且今日之卑幼，他日之尊长也。亦使后来子弟则而象之。

《诗》有“相鼠有体”之篇，刺人无礼则与禽兽无异。可为鉴戒。孔子过庭之训，唯曰《学诗》《学礼》而已。为子弟者，平居少长相见，亲友宾客相接，衣冠必正，容貌必庄，进退周旋，雍容揖让。不使瓮鄙暴慢之气，有没于四礼。虽燕饮合欢之际，亦宜循循雅饬，倘喧哗流荡，败度逾闲，岂不为知礼者所笑？

尊卑有序，上下和睦。凡宗族人等，不唯我之父母当敬也，伯父叔父及从兄族兄亦莫不然；不唯我之子弟当爱也，从弟从侄亦莫不然。随行隅坐，恭听慎应，见必衣冠，不敢露顶跣足，遇必拱立，不可径行过越。若卑幼骑坐，须下行礼，俟尊长过，方得自便。违者罚。

以礼处己，以礼处人，必不至于争讼。即或有横飞之害、牵连之累，亦只顺理而行，不得强词求伸，反致败事。万不可因些微相争，轻怒逞气，先作原告，纵幸而得胜，亦所得不偿所失，且崔角生衅，致结世仇。或偶与人争，当反己自解，所谓明人自断者，此也。断不可执我尊人卑、我是人非之见，遂至冰炭。若不自是，而先以礼待人，安知人不有愧悔而相化于无争者，是亦积德广教之一端也。

不正之人欲亲乎正人，亦是良心发见处，当宽以待之予以自新之路。若疾之已甚，而严词厉气以接之，彼不但不我亲，且不我容矣。目中不必无此人，意中不必有此人。盛礼貌以谢之，戒子弟以远之可也。

横逆之来，纵不能三自返，还须涵容忍耐，不可激之生变。海阔凭鱼跃，天空任鸟飞，今我游冥匕默者何所慕？至若君子三自反后，犹叹为妄人，非斥之也，深怜之也，怜其人之终昧，而我之忠终未尽也。所以君子有终身之忧，无一朝之患也。

天下之达尊三，而齿居其一。属在高年，朝廷尚优礼尊崇，时加宠锡，矧一家之中、一族之内，犹敢玩忽而不敬乎？吾族谱牒修明，尊卑长幼之分，亦既昭然矣。凡坐必隅坐，行必徐行，有问则起而对，有命则急而趋，届节诞必拜谒，遇提携必奉负。语言须谨，毋以贤智而肆口无忌；做事宜慎，毋以衰迈而咨访不及。尝见有尊长在前，喜笑放恣，毫无检束者，岂大家子弟之风度哉？倘有此等恶习，除惩治外，仍责彼父兄以不能训导之罪。

## 崇节义

行义能济世，身安则道隆。

荣辱谁不晓，无求品自高，节操为宝。

古云：道莫大乎纲常，德莫重乎名节。凡孝子、忠臣、义夫、节妇，贫贱不移，威武不屈，其人虽亡而志节凛然于千古。我祖宪公之忠勋，晋公之正大，迄今犹彰彰人世也。故高风劲节，足以敦教化、正风裕，使后之君子有所观感者，宜表扬之以示激劝云。

居心不可刻薄。天地长养万物，只是一个仁，仁则并包无外。今人当处处以仁存心，所见所行所言自无暴戾之习，纯是一团蔼然和气，福慧油然而生，为子孙不知存了多少地步，自家哪里觉得？

立身贵高。高非高傲之高，只是不可把自家的身子卑了、同流合污是也。须要看得自己身子重，自然非礼不为，视一班苟贱趋奉者如坐泥涂，我之身岂不抬高几十层乎！

人贵立志。志非大言不惭之谓也，乃念念向上一等做去。譬如我志在富，则当勤俭以致之，所念者在那一等，自然所得者即在那一等，所谓有志者事竟成也。

## 尚节俭

居家用度，宜安节俭朴实之素。奢华则衣食求丰、器械侈靡，日见家财侵耗。宜戒奢华。

俗奢，则示以俭；俗俭，则示以礼。此维风之权也。子姓繁衍，俗尚亦异。在椎鲁少文者，不无悭吝，悭吝则弃礼，多固陋之习。诸年少则又兢兢，以华靡相矜夸，衣必纨绮重绣，食必列鼎鸣钟。乘必奴马锦鞯，又未免失之不逊矣。以后族人习俗，宜一禀于礼。凡遇祭祀、宾客，及门户公用当费者，即捐资不恤。若自奉居食之类，务存俭朴，不失先民遗意。

慎勿暴殄天物，奢而犯礼。斯丰俭得中，称雅俗矣。

量入为出，治国之道，即治家之道也。侈心一生，而用绌焉。汗血得之，沙泥视之，是自取贫也。故婚、嫁、丧、祭，岁时伏腊，以及燕享馈赠，皆宜斟酌以定其制，不逊之害，视固尤甚焉。与其底于不足而求诸人，曷若存其有余而贻诸后！

利本天地，义则得之，量入为出，度克保斯。

衣服器用，朴素合宜，奢侈矜夸，家败身危。

治家以节俭为本，须先要清心寡欲，不生妄次。要量入为出，一切服饰器用不可过求美丽。当见故家子弟或雅尚通方，无心琐屑；或沉湎逸乐，不念难辛。人且怙侈灭义，以有用之精神而肆行无忌，以易竭之财贿而虚靡无余，其不至破家荡产者几希！凡有家者尚其慎乃俭德性，怀永图乃可。

我们要把俭朴作为美德。房舍以明亮宽敞为要求；服饰以耐穿大方为标准；饮食以卫生营养为要求。不要追求生活上的高标准、高享受，勿追求住宅的高贵、服饰的华丽、饮食的精美，这些容易消磨上进志气。经济力量不够，更应当量入为出，经济实力雄厚，也要常念物力维艰，居安思危。与人攀比享受消费，是上进志气消沉的表现，应当处处崇尚俭朴，力求更上一层楼。

凡人生而无业，及有业而喜于安逸，不肯尽力者，家富则习为下流，家贫则必为乞丐。凡人生而饮酒无算，食肉无度，好淫滥、习博弈者。家富则致于破荡，家贫则必为盗窃。起家之人，易于增进成立者，盖服食器用及吉凶百费规模浅狭，尚循其旧，故日入之数多于日出，此所以常有余。富家之子易于倾覆破荡者，盖服食器用及吉凶百费规模广大，尚循其旧，又分其财产立数门户，则费用增倍于前日，子弟有能省用速谋樽节犹虑不及，况有不悟者，何以支吾！古人谓：由俭入奢易，由奢入俭难。盖谓此尔。

造物之生财，止有此数，以有余而致不足，何如虑不足以惜有余？眼见富家子弟侈奢不度，为不急之图，做无益之事，转瞬间已消归无有，追悔从前，嗟何及哉！昔人云：立成之难如升天，覆坠之易如燎毛。凡为家长者，能佩服斯言，训导族众，如衣服饮食一切大小事务，惟用所当用、省所宜省，居家又何忧不足哉。

合族戒奢华，淡泊可成家。石崇与王恺，骄淫斗绛纱，金银堆北斗，转眼至虚花。世有浪荡子，裘马向人夸，岂知财有尽，终若浪推沙。王通服俭洁，高氏食葡瓜，古人非鄙吝，惜福福终赊。常用不固恤，本计在桑麻。兴衰有转轱，守约定无差。勤劳宜俭用，免使后来嗟。

持家之道，在于勤俭。诸葛武侯名言：勤以补拙、俭以养德。由俭入奢易如流水，由奢入俭难如登天，虽然，俭非琐屑刻薄之谓也，量入而出，理当如此。裁省冗费，禁绝奢华。常须稍存盈余，以备不虞，滥用可致潦倒。盖人之物力只有此数，妄用则不继，饥寒交迫，急不择行，妄取妄求，势所必至，必失人格。沿门借贷，使亲戚畏避，体面何存？则欲养廉耻，舍俭奚以哉！树俭朴之风，乃世所称道也。

## 守清廉

侠撰九世伯祖《贞侯潜传》，述裴氏清公，欲使后生奉行之。宗室中知名者，咸付一通。从弟伯凤、世彦，时并为丞相府佐，笑曰："人生仕进，须身名并裕，清苦若此，竟欲何为？"侠曰："夫清者莅职之本，俭者持身之基。况我大宗，世济其美，故能：存，见称于朝廷，没，流芳于典策。今吾幸以凡庸，滥蒙殊遇，固其穷困，非慕名也；志在自修，惧辱先也。翻被嗤笑，知复何言！"伯凤等渐而退。

居官莫如平，须正身。源洁水清，身正影直。用心计较般般错，轻重自己掂量。谨务实休居虚华。功名富贵若长在，水倒流。廉耻乃大节，你须想，我须想。

利欲炽燃是火坑，跳不得。

若争小利，便失大道，卑鄙乃为鬼所笑。觊觎意外财物，东海难洗脸上羞。身后有余莫伸手，眼前无路当回头，你切记，我切记。

为官清廉，为民安分，举行公事，国事为重。

遵纪守法，公德第一，光明磊落，兴邦振国。

官不在大，贵于勤政为民；位不在高，贵于清正廉明。想民之所想，疾民之所疾，上传下达，体恤民情。头上常悬三尺剑，心中刻有警世经，多为人民作贡献，清白一世传后人。

孟子云：耻之于人大矣；管子云：礼义廉耻，国之四维。以余观之，人能知耻则立志必廉，而礼义自生，故廉耻尤要也。内或帷薄不修，外或穿窬匪行，则辱身辱亲，一行之玷，百行莫赎矣。是宜如何自养，须深思之！

## 慎自律

戒异端。颜之推家训：曰吾家巫觋符章绝于言议，汝曹所见勿为妖妄。盖士农工商，万世不易之常业；道德仁义，万世不异之常理。其理不易乃无端而有异端者，其形不侔寻常之形，其说不侔寻常之说，其事不侔寻常之事。如异僧野道、巧术教门，教人常斋、诱人避灾、引人结义、诳人出家，牵带熊驼名为试药，又如斋婆、尼姑、女相、女卜、女医、女巫、女戏之类，或本男子假妆女流，或假通神鬼示人祸福，家人不知禁止，听其穿门入户，以致哄诱费财，甚至有犯奸盗，为害不小，乃不谓有堕入术中，终身莫悟者，非独凡夫俗子为然，甚有聪明才智之士、缙绅阀阅之家自命不凡，往往为所引诱，心悦诚服而莫之解，不知禁止师巫邪术律有明条，一切左道惑众诸辈必勿令入门。至于妇女识见浅狭，更喜媚神徼福，其惑于邪巫也尤甚于男子，或藉诸辈以消灾益算，或借诸辈以添子加孙，信为神仙奉若生佛，而不知名为求福，实自求祸。各家男子妇女须皆察其动静，杜其往来，此是齐家最紧要事。至若舍本业为娼优、为隶卒，父兄务必执法严惩以肃家规。予族目前虽无此人，不可不预为之戒，盖防于未然也。

戒纵饮。范鲁公质为宰相，作诗以遗子杲曰：戒尔勿嗜酒，狂乐非佳味，能移谨厚性，化为凶险类，古今倾败者，历历皆可记。其谆谆致戒如此！至经史名传所载甚多，不及备录。甚勿以古人之饮者相援。夫古人或有仙骨，或本来旷达，或不得于心聊以自释，皆有过人之质、不羁之才，岂如今人之嗜酒哉？如遇知己谈心，以酒为欢，亦但近醉而止，不及于困。羞恶之心，人皆有之，未有狂妄凶肆毫无忌惮者，惟从酒迷性，遂无复顾畏。今将举其失而数之：致命伤生，一也；久后昏懵，二也；浪费谷米可致穷约，三也；轻喜暴怒，斗力争胜，或致兴讼，四也；道人阴私，起人事端，五也；误事失约，遗财弃物，六也；密事尽说，醒则追悔，七也；面容改变，恶气远闻，八也；被人术哄，九也；长辈客位，不知逊让，十也；俾昼作夜，正业荒废，十一也；行走歪邪，妄多言语，同辈笑玩，儿童戏弄，十二也。是故圣人恶焉，贤士戒焉。苟沉湎不节，能使士败名、官落职、农荒畴、商贾丧资，甚则败国亡家，遗憾千古，岂不痛哉！

戒争讼。兴讼譬之兴兵，语曰：佳兵不祥，不得已而应之可也。近见好讼者，无岁不与人家讼，不祥莫大焉。盖由于奸猾之辈力堪健讼，起灭自由，罅隙可报，一人炊烟，群相煽焰，如蚁附膻，或为户分，为或干证，或称公义，或借公事而洩其私仇，或假直道而图其贿赂，或阳言和释阴实教唆，致令叔侄操戈，兄弟推刃，而荡家倾产，悉由于此。如若辈者，面则犹人，形同鬼蜮，若不看破此窍，必定堕其术中。夫祖宗之视子孙，均若一人，以一人之身而手足自相戕贼，祖宗有灵，必不留此种类殃我子孙。今事无大小，为族长者，必要公正，争论者但凭族长处分，不得听信奸诡唆使。捏词经公，费尽钱财，上而官长惩责，下而衙役骂詈，误听唆讼之言。至于如此，可不戒哉！

凡人不知自揣，只是要人怕我，一遇识者看破，应当愧煞。如此者只欺得愚人，欺愚人即是欺天。若欺强人，小事便成大讼，必至辱耳堕罪。

人生自少而壮而老，如意者少。虽大富贵人，亦多不如意。我是何等人，岂能要世人受我屈抑？稍有拂逆处，必要与人计较，穿头一遇凶敌，胸中各设机阱，眼前各出戈矛，言言相较，冤冤相报，无已时矣。如若不信，举眼便知。

昔有人问寒禅师曰：世人只要欺我、害我、辱我，我将何以处之？师答曰：我只让他、怕他、侭他、由他，再过几年看他！

戒邪淫。红粉倚市，黛绿媚人。诗有云：此是迷人颠倒鬼，害人性命破人家。况子弟未定之性情，被她蛊惑，有限家资，未有不倾囊而尽者也。试思我至穷困，欲她给我一文，岂能得乎？看她艳冶百端，欲来诱我上场，夺我祖父所积之家财，剥我妻子现在之衣食，一人场中势必受她哄骗，迨至父母饥寒，妻儿觅食，那时恨她迟了。人何不明此理？我族如有不肖子弟往来娼家，甘为下贱，各分房长责罚勿恕！

戒赌博。开赌之人，刁极险极。富厚子弟一至其前，或巧语逢迎，或戏言轻量，或托旁人勾致，或将银钱堆积以动我心，或令同伙自为赢输以诱我，窥其意四面八方一齐向我，无非哄我上场，吃我膏髓，无论伎俩不能出其范围，即偶一得胜不过暂入即出之势，漏尽方休，即果赢得而花费若水，及其输账则铁案如山，愈赌愈迷，不至一败涂地不止。斯时为父母忧，为妻子怨，为亲朋所不齿，人何乐而为此？又况转眼间父母携篮乞食，妻子受饿忍寒，天地间之罪人未有如是之大者！况略有产业，勤俭可亦可兴家，即无产业，佣工亦可度日。吾族中以佣工而渐开基业者不知凡几，至以赌博兴家则吾未之见。昔有诗云：凡人百艺好随身，赌博场中莫去寻。能使英雄为下贱，且教富贵作饥贫。衣衫褴褛亲朋笑，田地消磨骨肉嗔。不信但观乡党内，眼前衰败几多人。好赌之人名利两无所得，其年尚少人料其无成，其家虽盈人决其必败，与人结纳则曰若类不可近，与人效劳则曰若类不可托，如求婚媾则曰若类不能久，如相称贷则曰若类不能还，卒至卖妻鬻子，觅食亡身，人不悟此，哀哉！

戒盗贼。人之生子，当宽以养之，严以勉之。及知识日开，贤智者课以诗书，愚鲁者教以耕种、肩挑贸易、俾可成家。倘听其自便，游手好闲，日积月久，家道消磨，只有偷窃、窝藏匪类是他一条快活生路。不知偷窃者法之所不宥，罪之所当诛者也。人至偷窃，无所归依，必至拖死路旁。窝藏匪类，引诱盗贼入室，妇女与之奸淫，玷辱祖先莫此为甚。族中有为偷窃并窝藏等跷的实者，即送官处治。若至亲徇私回护，即连亲房举呈抵罪。至盗五谷、鸡牲、鱼菜、植木等物的实者，计其赃之多寡，令还本主，仍责罚戒惩，强项者经公究处。以上所议规训，子孙非尽无良不听劝喻，即果不良，一人如此斥之，十余人如此斥之，千万人亦如此斥之，本房如此斥之，外房如此斥之，阖族亦如此斥之，则不良者自良，岂至为非？其仍然为非者，统由父兄及亲房人因而仍之，不自戒饬，且以此争气因而护短，不要人说，一有人说以死结之，所以子弟得势愈为愈识，万不能禁。今与族人约，遇有为非子孙，亲房人诚欲争气，则以争气禁之，诚欲护短，则以护短禁之，如争气而不禁，则气终不可争，护短而不禁则短终不可护。盖果有大事，邀同族众，未必由你争气护短得去，尚其省悟，一团和气，齐心协力，不论亲疏，赏善罚恶，则族之昌大将不可量矣。

戒奢侈。每见世间服饰之华靡，宴席之珍腆，日增月盛，家有余金者，固不难于挥霍，贫者室无储粟亦勉强以效颦，宁饔飧不继而沉湎无厌，宁家业荡消而淫放滋甚。总属痴迷，竟不省悟。

始焉以侈靡而渐困，终焉必冒耻而为非。凡我族中务以勤俭相劝，以奢侈相规。

戒冶游。社会风化之隆替，而地方之盛衰系焉。男宜质朴，勉事生业，莫效纨绔浪子，竞奢斗靡，流连于花街酒巷。女务端庄，恪遵闺诫，毋袭艳妇娇风，冶容诲欲，往来于佛寺神坛。夫冶游一事。实导淫之媒介也，伤风败纪，慝非损名，莫是若也。凡我宗士女，均宜各自规戒，以保全其人格。如此日积月趋，风俗自渐归于淳厚，俾我支亦借以浸昌寝炽也。克继前徽，昭兹来许，有厚望焉。

## 明厚德

凡人之生，贵积阴功，非必广施厚赉。如今人之修桥舍路着，始谓之功也。即念虑之间，常存利物，这便是心地好了，天地神明必鉴之。将来福泽近则及于身，远则及于子孙。譬之树木，枝叶虽未蕃衍。而本根已培，则畅茂条达，自莫能遏矣。吾族子孙，务宜省之。

必有容，德乃大；必有忍，事乃济。大丈夫当容人，无为人所容。张公九世同居，皆由忍字。有隐无犯，不独事亲为然。凡乱大谋者，皆起于小不忍也。自今，尊长少有差失，卑幼固当容忍；若卑幼少有违错，尊长亦当从容善道，不可轻发阴私，以滋愤恨。如此则一门之中，和气致祥。庶几乎敦睦之风矣。

《易》曰：“积善之家必有余庆，积不善之家必有余殃。”世人每谓玄道幽远，鬼神茫昧。损人利己，无所不为，不知目前或未分明，日久终无爽忒。凡为子弟，务以阴德为重，切勿恃强逞横，欺孤凌弱，唯利是图，罔思冥报，戒之戒之；彼好义之士，捐己济人，恤其贫茕，救其灾患，随力所至，以尽厥心。虽不望报，神明其有不佑乎？

以德获福，非谓德是德、福是福也；德即是福，原非两物。即如一启口而饮食必节，则不致生病；语言必慎，则不至兴戎；口之所入所出，皆福矣。一举足而立必正方，则无跛倚之咎；履必坦道，则协贞吉之占；足之一动一静，皆福矣。今人徒以安居而食厚味为享福，果属有德之士，饭蔬饮水、陋巷曲肱，何在非有德之福？若无德以处此，则四体皆为虚器，不仁之殃深可慨叹矣。

人生于世，不能为善行，亦当为善言，以示子孙。盖善行甚难，或费财力而不为，犹有可诿；至于一言之发，又何必尖利刻薄以为快乎？吾见一种人开口即曰“如此世界，理在哪里？”所谓一言而伤天地之和，贻害于子孙者也。更有谈人闺阃，讦人阴私，尤不可不戒。

凡人不可出绝理之言，尤不可做伤人心之事，须留些地步，使日后好相见。为之而有益于己，然且不为，况无益于己乎！在我则偶然为之，身受者则终生不能忘也。此处不可不检点也。

有利于己，无利于人，君子不为，而众人为之。有利于己，有害于人，众人不为，而小人为之。无利于己，有害于人，小人不为，而恶人为之。有害于己，有害于人，恶人亦不为，而蠢人为之。蠢人不可为，恶人亦不可为，小人亦不可为，众人亦不可为，然则盖为君子？

子曰：“己所不欲，勿施于人。”孟子曰：“行有不得，反求诸己。”董子曰：“正其谊，不谋其利；明其道，不计其功。”朱子曰：“只是‘敬以直内，义以方外’（内心保持恭敬正直，外表要表现得合宜端正）八个字，便一生用之不尽，皆处事接物之要也。”不可不知。

勤能补拙，俭以济贫，是最扼要之理，真正做到常应持之以恒。品行一事，男女都该顾廉耻，爱名誉比爱生命更重要。敬兄爱友，聆听父母，先辈之教，言行一致，敷衍之事，万万不可。

“傲”者，一则不能团结众人，二则离祸不远，三则多为败者，实是可悲，族人理当戒之。“惰”字当头之人一切废也，成事者，无不是从勤苦中来，所以者何，应儆之也；“争、斗”两字愚者之用，行动为之，更是蠢劣，伤风败俗，凄凉万古，兼而有之，与“和”相悖，于己、于众不利，有何乐乎。族人知此理皆应息之。

重德修文。重德，谓人立身社会要以修行廉俭、品德端庄为重；修文，今作重视教育解。特别是“文人”与日俱增要注重自己的操守。古往今来有不少大文人不注意“重德修文”，在历史上留下了骂名，如秦桧、严嵩、汪精卫等。他们只考虑到一己私利而将国家、民族利益放置一旁，这是他们为后人所唾弃的原因所在。

忠孝节义之事，能实体于躬，固谓之德。至若济人之困，扶人之危，不利人之财产，不唆人之争讼，排难解纷，广行方便，常存一点善心，时说几句好话，内无咎于己，外不愧于人，天地神明必共鉴之，即为阴德，将来福泽，近及于身，康疆逢吉，远及子孙，门庭光大。

品行宜端。合族端品行，正大以存心，谁无仁义性，多为利欲昏。择术从此坏，万事尽皆倾。每见卑污者，体面究何存？丈夫宜守己，磊落自堪钦，切莫交匪僻，尤宜学正人。关西辞暮馈，伯玉堕冥冥，君子小人异，只在方寸中。失足千古恨，莫负百年身。族多贤哲了，先代益光荣。

莫谓神明当敬也。敬神明莫若敬心。莫谓此心可欺也。欺此心既是欺天。心存正直，天知神敬；心存欺诈，鬼祸灾生。从古欺心做坏人者，曾有几个到头！

## 笃行善

家本者何？存心是也。人生世间，几百之物，受用有尽。唯此善根，受用无尽。故曰：耕尧田者有水虑；耕汤田者有旱忧；耕心田者日日丰丰，无虑无忧，家之长久，系于一心。故存心先焉。

闻善不疑。末俗闻善则疑，见善则忌，自处于不善，而不甘让人以独善也。不知我遇善人，畏而爱之，善人将乐引为徒，我可取资于善人，且力追乎善人，以独善也。若徒疑之忌之，善人日进于善，我日处于不善，我与善人不啻霄壤之有别矣。

积德乃裕后之本根，审交乃保身之良法。德不积则无以基福祉，交不审则无以知善恶。人情莫不好善而恶恶、好兴而恶衰、厌贫而愿富。但不知人之兴衰不在于贫富，而在于善恶，譬人之贫富犹人骨肉之肥瘦也。善恶犹人脉之邪正也；富而作恶，如人虽肥而脉已邪，邪则必绝必仆；贫而积善，如人虽瘦而脉甚正，正则愈壮，万不死理。又譬之物，贫富者枝叶之盛衰也，善恶者根本之伤固也。富而作恶，如枝叶虽盛而根本已伤，伤则生理不固，枯槁有日；贫而积善，如枝叶虽衰而根本已固，固则气愈滋息，发荣可待。世恣恶皆此关之未透也，若透此关，则知善之所为，非为人也，为我也，植子孙之根本也，培子孙之元气也。近则身无忧辱，远则子孙昌盛。善如治生五谷、长命丹药，不可以不为也。恶之为，虽自利也，实自害也，坏子孙之根本也，索子孙之元气也；近则罹忧辱，远则子孙衰败，如荆棘之不可践，如蛇蝎之不可近，人不可以或为也。古云：积金以遗子孙，子孙未必能守；积书以遗子孙，子孙未必能读；惟积阴德于冥冥之中，以为子孙长久之计。又曰：与善人居，如入芝兰之室，久而不闻其香，与之化矣；与不善人居，如入鲍鱼之肆，久而不闻其臭，亦与之化矣。此先人之格言，乃后人之龟鉴。凡我宗人，宜服膺而弗失。

吾观昌大之家，历数世即人众丁繁，再历数世，遂衍而成族，此皆前人修德、行仁、牛眠获吉所致也。

尤必体前人忠厚存心，修德果善，以为子孙昌大之计，使天佑吾宗，延为无疆之休，则善矣。汝曹慎之勉之。必尊祖孝、敬父兄、慈子孙、正夫妇、时祭祀、力树艺、敦素朴、黜浮华、戒赌博、和邻里、睦亲友，崇儒重道，立教务学，此皆善之所当为者也。

若夫犯国宪、虐细民，放僻邪侈，骄横刻薄，淫酗灭性，赌博破产，学歌舞以伤俗，恣淫乱以败伦，为攘窃奸宄以贼身，此皆不善之所当戒者也。至于圮败族类，骨肉相残，贫富相欺，尊卑相讼，宠妾夺嫡，卖子弃女，无大故而黜妻，甘奴隶而辱先，尤家门不幸之大者也。吾宁愿子孙有此乎！

勿以善小而不为，善积而百祥集，其族必昌；勿以恶小而为之，恶积而百殃聚，其族必亡。吾早夜思之，惧汝曹之弗省，故述之以昭来世。唯冀吾之子子孙孙，千枝万派，奕叶云礽，斯足以慰吾之愿望也。《诗》曰："诒厥孙谋，以燕翼子。"此之谓也。其敬念之，嗣守勿替。

世间当行与不当行者，善恶两途；天之福人与祸人者，亦善恶两途。勿谓些小之善不足纪，善念一生，天必降之福；勿谓些小之恶无足畏，恶念一生，天必降之灾。二者不分大小，只在人举念间耳。《太上感应篇》注得分明，不可结怨于人，人之最难忘者，感恩、积憾二端，施恩于人尚有忘者，积憾于人则透人骨髓，鲜有不思报者。所以吾人处世当存一宽大之念，不独驭事留其有余，就是言语之闲也不可过当，我出于一时之无心，而人竟积为终身之怨阶矣！

凡事不可做尽。人力不逮于我，我不可穷人之力；人势不及于我，我不可使尽其势。即言语之间不妨让人一句，略得便宜抽身便转，讨了许多受用。

## 择师友

朋友之交，亦五伦之一。然而匪人败伦，自古记之。语曰：蓬生麻中，不扶而直；白沙在涅，与之俱黑。故读书者，必择直谅多闻之士而友之，则德业日崇。农工商贾者，必择诚实忠厚之士友之，则习尚不坏。倘始交不慎，与浮浪辈群处，终日酣歌，博弈嫖赌戏谑，甚至灾及其身，以累其亲，虽悔何及！故交游不可不慎也。

发明义理、指引涂辙者，师之功也。渐摩诱掖、忠告善道者，友之力也。人生五伦，赖师友而明，可不重欤？故凡宗其德行、宗其学业、法其艺术者，皆谓之师，师之即当敬之尊之，终身不可怠慢。即已富贵而师贫贱，尤当敬礼不衰。凡同窗同业，皆谓之友，友之即当敬之爱之，终身不替。如师非其人而误师之，所当早远，而礼不可失也。友务慎择不可，苟交而复绝，悔之晚矣。如端庄严正之师，直谅多闻之友，终身亲依可也。又有子弟，轻逸骄纵，其父兄不知检束，与浮浪辈群处，或师与友歌舞博弈酣饮戏谑，甚之放僻邪侈，无所不为，及犯于辜。灭其身以累其亲，虽悔何及！原其所由，岂非父兄不为子弟隆师取友，教以正道而致然欤。各家父母，于子弟广延师友，训之义理，不患子弟之不成矣，勖之哉！

益友、损友，在所当辨。然益友难亲而损友易昵，使我无知人之明，安能得乎直谅多闻之实，诚得其人而友之？赏奇析疑，劝善规过，处则切磋以成德，出则同寅而协恭，即时值险阻忧危，而合志同方，亦不至误入歧途，同心断金，良不虚也。若不得其人而误交损友，非不其甘如醴，一朝不遂其欲，覆雨翻云，落井下石，直如仇敌，皆由辨之不早辨也。

交友原则：互相信任是基础，相互尊重是前提，真诚相待是原则，患难与共是根本。

发明义理、指引迷途者，师之功也。渐摩互砺、忠告善道者，友之功也。故凡教育子弟者，必择端方纯粹之师，直谅多闻之友，与之熏陶涵养，则子弟日进矣。不然，比匪之伤能无戒乎？故师道尊于君父，好友比于金兰，不可不重也。蓬生于麻，不扶自直，白沙在泥，不染自黑，为子弟者其慎之。

人生活在社会上，总是离不开集体的。与志同道合的朋友互相砥砺、互相规约、共同进步，这是取得事业成功的重要因素。过去说：赌博时结成的友谊，很难维持一天；经常一起酒食结成的友谊，很难维持一月；靠利势结成的友谊，很难维持一年；只有靠高尚道德、共同志向结成的友谊，才能终一不变。近朱者赤，近墨者黑。和好人为友，自己也变好；和坏人为友，自己也变坏。人好道，学好样，凡我裴族人都应慎交友，远小人而近君子。

**河东裴氏家训**

**敬奉祖先**

慎终追远，木本水源。生事死葬，祭祀礼存。

立志向善，做贤子孙。贻谋燕翼，勿忘祖恩。

**孝顺父母**

父母恩德，同比昊天。人生百行，孝顺为先。

跪乳反哺，物类犹然。况人最灵，孺慕勿迁。

**友爱兄弟**

世间难得，莫如兄弟。连气分形，友恭以礼。

同心同德，团结一体。姜被田荆，怡怡后启。

**协和宗族**

曰宗曰族，一脉相传。勿事纷争，和谐齐贤。

尊卑长幼，伦理秩然。远近亲疏，裕后光前。

**敦睦邻里**

同村共井，居有德邻。相维相恤，友助和春。

勿生嫌隙，有礼彬彬。基层良风，家国亲仁。

**立身谨厚**

谨身节用，明刊孝经。武侯谨慎，昭若日星。

厚德载福，宽让能宁。谦虚自牧，喜怒不形。

**居家勤俭**

勤能补拙，俭以养廉。丰家裕国，莫此为先。

颓惰奢靡，祸害无边。惜时爱物，居安乐天。

**严教子孙**

家庭教育，立人丕基。诲尔谆谆，性乃不移。

谨信泛爱，重道尊师。传子一经，金玉薄之。

**读书明德**

人不读书，马牛襟裾。学而时习，其乐有余。

一技专长，生计无虞。立达希贤，典型规模。

**惇厚戚朋**

朋友五伦，以德辅仁。益友损友，择游宜珍。

戚党姻亲，和恰如春。岁时伏腊，晋接礼宾。

**慎重言语**

一言兴邦，一言丧邦。圭玷可磨，言玷永伤。

驷不及舌，语出须防。少说寡祸，发言有章。

**讲求公德**

置身社会，公德第一。爱惜公物，遵守序秩。

时时警惕，留心错失。去除自私，免贻人疾。

**河东裴氏家戒**

**毋忤尊亲**

《孝经》云：“夫孝，天之经也，民之行也。天地之经，而民是则之。”是故子女对父母长辈，应予孝顺，听从教诲，绝不许有违忤、伤害、遗弃尊亲。

**毋辱祖先**

木本水源，慎终追远，乃人伦之基本大道。《诗经》云：“毋忘尔祖，聿修厥德。”即常念尔祖，述修其德之谓。故为人子孙者，应修身明德，遵守正道，不得为非，毋辱其祖先。

**毋重男轻女**

天生烝民，本为平等，无分男女贵贱，是以父母长辈，不可有重男轻女之观念。教育、生活，男女一律平等。吾姓女子不得以之嫁人为妾，或溺女婴、抛弃女婴之事。

**毋事赌博**

赌博倾家荡产，为害匪浅。长辈须以身作则，决不可涉足其间。严禁青年后辈沉溺于斯，即使从旁观看，决不许可，以杜其渐，沾染恶习。

**毋为盗窃**

君子固穷，一介不取。廉者不受嗟来食，志士不饮盗之泉，岂肯沦为盗贼、杀人越货之败类。吾姓子孙，须明廉知耻，做堂堂正正之人。

**毋贪色淫**

淫嫖败德戕身。奸淫妇女，报应随之，如响斯应。青年纵欲，天机早泄，损其寿算，或罹痼疾，贻害子孙。为官贪色，身败名裂。吾家子孙，允宜切戒。勿纳于邪，非礼是远。

**毋吸烟毒**

一般香同烟，百害无益。而况吸食鸦片及有关毒品，为害尤烈。吾家子孙，应予切戒，免戕身心，倾荡家财产业，更罹法网。

**毋酗酒好斗**

酒以格神礼宾，饮宜适度。豪饮酗酒，乱性败德，戕身偾事。孟子云：“少之时，血气未定，戒之在斗。”是故吾家子孙，力戒酗酒。忍小忿，成大谋，行大勇。切勿亲近恶少败类、寻仇斗狠。

**毋忘本崇洋**

近世以还，崇洋泛滥。须知身、家、国、民族为其一体，而不可或分者，亦即人之大本。吾家子孙，不可有忘本崇洋思想行动，如在某种不得已之情况下，而入外国籍，亦须保持吾华固有之优良风尚习惯、语言、文字及祖家之渊源。

**毋入帮派**

黑社会分子，为害人群，苟入其中，等于陷阱，任其驱使，为非作恶，众所痛恨，法网难容。吾家子孙，对此视同蛇蝎虎狼，应予远之，免遭祸害。

家训的内核：

重教务学 崇文尚武

德业并举 廉洁自律

或

重教守训 崇文尚武

德业并举 廉洁自律

## 三、裴氏文化独特的精神特质

### 1. 裴氏族人的性格特点

千百年来，寻觅裴氏族人的踪迹，发现裴氏族人的性格有两大特点，即秉正直、重亲情。

裴氏族人性格正直，其表现形式不一：有时候是气节，有时候是忠义，有时候是清廉，有时候是诚信，有时候是一诺千金。

如果说“天下裴氏一家亲”的亲情是裴氏族人的最终归依，那么正直就是隐藏在裴氏家族略显不灵活外表下的精神原动力。这是裴氏族人复杂性格的两条主线。岁月可以改变裴氏族人的行为轨迹，但它改变不了裴氏族人的性格特点，因为它形成于千百年来裴氏族人的血脉基因。

**2. 裴氏文化的精神特质**

裴氏文化源远流长，博大精深。那么，它的精神特质是什么呢？是“文种勿绝”的裴氏家风。家风是一个家族世世代代积累起来的思想、理念、品格、规矩，这既是一个家族文化的印迹，也是历代宗亲在不断的社会实践中总结出来的生活智慧和处世策略，是一种精神集合。“文种勿绝”是唐朝宰相裴度在《训子令》中提出来的，自裴度以来，一直成为裴氏家族的座右铭，以至代代相袭传为家风。“文种勿绝”也就是“修身不止”。“修身不止”既是一种价值追求，更是一种执着精神。裴氏家风的励行实践告诉人们：只有文种勿绝，才能家风永续；只有家风永续，才能人才辈出；只有人才辈出，才能治国安民。

孟子曰：“君子之泽，五世而斩；小人之泽，亦五世而斩。”意思就是说，不论是谁，不论曾经做过什么样的努力和拼搏，创造和积累了多么显赫、耀眼的财富，但经历五世之后，就全部烟消云散了。这句话被人命名为“五世而斩定律”。

“文种勿绝”的独特之处，就在于它打破了孟子的“五世而斩定律”，是对治“五世而斩定律”的良药。它不仅孕育出一个推动我国封建历史车轮滚滚向前的“仕族大家”，而且还将其保持数代兴盛不衰，千年荣显。

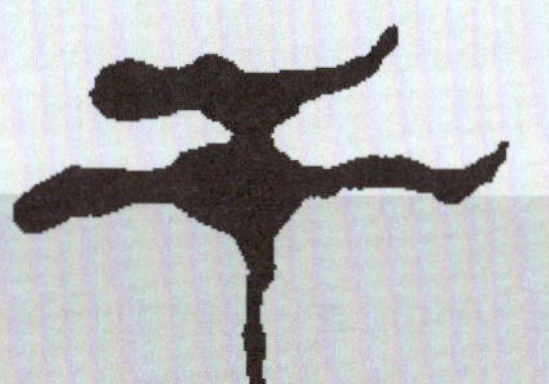

# 第三篇

# 裴 氏 家 风

什么是家风？要搞清这个问题，必须首先搞清家训、家规与家风的关系。“家训是家庭的核心价值观，家规是家庭的‘基本法’，家风是家族子孙代代恪守家训、家规而长期形成的具有鲜明家族特征的家庭文化。是一个家族最宝贵的财产，是每个家族成员自豪感的源泉，是每个家族成员‘三观’的基石。家风是融化在我们血液中的气度，是沉淀在我们骨髓里的品格，是我们立世做人的风范，是我们工作生活的格调。家风是民风社风的根基，是社会和谐的基础。”家训，是一个家族的历史遗存，而家风则是与时俱进的。

中华民族历来重视家庭，正所谓“天下之本在家”。尊老爱幼、妻贤夫安、母慈子孝、兄友弟恭、耕读传家、勤俭持家、知书达礼、遵纪守法、家和万事兴等中华民族传统家庭美德，铭记在中国人的心灵中，融入中国人的血脉中，是支撑中华民族生生不息、薪火相传的重要精神力量，是家庭文明建设的宝贵精神财富。

家庭是社会的细胞，家庭和睦则社会安定，家庭幸福则社会祥和，家庭文明则社会文明。历史和现实告诉我们，家庭的前途命运同国家和民族的前途命运紧密相连。我们认识到，千家万户好，国家才能好，民族才能好。

千百年来，裴氏家族的家风，承载着中华民族独特的文化基因，蕴藏着丰富的传统美德和民族精神，以其独特的历史深度和文化厚度阐明事理、教化育人，是中华优秀传统文化在当代社会中的生动展现。弘扬家风家教文化，就要深入挖掘、整理，凝练、阐发以裴氏家风家教文化为代表的优秀传统文化中的价值共识、精神追求、道德智慧，并将其与当代社会深度融合，用优良家风蕴含的传统美德指导和规范人们的思想行为，让人们在践行优良家风中加深对中华优秀传统文化的认识和了解，在潜移默化中增强文化认同，树立文化自信。

裴氏家风的基本特征是：“推

诚为先，强学为本，重教守训，德业并举，廉洁自律，自强不息。”

这六句话既是裴氏文化的历史遗存，它涵盖了裴氏家族的千年古训、家训的核心，以及千年荣显的秘诀；又是新时代社会主义先进文化的重要内容，是社会主义核心价值观的重要基础，体现了与时俱进。这是裴氏家族引以为傲的资源，是每位家族成员践行家风的准则和目标。“两千年家风传于万户；廿四字核心理念种在九州。”践行裴氏家风，要从践行这六方面做起。

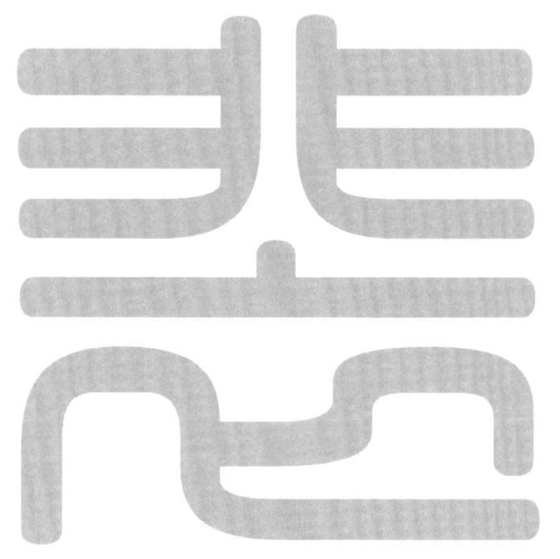

# 第一章 推诚为先

## 一、推诚为先的历史形成

### 1. 血脉渊源

自从以血缘为基础的家庭诞生，家风文化也就随之而生。诚，是裴氏先贤们在骨髓和血液中先天形成的一种基因，经过千年遗传、巩固和发展，形成了裴氏族人的一种美德。早在《大唐故正议大夫、行太子左谕德裴公（咸）墓志》中就写有：“推诚为应物之先，强学为立身之本。”推诚，即以诚心相待。应物，即待人接物。这是裴氏家族发现的最早的古训。由于年代久远，且代代相传，“诚”于是就成为裴氏家风的重要组成部分。

诚，即诚信，立世之本。精诚开金石，与人方便，自己亦方便。裴氏先人告诉我们：“持身端正心地善、光明俊伟子孙昌，懿德四方。”千百年来，诚实，以务实的态度去做人、做事，做好家里的事，做好国家的事，已经成为裴氏族人一种发自内心的需要。推诚为先的入世态度，这是裴氏家风的灵魂，在裴氏家族中很少看到“坑、蒙、拐、骗”的现象。推诚为先，这是裴氏族人安身立命的根本，是道德的基础，是人格的标识。推诚为先，不仅是裴氏家族千年荣显的秘诀，而且为族人的最佳品质的形成，提供了最直接、最简捷的道路与方向；是对中华文明的最大贡献。

《淮南子·主术训》中说：“块然保真，推德推诚，天下从之，如响之应声，景之象形。”裴氏的高明之处就在于把“诚”放在首要的位置，强调：做任何事情要想成功必须首先从诚做起。

**2. 思想基础**

《大学·经文》指出：“格物而后知至，知至而后意诚；意诚而后心正；心正而后身修；身修而后家齐；家齐而后国治；国治而后天下太平。”意思是：只有探究到事物的原理和规律才能得到真知；有了丰富的知识，才能使意念诚实；有了诚实的意念，才能使思想端正；端正了思想，才能提高自己的道德修养；提高了道德修养，才能整治好家；整治好家，才能整治好国；整治好国，才能使天下太平。看来，在道德发展的顺序上，“诚”确是首要的。

《礼记·大学》中也说：“欲修其身者,先正其心,欲正其心者,先诚其意。”《中庸》指出：“诚者，天之道也；诚之者，人之道也。”意思是：诚，是自然规律；追求诚，是社会规律。《大学》如是说,所谓诚其意者,毋自欺也。也就是做人做事都要实事求是，绕道规律就是自欺欺人，将一事无成。《中庸》又指出：“诚则明，明则诚。”是说真诚的态度有助于正确地认识事物；正确地认识事物有助于坚持获得的真理。既诚又明，就能为人类认识世界作出较大贡献。这几段出自《中庸》的名言，讲述了以诚为先的重要性。真诚就会明天理，明白天理就会真诚。真诚是社会与生的大道，是无法分离的，它既是天道运行的法则，又是人道运行的法则。只有为人真诚才可以说是一个真真正正的人，也才能够得到人生的智慧，从而拥有成功的人生。

**3. 哲学辨思**

诚，既属于伦理学、道德学的范畴，也属于哲学范畴。诚，可以看作是中华文化化为理念具有永恒价值的道德底线。

从伦理道德上说，很多人把儒家思想的内核称为“仁”，但从哲学上来讲，“诚”也属于世界观的概念。裴氏家风正是在“诚”这个世界观的指导下形成的。之后就会发现至诚如神。

只有真的诚于己，才有去私欲、存天理、致良知，也才有立志、知行合一，这一系列有效的自我循环。《中庸》指出：“诚者，物之终始，不诚无物。”在儒家看来，没有了“诚”就没有了一切。一切都依“诚”而存在。“诚”就是真，是客观实在的属性与规律。“诚”等同于现代意义上的“实事求是”。实事求是是辩证唯物主义和历史唯物主义的精髓。裴氏将推诚为先作为世界观的高明之处就是坚持以实事求是对待一切事物，而且总是把实事求是放在首要的位置。

## 二、推诚为先的裴氏先贤

**1. 裴矩以诚事忠**

唐太宗即位之初，裴矩能诤言直谏，敢于为皇帝纠错。有一次，唐太宗得知许多官员涉嫌行贿，决意惩治腐败，于是暗中派人以财物行贿，测试他们是否廉洁。有个官员接受了一匹绢缯，太宗很生气，要把他杀了。裴矩进谏说：“官员接受贿赂，确实应该严惩，但陛下使用财物试探他们，让人落入犯法的陷阱，恐怕不符合‘道之以德，齐之以礼’的圣训。”太宗感觉裴矩言之有理，欣然纳谏，并召集五品以上的官员褒奖他说：“裴矩能当官力争，不看朕脸色行事；如果每件事都能如此，何愁天下不治？”

**2. 裴怀古的“诚”字诀**

仪凤年间，裴怀古曾任御史，

有一天，女皇武则天亲自交办他一起案件，令他严惩相关人等。仅从武则天愤怒的表情和严厉的语气，他就知道女皇对此案已有定性，交人去办不过是走个程序去执行而已。原来恒州鹿泉寺有不少僧人上书告发高僧净满淫乱、大逆不道，并提供了一份物证。他们在净满的经书箱子里找到一幅画，一个美女坐在高楼上顾盼多情，净满在楼下色眯眯地弯弓射箭，分明在投递情书，勾引良家妇女。武则天笃信佛教，对这种事自然不能容忍。谁知裴怀古在接手案件没两天，就将净满无罪释放，反将那些告状的人抓了起来，关进了监狱。武则天闻报勃然大怒，裴怀古面不改色，平静地申诉说，净满是被人陷害，并坚持自己的判决结果。武则天厉声责备他执法不公、放纵罪犯，要卫士拉他下狱治罪。李昭德在旁打圆场说："小臣认为，裴怀古审案粗枝大叶，请陛下命令他重审。"他的本意是给裴怀古一个台阶下，让他按照皇帝的旨意办。不料裴怀古丝毫不领情，他挺直脊背，大声说道："陛下颁布的法律没有亲疏之分。普天之下应当遵守同一标准。陛下为何要让小臣诛杀无辜的人，来违背陛下关于法律的圣旨？假使净满真有违法行为，我又怎有脸宽纵他？小臣只根据法律公平执法，以求不冤枉好人，不滥施刑罚。就算这样做招来杀身之祸，我也不后悔！"武则天最终也没能改变裴怀古的意志，只好默认了这一结局。

诚于做事，纵是皇帝震怒也不肯低头；诚于己心，纵是利刃加头也不放弃内心的坚守。裴怀古之所以为历史所铭记，就是因一个"诚"字吧。

### 三、新时代的推诚为先

诚信是中华民族源远流长的历史传统，也是我国传统道德的基础和根本。在长期的社会实践中，人们重承诺、守信义、以诚立业、以信取人，形成比较稳定的社会结构和延绵不断的中华文明。但是，在市场经济条件下，诚信受到了很大的冲击，一些急功近利、投机取巧、见利忘义思想充斥着耳目，一些“坑、蒙、拐、骗”现象也不时出现。在物质主义、功利主义和享乐主义思想的冲击下，在一些传统美德丢失的情况下，必须重新认识“推诚为先”的重大意义。

推诚为先，不仅是裴氏家族的，也是中华民族的，在新时代，必须大力弘扬。

**1. 不忘初心，待民以诚**

回顾中国近代史，当年，是毛泽东以真诚感动了袁文才，最后顺利地上了井岗山，建立了红色革命根据地。在整个革命的进程中，共产党的真诚与国民党的虚伪形成了鲜明对比，在力量对比悬殊的情况下，共产党由弱到强，最终取得了夺取全国政权的胜利。很难想象，一个没有诚信、充满欺骗的人如何能真实正确地反映分析客观事物。非诚之人尽管一时得逞，最终结果只能是害人害己害社会。如果政府不讲诚信，最后必将被人民所淘汰。所以，人民政权的巩固，必须以对人民的诚信来赢得人民的支持。不忘初心，就是不要忘记共产党当年对人民的许诺，就是要坚持诚信。

**2. “仁”者爱人，推诚倡敬**

“仁”是孔子哲学思想的一个核心。而行仁的方法，在于以敬为主。诚者天之道，敬者人事之本。敬则诚，没有敬就不能诚。诚敬相连，敬为条件。敬则诚，既是道德伦理，又是中国人和中国社会普遍的人文指标。

在白鹿洞书院的洞规里有一句话：“言忠信，行笃敬。”我们推行“诚”字，就要抓住一个“敬”字。古和今，传统的思想和现代的思想，用一个“敬”字就可以打通。而我们现在人与人之间关系所缺乏的，是“敬”字。推诚倡敬，应该在社会上大力展开。

**3. 健全制度，依法推诚**

诚信是社会和谐的基石和重要特征。要继承发扬中华民族重信守诺的传统美德，弘扬与社会主义市场经济相适应的诚信理念、诚信文化、契约精神，推动各行各业各领域制定诚信公约，加快个人诚信、政务诚信、商务诚信、社会诚信和司法公信建设，构建覆盖全社会的征信体系，健全守信联合激励和失信联合惩戒机制，开展诚信缺失突出问题专项治理，提高全社会诚信水平。

**4. 和谐社会，从诚做起**

推诚为先，不仅深埋于中华文明的沃土之中，彰显于裴氏家族千年荣显的历史过程中，而且深刻地影响中华文明的现在和未来，是践行社会主义核心价值观的重要组成部分。

社会主义核心价值观强调“诚信、友善”。诚信是德的根基，友善是德的境界。古人云：“信，诚也。”意指“信”“诚”本为一体，诚是信的内在思想，信是诚的外在行为。诚信，对一个人来说，反映出一个人的人品。诚信，对一个企业来说，则反映出一个企业产品的可靠性、产品的质量，以及人们对企业的信任度，从而影响到产品在市场中销售的深度和广度。在当今虚伪肆虐、失信充市的情况下，必须大力推崇裴氏文化的“推诚为先”，大力打击“坑、蒙、拐、骗”，随时警惕一些花言巧语、投机取巧。对人以诚，顺应天道人道，则前途光明；巧弄心机，弄虚作假，或许一时得逞，但最终逃不掉失败的命运，甚至会走向绝路。

做人，不一定要风风光光，但一定要堂堂正正。处事，不一定要尽善尽美，但一定要问心无愧。以真诚的心，对待身边的每一个人。以感恩的心，感谢拥有的一切。未来，不是穷人的天下，也不是富人的天下，而是一群志同道合、敢为人先，正直、正念、正能量人的天下。真正的危机，不是金融危机，而是道德与信仰的危机。与智者为伍，与善良者同行。非诚是道德危机之首。非诚是社会乱象之根。“坑、蒙、拐、骗”，说假话，卖假货，说一套做一套，假公济私等都是因为不诚实而产生的。诚是衡量一个人素质的最基本的标准。要建设一个和谐社会，必须从“诚”抓起，而诚的教育必须从儿童时抓起。随着“推诚为先”教育的层层深入，必将进一步推动社会风气的转变。

# 第二章 强学为本

《礼记·儒行》中说：“席上之珍以待聘，夙夜强学以待问。怀忠信以待举，力行以待取。”汉扬雄《法言·修身》中讲：“君子强学而力行。”《孝经·开宗明义》：“立身行道，扬名于后世，以显父母，孝之终也。”强学，即勤勉地学习。立身，即处世、为人。

“强学为立身之本”，这条千年古训激励着裴氏族人刻苦学习、强学立身、不断进取，成为裴氏族人出人头地、报效国家、实现伟大理想抱负的强大动力，而且一代影响一代，蔚然成风。

千百年来，裴氏家族把学习作为人生不可或缺的需要。

**一、强学是生存的需要**

“耕读传家”是裴氏家族的传家宝。裴氏族人把“耕”和“读”作为生存的一种需要。耕是为了吃饱肚子，读是为了充实头脑。

裴氏的先人云："世间有志气人不可限量，而读书人尤不可量，故读书为吾族人第一紧要事。"《河东裴氏家训》第八、第九条提出："严教子孙，读书明德。"

无论是过去还是现在，走进裴氏的祖地裴柏村，许多农舍门楣上难见"招财进宝"之类的文字，却执着地雕刻着"耕读传家"四个大字。这里还有一个名曰"敝草"的奇特民俗。谁家长子出生，邻里亲朋不送金钱美食，而是用绸布写上"济世栋梁""建国英才"之类贺词，连同书写所用笔砚一齐奉送悬挂。娘舅则将带根谷草，以泥固定于门楣，激励子孙亦耕亦读，建功立业。"耕读传家"作为一种家风，是形成裴氏族人自觉学习的基础。

裴宣窗外旁听的故事，是裴氏先人强学立身最生动的例子之一。

裴宣家住定陶县裴家庄，父亲是位农民。一家五口人，种着二亩半薄地，家境贫寒，夜无隔天粮。由于家贫，从五六岁时起，裴宣就得在家里干活，不是拾柴，就是拾粪。他在拾柴时，路过村东学堂时，在门外站着听村学先生王德品教学生读书。王德品老先生教了十五六个学生，他教书有个习惯，先领学生读一遍，接着再让学生念一两遍，然后就开始让学生一个接一个地背书，背不出的就要挨板子。

一天，王老先生还是按老规矩教《战国策》中的一篇《唐雎不辱使命》，读了一遍让学生自己念，裴宣还是在门外偷听。王老先生开始提问学生背书，站起一个背两句就不会了，再站起一个背一句下边都忘了。王老先生接着把十五六个学生全点了一遍，谁知连一个能背下来的也没有。王老先生大喊："谁会背？不会背我可要挨着一个个打了！"整个学堂鸦雀无声。王老先生又喊："有没有会背的？有一个会背的，我也不打。"学堂里仍然一片寂静。王老先生无奈，高举起戒尺就要往第一位伸出手的学生打去。此时，窗外传来一声大喊："慢着，不要打，我会背！”接着背书的声音传入教室。

王老先生半举起的戒尺放下了，他惊奇地走到教室外，见到骨瘦如柴、十二三岁的裴宣，急忙问：“文章可是你背的？”

“正是！”裴宣放下挎篮立正站着答道。“到室内叙话。”王老先生十分高兴，让裴宣随他进入教室坐下，又问：“你啥时会背的？是过去就会背，还是听我念后会背的呢？”裴宣躬身施礼道：“禀先生，我在窗外每天都听先生念讲，凡听您讲过后都会背！”王老先生说：“为何不来读书，为啥老在外面听呢？”裴宣望着王老师，眼泪像断线珠子滚了出来。于是便将家贫，每天拾柴路过此地听先生教书，听一次就会背，然后再去拾柴，走在路上再温上几遍的事学说一遍。王老先生半信半疑地问：“我过去所讲的都是哪些？你能背背让我听听吗？”

裴宣高兴地说：“能！”接着便将过去学过的背了数篇。王老先生听后点点头，大喜道：“奇才！奇才！从明天起，免费到室内听，我先给你念、讲，再去拾柴。”

从那天起裴宣跟着王老先生念了数年书，次次考试都是第一名。通过刻苦学习，成就了辉煌人生。

**二、强学是自尊的需要**

“百代家规，处事强学为本”。裴氏家规中明确规定：“布衣白丁，不入祖茔”“子孙不中秀才，不准进入宗祠大门”。族规中还有规定：“族中之人有读书上达者，增光祖宗，启佑后人，可有奖励。”又定：“吾族中子弟有勤苦攻书者，此其志向不在小，今日为鱼，安知异日不为龙乎！倘或力不足不能卒业，宜尽情加意奖借提掇，量给饭食纸笔之需，以玉成之。”此项规定，时至现今，仍在实行之。这就是把读书好坏作为荣辱观的组成部分。这种荣辱观养成了裴氏族人强大的自尊心。凭借这种自尊心，裴氏族人在学海的竞争中不断进取。古往今来，不仅有大量族人考取秀才，还有很多人考中进士，其中有11人高中状元。

现在的大多数青年，也把考取全国名牌大学作为自己的奋斗目标。总之，无论是古人还是今人，都把学习好作为对祖宗、对族人的一种荣耀，自尊自强永远是裴氏族人的一种精神力量。

**三、强学是自我实现的需要**

读书明理，读书对陶冶情操、提升个人修养和能力素质大有益处。裴氏家族把儒学思想作为家族的指导思想，子孙必须熟读儒家经典，积极推崇儒家提出的道德规范，通过读书，做到品行高洁、正直无私，处处以古代君子的相貌威仪、行为标准衡量自己。裴氏笃信“不仕无义”的观点，将“不仕无义”作为自我实现的理想目标，主张有学识的人应理直气壮出来做官，不逃避现实，积极推行自己的政治主张，从而更好地报效国家和人民。反对怀才隐居、不问时事，认为这是一种不义行为。

南北朝时，裴叔宝之妻傧氏，富学养，性刚峻，秉夫之志，以“经书”教子成才。裴植、裴飏、裴瑜、裴粲、裴衍五子视母如严君。非衣，不敢见，小有罪过，必束带伏阁。经三五日乃引见之，督以严训，后五兄弟皆于不同方位，同时活跃在政治舞台上，裴植为魏宣武时度支尚书，加金紫光禄大夫，赠征南将军；裴飏为南齐骁骑将军；裴瑜为后魏渤海太守、绛州刺史、义乌县开国伯；裴粲为魏宣武帝末扬州大中正、中书令；裴衍为魏孝明帝时北道都督。

裴秀八岁就会写文章。裴頠博学稽古，少年时就有名声。裴楷弱冠知名，尤精《老子》《易经》。

裴延儁，少孤，事后母以孝闻，攻读经文，方笔可称，举秀才，后官至北魏吏部尚书、中书令。

裴骏，自幼聪慧异常，人称神驹，弱冠便通晓经史百家之学，行为遵守礼度，后升至北魏中书侍郎，赠平南将军。

裴宽，博阅群书，学问出众。父母双亡后，他抚育诸弟以笃友闻，由于裴宽兄弟天伦笃睦，人之师表，人们都喜欢和他们交友，后来裴宽官至户部、礼部尚书。

裴炎是唐中宗时的宰相。他少年时进入弘文馆学习，珍惜每一天的学习时间，刻苦读书。每逢馆学休假，其他生徒都出去游玩，只有裴炎还在课堂里坚持学习，他的学业长进很快。一年后，有人推荐他出来做官，他以学业还不扎实为由，婉言谢绝。他在弘文馆一学就是十年，博览文史书籍，尤其精通《左传》和《尚书》。在科举考试中，他中了明经。裴炎在官场比较顺利，历任兵部侍郎、中书门下平章事、侍中、中书令。后来，为捍卫唐室，在防止武后篡权的斗争中不幸遇难。

裴休是唐宣宗时的宰相，他接受家族教育的事迹令人感动。他兄弟三人俦、休、俅同登进士第，一时传为美谈。他们童年时一同就读，裴休整年不出别墅之门，白天讲论经籍，晚上研习诗赋。裴休、裴俅后来都高中状元。

由于裴氏族人“以学行自饬，谨守其门风”，一批又一批进士、明经、状元进入仕途，为报效国家作出了贡献。正是：“推诚强学传薪火，百代精英出望门。”

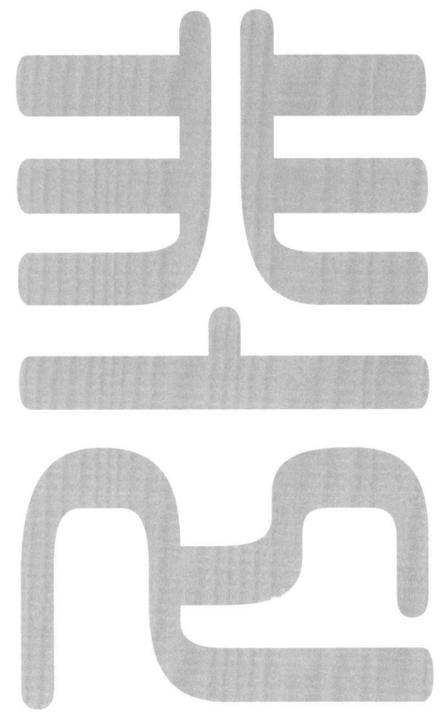

# 第三章 重教守训

教育是育人强国最基本的手段和途径，而家族教育则是社会教育不可或缺的重要方面。家学、家训是家庭教育的工具和产物，家风和言传身教则是育人的无形力量，族规家训是族人必须恪守的行为准则，也是族规性的条款制度。

家风的形成，尤赖家教。在教育不发达的古代，虽有太学、庠序之类的学校教育，但家庭这一社会的基本组织却担负着教育子女成长的重要责任。宗法家庭和家族不仅是整个封建社会的基石，而且是中国文化的柱石。自汉朝以后，教育主旨是传授儒学，家教所倡导的“孝悌、忠信、礼义、廉耻”等教育内容和“修身、齐家、治国、平天下”的教育理念与封建统治者的价值取向是一致的。家教“推动儒学传播、改善道德风尚、维护国家政权”的社会功能是无以替代的，同时家教还具有“慈爱不至于姑息，严格不至于伤恩”等特点。因此，家教的作用是极为重要的。裴氏人才辈出的原因之一，就是家教。

那么，裴氏家教具有哪些独特之处呢？

## 一、立德树人的教育宗旨

立德树人，是裴氏教育的根本宗旨。裴氏教育一直把“立德”作为教育的基础，把“树人”，也就是人才的培养作为教育的根本目的。其中最典型的两句话就是：“德可医命”“不仕无义”。在2700年的裴氏家族的历史中，七品以上官员3000多名，无一人贪腐，这就是立德教育最好的佐证。在裴氏家族的历史上，出现过59位宰相、59位大将军、14位中书侍郎、55位尚书、44位侍郎、11位常侍、11位御史、25位使节、46位荫袭、71位进士、89位公、33位侯、11位伯、18位子、13位男、21位驸马、2位皇后、4位太子妃、2位王妃等，这就是树人的最大成果。

翻开裴氏家训，始终贯穿着“立德树人”的各种论述。如“人之立世，首当树志，胸怀远大，崇尚务实；心术不正，天理难容，言行一致，圣贤称颂”“忠厚笃实传家远，诗书经典继世长”“厚德载福、宽让能宁。谦虚自牧、喜怒不形”“高德贵仕，盛矣国朝，祖德家风，存乎史册”“族间子弟务要各求生理，毋作非义之事。我族人烟散处，子孙蕃盛，尊卑凛凛。在长者毋得持尊凌卑，在小者亦不得侮尊灭伦，各宜自重”“荣辱谁不晓，无求品自高”“欲养其正，贵在童蒙。服毋太华，食莫过丰。严戒骄惰，为求明通”“积善成德，神明自得。乐于助人，厚德载物。心明品正，身被福泽”等。

## 二、完整的教育框架

纵观裴氏家族的家族教育，可以发现，无论是在理论上还是在实践上，它就像一座优美的建筑，构画出一个完整的框架。它绘出了一系列做人的底线，标出了做人的目标，点出了做事的途径，指出了为人处世的各种原则。实际上做人的底线就是地基，目标就是建筑的顶端，柱子就是做事的路径，横梁就是做事的原则。这是一种系统的结构，也是科学的教育结构。有了这种完整的框架，再加上坚持不懈的努力，就可以创作出优秀的作品。

## 三、独特的教育内容

裴氏家族的家教内容，紧紧抓住了五个重要环节。

### 1. 居家教

这是对家庭全体成员提出的要求，具体内容如下：

睦宗族，和乡邻；爱国家，爱集体；尊祖先，孝双亲；勤耕读，守艺业；崇勤俭，端品行；儆“傲”“惰”，息争斗；重教育，造人才；能积储，留余地；惜孤寡，施舍美；护环境，放眼量；慎嫁娶，信科学；哀亡灵，薄丧葬；杜邪恶，戒赌博。

### 2. 子孙教

“养子必教，教则必严，严则必成。故凡教子孙者，非仅读书识字而已。务使习礼义，知廉耻，尚节俭。”

“凡家之兴败，皆由子孙之贤与不肖。子孙贤则败者能兴，子孙不肖则兴者必败。夫资性虽天生，而贤与不肖全凭教训。然教之必自幼始，幼则天性浑然，有直无伪，言行举动易于成习。所以古人谨胎教，端蒙养，孟母三迁良有以也。昔孔子家儿不知骂，曾子家儿不知怒，所以然者，生而善教故也。今人狃于溺爱，不知教法，自幼服必华、食必美，畏其啼号，有求必得，诱其欢笑，无物不陈，全不知有禁忌。及至稍长，任其犯上凌尊，旁人戒之反生嗔恨，骄惰之念到底不移，渐至成立，自游自纵，奢傲之性，暴慢之容，遂终身难变革矣。奸淫邪盗，犯法罹刑，家业被其破荡，祖宗被其玷辱，父母兄弟被其株连，此时欲救不能，欲舍不忍，虽悔何及哉！故姑息骄养，非所以爱子孙，实所以害子孙也。族中养子孙，富则选择乳母，贫者自为养育，服食随时端严自式，勿以诡戏欺亵杂其心，勿任暴傲戾骄其性。能言之日，教其应对，能行之日，教其动止。尊卑有礼，长幼有序。”在对孩子的启蒙教育中，“教他莫顽戏，莫爱财，养其节也；教他莫伤生，莫折枝，养其爱也；教他即席饮食，必厚长者，养其让也；教以孝悌、忠信、礼义、廉耻，以养其心；教以洒扫，应对进退，养其身；教以忠孝、诗章、歌咏，以养其性情。塾从师之日，先读《孝经》《小学》次及《四书》《经义》，务使解说旨义，令其熟玩贯通。果有聪明俊轶者，必使勤举学业，周观博览。子弟复令合群聚读，立社会课，岁试月试，以定其优劣。信赏必罚，以励其志趣，勿怠勿懈，以图上进。愚玩鲁钝者，止令习熟书算，早教他习一件本分生理，农工商贾之类，量其才力而教育之。教其始终一业，不得见异而迁。总教其存好日、做好事、明伦理、顾廉耻、习勤俭、守法度。教其礼让，教其谦恭，勿游手好闲，勿肆酒赌博，在家出外做一好人。此子孙之福，祖宗之光也。至于吏胥刀笔，损伤阴骘，切不可为。如有为者，重惩革逐。”

当今社会，对儿童教育更要加强。诺贝尔经济学奖获得者James Heckman研究发现，如果一个家庭在教育方面投资0到3岁的孩子，回报率是最高的。在0—3岁，你投入1块钱，有18块钱的收益；4岁的时候，投入1块钱是7块钱的回报；到了小学，投入1块钱，将产生3块钱的收益；随着年龄的增长，投资回报率会越来越低，到了成年，就会是负值。

因此，我们的认知和IQ（智商），90%是由0到3岁的发育决定的。到了3岁，基本上我们的脑子已经定型了。中国有句老话：“从小看大，三岁看老”，说的也是这个道理。

由于我国人口众多，地缘广阔，地区之间、城乡之间发展很不平衡。因为错过认知和IQ最佳发育阶段，部分农村孩子智力发展缓慢。

因此，教育的投资，要从孩子抓起。培养人才，要从孩子抓起。在这方面，我们既有历史的经验，也有现时的教训。关于教育，特别要关心农村的教育，关心贫困家庭的教育。

裴氏家族要把裴氏教育作为一项战略任务，要在各级政府的大力支持下，把工作落实到县、镇，建立裴氏教育信息网络。要把投资重点放在县镇以下，了解在裴氏家族中有多少困难儿童，有多少读书有困难的小学、初中及高中学生，在各级政府的支持与配合下，通过裴氏家族合法组织机构及社会团体，帮助他们解决困难。

裴氏家族乃至整个中华民族，真正的希望在于儿童，在于青少年。裴氏家族的复兴，中华民族的复兴，不仅要抓现在，更要抓未来，不能急功近利，要放眼长远。只有这样，在未来的较量中，我们才可以立于不败之地。

**3. 端身教**

“家庭长者，幼学之标榜，子弟之模型也。长上之所言，子弟一一记之；长上之所行，子弟一一效之。故形端表正，木直从绳。若长上原是不正之人，即将圣贤道理每日训讲，子弟其谁信之？凡族中为长者，须先自学好，言必中法，动不越度，崇节俭为保业之常规，尚礼义为守身之要诀，内敦孝友，外务谦恭，在在端方，永为子孙之仪表。勿作嬉戏事，勿蓄非礼书，勿置闲玩器。至于招引匪类，浪谑呼卢，美馔鲜衣，踰偷越理，皆败家之事，尤不可为子弟法者。古人云‘但留好样与儿孙，不可不谨’。”

**4. 谨闺教**

这是对家庭中未出嫁的女性的教育。女子者，终为人妇，终为人母。女子的品德是影响家风的关键因素。家有贤妻者，家风为良好，而婚后女性良好品行的形成，须在婚前的闺中就要养成。因此，闺教是家庭教育的重要组成部分。闺教的成果也将影响整个社会。裴氏家训中指出：“闺门万化之原，人道之始也，最宜谨之，故曰：教妇当子初来时。教她勤俭、恭顺、温良、贞洁。少有不听，则当戒饬，久则自成贤德。”

《裴氏家训》中又指出：“凡族中生女者，当自幼防闲，教之婉顺、教之贞静、教之孝舅姑、敬丈夫、谐妯娌、和姊妗，以至针黹纺织，并自烹饪一应勤苦之事，皆使之亲身历过，则嫁至人家，自然贤淑，无议无非。若以女生外向之说，溺爱不教，任其怠惰、偷闲、打奴、骂婢、妄言妄语、身性轻佻，止知整脚装头、好衣好食，全不知衣食所自何来，则嫁与人家，必然骄狠毒恶、舞唇弄舌，上则辱其母亲，下则贻累子孙，不肖之状种种不一。至于轻生寻死，投井自缢，尤是一等最无家教、最坏风俗、最伤伦理之事，深可痛疾者也。故女子必于未嫁之时，严其闺训，娴习礼义，内知廉耻，外识道理，若做了媳妇，悔补无及，有女者不可不戒。”

裴氏家族在对女子的数育中，除了自己的家训之外，还吸收了一些其他文化，如《群书治要·女德》的一些内容，强调女德要注意十二个字的修养。即：“宽、容、忍、让、谦、卑、柔、顺、慈、良、贞、静。”

宽，就是心胸要宽阔，大地宽厚，所以才能够接纳万物、承载万物。女子要有大地般开阔的心胸，不能因一点点小事就斤斤计较。

容，就是心胸的容量。要学习大海，能容纳百川，要学习弥勒佛，“大腹能容，容天下难容之事。”

忍，就是遇上任何事情，都做到心平气和，能忍气吞声，能忍辱负重。用通俗的话说，就是脾气好，从来不发脾气，待人一团和气，满面春风。

让，就是贤让。心念国家，心念别人，从不计较个人得失。

谦，就是谦虚谨慎，不居功自傲，不自以为是。平时在与人相处时，不抢尖，善于听取别人的意见。

卑,实际上讲的是一种地德。《易经》上讲天高地卑。古人教女子要效法大地，效仿地德，永远处在最低处，成就万物，但自己又不居功。做女子的也要这样，有功、有才而不居不显，也就是说为人处世要低调。

柔，就是柔顺，温柔。人们常说女子柔顺如水。那么水有什么特点呢？水善利万物而不争。它总去成就万物、利益万物，但是它从不居功，从不争功。水，看似柔弱，但滴水可以穿石。

顺，就是和顺、配合的意思。也就是人们经常说的夫义妇听，这个听就是表现在顺上，顺也表现在听上。所以在坤卦的《彖辞》中讲道，“至哉坤元，万物资生，乃顺承天”。

慈，就是慈爱，是指对子女的慈爱。

良，就是善良，能够帮助丈夫成就德行，也就是古人所说的要助夫成德。从古到今，凡是有成就的男人，背后肯定有一位贤德、善良的妻子来辅佐。

贞，就是贞洁，洁身自好，做到贞洁有守。在这方面，裴家女曾有一个十分生动的故事。那就是忠贞不二的裴淑英。

裴淑英，隋朝重臣裴矩的女儿。她性情温顺，相貌姣好，并且很有女德。早年侍奉父母，她的孝行曾感动了许多人。成年后，许配给李德武为妻，夫妻恩爱，过了一年的幸福生活。

隋炀帝大业初期，李德武的叔叔犯法，李德武受到牵连，被流放到岭南。身为黄门侍郎的裴矩不想让女儿跟着一个囚徒受罪，就上奏朝廷，请求让女儿与钦犯李德武离婚。隋炀帝答应了裴矩的请求，当即予以批准。裴矩就借着皇帝的命令，到李家去接女儿。临别之际，李德武感慨万千地说："新婚燕尔，不料祸从天降，恩爱夫妻被迫分离。我就要奔赴充满瘴气、瘟疫流行的地方，恐怕没有回来的可能。尊府君奏请把你留下，一定是要你改嫁，咱们夫妻就此永别吧！"裴淑英痛哭流涕，对丈夫说："妇女事夫，知礼的是不会改嫁的。我宁可为你而死，也不会有二心的。"说完，她竟拿出把刀来要割掉耳朵，自毁面容，以示绝不再嫁的决心。姆娘好言相劝，折腾了半天，才算止住她。裴矩看到女儿如此坚定，也就不再强人所难。

李德武走了以后，裴淑英日日思念，以致容貌憔悴。为打发时日，她常常诵读佛经，日常也不施脂用粉。她的贞风苦节赢得了家族内外的尊敬。她的姊妹有在都邑者，逢年过节都要关切地问候她。

她一心守节，苦熬了十几年，李德武仍然音讯全无。裴矩看女儿苦守活寡，就劝她不要认死理，裴淑英不为所动。这时裴矩正大受恩宠。这样的豪门有女儿待阁在家，求亲的当然要踏破门槛。有个叫柳直的才俊登门求婚，裴矩就先应了这门亲事，定好成亲吉日，准备生拉硬拽，把裴淑英送进柳家的花轿。吉日将届，裴矩以为万事大吉了，正忙着准备嫁妆。裴淑英发现有异，就突然用剪刀剪断了头发，不停哭泣，开始绝食。裴矩万般无奈，只好就此作罢。

贞观元年,唐太宗新登大宝,照例大赦天下，李德武遇赦，就幸运地返回故土。当走到襄州界时，他就听到了裴淑英誓死守节的传言，不禁暗吃一惊。先前，他以为裴淑英被父所逼，早就另嫁他人，没想到她还一直在苦苦等待着自己。李德武感动万分，当即回家与裴淑英团圆。裴淑英夫妻历经磨难,最终又破镜重圆。

两人日后不仅婚姻幸福，而且多子多福，生下三男四女。贞观中期，李德武升为鹿城令，得以施展抱负。后来，李德武病终于鹿城令任上。不到一年，裴淑英也追随地下的丈夫而去。

裴淑英的节操，虽然有深受封建思想毒害的一面，但是她淳朴诚信、坚贞专一、一诺千金、不屈不挠的精神，以及她与李德武忠贞不渝、生死契阔的爱情，还是值得我们崇敬地大书一笔。

静，就是安静而不浮躁，能够很好地控制自己的情绪。安静也体现为做女子的要谨言慎行。

从古到今，从城市到农村，裴氏家族将谨闺教代代相传，形成了很好的家风，裴氏家族的闺女在社会上普遍受到好评。

**5. 择师友**

“发明义理，指引迷途者，帅之功也，渐摩互励，忠告善道者，友之功也。故凡教育子弟者，必择端方纯粹之师，直谅多闻之友,与之熏陶涵养,则子弟日进矣。不然，比匪之伤能无戒乎？故师道遵于君父，好友比于金兰，不可不重也。蓬生于麻，不扶自直，白沙在泥，不染自黑。为子弟者其慎之。”

**四、独特的人为环境机制**

在山西省闻喜县凤凰塬的塬头上，也就是裴氏家族祖茔墓地的入口处，那里有一通石碑矗立道左，碑上刻着一位身穿蟒袍的宰相，把自己尚在襁褓中的儿子送给一个农夫，而把农夫已经长大了的儿子接到宰相府供职，这就是震古烁今、举世无双的易子而教碑，俗称教子碑。这种换位思考、身教重于言教，是教子碑的中心思想。

据史书记载，裴度的父亲曾任河南府渑池丞，但在幼儿时曾被送到离裴柏村不远的兔儿沟舅舅家寄养。后来，因父母双亡、家境贫寒，又不肯跟随姨夫王员外做生意，只得寄居在山神庙中，幸有白马寺一长老供他斋饭。这种艰苦磨难对裴度后来在“五起”“四落”的跌宕人生中永不沉沦具有重大意义。后来裴度的儿子辈也曾到韩愈等人家中学习技能。

正是这种“易子而教”和“易子而养”的特有人才培养环境机制，揭开了裴氏家族家训文化条文得以严格具体执行的重要因素。这也正是裴氏家风文化与别的家风文化的最大区别和生命活力之所在。

“易子而教、易子而养”的培养理念和环境机制，构建起以艰苦奋斗、忠心报国、坚忍旷达的政治品格为特征的人才培养与生成的环境培植机制、人才结构体系与价值追求目标，成为推进裴氏家风家规文化具体实现与落实的模式保障的关键环节，体现出的是一种齐家治国、奉献天下、建功立业、生命担当的大格局、大胸怀、大思路和大智慧文化观。这种以齐家治国为己任抱负的裴氏人才培养模式结构，正是牵引其家族子弟始终处于荣誉与责任鞭策、危机与挑战砥砺的环境和条件下，几乎没有机会去骄奢淫逸。在裴氏家族中没有纨绔子弟，更无扬鹰犬马的酒色之徒。这样的裴氏人才培养使用的大格局、大胸怀机制模式也应当是现今我国种类人才培养当中尤其需要重视的借鉴资源。

正是“易子而教、易子而养”的环境机制与培养体系，保障了裴氏文化对“富不过三代”规律的特殊“免疫”功能。它不仅是裴氏家风文化的优势结晶，而且其蕴含的始终保持艰苦奋斗的优秀品格，也恰是中国共产党保持伟大、光荣、正确的本质源泉。

重教守训中的守训，指的就是遵守家训。《裴氏家训》凝结着裴氏族人传统的家庭观、道德观、价值观，体现着积久形成的人才观、教育思想和成才途径，还昭示了正确的治家之道、处世之方、报国方式，是我们修身育人治家的宝贵财富。守训，就是要不断地学习家训，践行家训。可贵的是，裴氏族人在践行家训的过程中，并没有把家训停留在纸上，而是渗透到每个族人的言行中。长者率先垂范，后辈身体力行，思齐效慕，相互监督，彼此笃促，相互激励，正所谓“记得千言，不如行得一句”。在过去的年代里，《裴氏家训》滋养着裴氏家族人才辈出、各领风骚，在新的历史条件下，《裴氏家训》必将对裴氏人才的成长发挥出更加重要的作用。

# 第四章 德业并举

## 一、德的概述

德，从内涵上讲，是人在社会生活中的行为准则和规范；从外延上讲，是处理好人与人、人与社会、人与自然等各种关系的总和；从功能上讲，是通过舆论对人的行为起自我约束作用。人们悟道立德是通过“知、情、意、行”，即道德知识、道德情感、道德意志、道德行为四个环节循序渐进地实现的。有道德是做人的基础。

道德，是由道和德组成的。道，是指大自然的法则，也称天道，它是指宇宙运行的规律。万变不离其一，世界再怎么变化，天道的运行规律永远不会变。德，是指随顺自然的规则，人们按照运行的规律去做，就能得道。

中国传统道德发展的历史告诉我们，道德的产生与发展都是人类社会生活的需要，并随着社会生活的变迁而变化，这种变化既有基本道德规范数量的增减，也有每个道德规范在不同历史时期自身内涵的丰富与发展。

《春秋左传》中说：古人讲九德，就是贤人所具备的九种优良品格。“心能制义曰度，德正应和曰莫，照临四方曰明，勤施无私曰类，教诲不倦曰长，赏庆刑威曰君，慈和编服曰顺，择善而从之曰比，经纬天地曰文。九德不愆，作事无悔。故袭天禄，子孙赖之。”

释成白话文就是：内心能道义制约叫作度；德行端正反应和谐叫作莫；光照四方叫作明；勤于施舍，没有私心叫作类；教导别人，不知疲倦叫作长；严明赏罚叫作君；慈祥和顺，使别人归服叫作顺；择善而从之叫作比；用天地作经纬叫作文。这九种德行不出过错，做事情就没有悔根，所以承袭上天的福禄，于子子孙孙都有依靠。

在传统道德中，有五常、四维、八德。

**五常，**即温、良、恭、俭、让。温能有智慧，良会富贵长。恭敬受拥护，俭可事业强。让有金光道，万事见辉煌。

**四维，**即礼、义、廉、耻。礼：原指上下、贵贱、长幼、贫富的封建礼教等级秩序，现今谈的礼都是围绕处理好人与人之间的关系，即教育人、感化人、引导人、塑造人、理解人、尊敬人、关心人、善待人而言的。义：指道义、正义、大义，对国家社会的道德义务。廉：坦荡无私、清正廉洁。耻：羞耻。

**八德：**

孝，孝字半老半子，言亲已老半入土，为子就是手足以奉养扶持。所谓“百善孝为先”。孝者百行之首，万善之源，乃为人该行该守之第一重大义务也。为人不可无孝，无孝如树无根，如水无源。

悌，悌字先点为兄，后点为弟，弓身一手一足，是最亲的同胞兄弟也。兄弟原来同气连枝，姊妹相亲兄弟和气，同念一母所生，共乳成人，兄宽弟忍不失手足之情，家兴族盛是不亏悌道也。

忠，所谓忠者，真心诚意做事合法合理，竭尽心力至公无私。《弟子规》中说："凡出言，信为先，诈与妄，奚可焉。"所报无谎，所言无虚，做事不怕人见，不怕人耻笑，不做亏心事，光明正大，可以对天地、对神祇、对国家、对社会、对父母兄弟妻子、对自己良心无亏者就是忠。

信，信字人言而成，夫信者诚实也。信乃人道上之准绳至宝，人之事业成功失败皆以信字为基础，君子修道一言为定。若与人相约之事、买卖或工作只顾自己利益而失约，或讲话虚而不实者，皆失信也。所以言顾行，行顾言，心口和一，以信笃行。

礼，礼者天理之节序，人事之仪则也，人在万物之上，不可无礼，否则将与禽兽何异？礼能表现人之身份及人格，态度谦虚仪容端庄，行为有规律，对尊长有礼貌，待下辈慈悲博爱。所以修道必注重礼节，自重、自爱、自己，敬重别人、关爱别人。孔子认为礼是统领"恭""慎""勇""直"这些道德行为的基本准则。曾子认为，君子应当重视的道德有三个方面：举动容貌合乎礼，就不会粗暴和放肆了；脸色端庄严肃合乎礼，就接近于诚信了；说话言辞口气合乎礼，就可以避免粗野悖理了。

义，正义、道义、大义，是衡量是非的标准。如果离开了正义和大义，那么，"礼"则是歪礼，"逊"则是"奴相"，"信"则是愚顽。所以君子把义作为安身立命的根本。义，是存在于人们心中衡量千人万事的一把尺子。对符合正义、道义、大义的事情，要用礼的形式来表现它，用谦逊的语言来表达它，用忠诚的态度来成就它。这样做的人就是君子。

廉，就是清清白白，端端正正，无私欲无邪念，不做亏心等恶事。待人接物诚诚实实，办公做事有始有终。临财不苟，遇色不迷。心清而寡欲，贵在身清，内心清廉，安分守己，奉公守法。

耻，对坏事的羞耻心。

在现代社会中，在强调弘扬中华优秀传统美德的同时，还强调加强社会公德、职业道德、家庭美德及个人品德的建设。

社会公德，主要内容是“文明礼貌、助人为乐、爱护公物、保护环境、遵纪守法”等。

职业道德，主要内容是“爱岗敬业、诚实守信、办事公道、热情服务、奉献社会”等。

家庭美德，主要内容是“尊老爱幼、男女平等、夫妻和睦、勤俭持家、邻里互助”等。

个人品德，主要内容是“爱国奉献、明礼遵规、勤劳善良、宽厚正直、自强自律”等。

德有大德和私德。大德，对每个人来说就是要立志报效祖国。私德，是指“敬奉祖先，孝顺父母，友爱兄弟，协和家族，敦睦邻里，毋忤尊亲，毋忤祖先”等。

中华美德，历久受用。做人的政治标准因时而异，但就净化思想、陶冶品行、磨砺节操而言，是没有时代界限的，也不受国别影响，不论过去、现在、未来，都是需要的。

中华传统美德是中华文化精髓，是道德建设的不竭源泉。要以礼敬自豪的态度对待中华优秀传统文化，充分发掘文化经典、历史遗存、文物古迹承载的丰厚道德资源，弘扬古圣先贤、志士仁人的嘉言懿行，让中华文化基因更好植根于人们的思想意识和道德观念中。同时，要把弘扬民族精神和时代精神紧密结合起来，要把社会主义核心价值观作为明德修身、立德树人的根本遵循。把社会主义核心价值观要求融入日常生活，使之成为人们日用而不觉的道德规范和行为准则。

## 二、裴氏家族的道德标准

### 1. 在道德人群的选择上，裴氏家族提倡的是君子之德

《裴氏家训》中指出：“有利于己，无利于人，君子不为，而众人为之。有利于己，有害于人，众人不为，而小人为之。无利于己，有害于人，小人不为，而恶人为之。有害于己，有害于人，恶人亦不为，而蠢人为之。蠢人不可为，恶人

亦不可为，小人不可为，众人亦不可为，然则盍为君子！”

《论语》中说：“君子和而不同，小人同而不和。”“君子泰而不骄，小人骄而不泰。”“君子向上通达仁义，小人向下通达私利。”“君子周而不闭，小人闭而不周。”“君子怀德，小人怀土。君子怀刑，小人怀惠。”“君子喻于义，小人喻于利。”“君子坦荡荡，小人长戚戚。”君子与小人的界限在于：“大概论之，在于为国、为民、为道义，君子人矣；大概论之，在于为私己，为权势，而非忠于国、徇于义者，则是小人矣。”

**2. 在道德理念的选择上，裴氏家族提倡的是正心之德**

“心正，身之所主也。心群动之宰，即受福之原。故人必先正其心，务仁厚而勿刻薄，务光明而勿阴险，务广大而勿偏仄，务坦直而勿邪曲。常以天理洗沃其心，而不令为物欲所牵引，则心正矣。却又不可有徼福之念，有徼福之念即心不得而正，心不正则身不正，而一切不正，一切不正之人，天又孰从而福哉！”“行正道，天必佑，家必昌；作非为，身必贱，产必败。天网恢恢，疏而不漏，理所宜也。”语云：一心行正道，天地不相亏。“正身则天下治，正家则天下定，正礼则天下化，正乐则天下和，正赋则天下富，正军则天下安。”

**3. 在道德境界的选择上，裴氏家族认为，“至善”是德的最高境界**

裴氏先人云：“积德乃裕后之根本，审交乃保身之良法。如不积德，则无以基福祉；交不审，则无以知善恶。人情莫不好善而恶恶，好兴而恶衰，厌贫而愿富。”人之兴衰，不在于贫富，而在于善恶。譬人之贫富，犹人骨肉之肥瘦也，善恶犹人脉之邪正也。富而作恶，如人虽肥，而脉已邪，邪则必绝。必仆贫而积善，如人虽瘦而脉甚正，正则愈壮，万不死理。又譬之物，贫富者，枝叶之盛衰也，善恶者根本之伤固也。富而作恶，如枝叶虽盛而根本已伤，则生理不固，枯槁有日；贫而积善，如枝叶虽衰而根本已固，固则气愈滋息，发芽可待。”“善之为培子孙之元气也，近则身无忧辱，远则子孙昌盛，善如治生五谷、长命丹药，不可以不为也。恶之为，虽自利也，实自害也，坏子孙之根本也，索子孙之元气也；近则罹忧辱，远则子孙衰败，如荆棘之不可践，如蛇蝎之不可近，人不可以或为也。”古云：“与善人居，如入芝兰之室，久而不闻其香，与之化矣！与不善之人居，如入鲍鱼之肆，久而不闻其臭，亦与之化矣！此先人之格言，乃后人之龟鉴。凡我宗人宜服膺而弗失”。《易》曰：“积善之家必有余庆，积不善之家必有余殃。”这句名言，在裴氏家族中已深入人心。

裴氏家族认为：百善孝为先。父母即是天地，爱我恶我皆当顺令而不违。亲恩难报，须爱慕出于自然之诚，毋违心以逆命，毋奉养不敬以轻心。

《江苏扬州裴氏家规·孝父母》指出：“诗云：‘哀哀父母，生我劬劳。欲报之德，昊天罔极’。盖言父母之恩，实难报答，三年乳哺，十月怀胎，担多少惊恐，受多少劬劳，爱子之心，无所不至。如何可以忤逆？如何可以冒犯？如何可以不孝？如何可以不敬？且父母即现世之生佛也。俗语云：‘堂上父母恭敬，何必灵山见世尊。’故凡为子者，必时时孝顺，刻刻恭敬，生养死葬，尽心竭力，修身谨行，毋蹈匪僻。若夫轻佻忤逆，罪莫大焉。愿吾裴氏之后裔，永为孝子慈孙，则世世其昌矣。”

《江苏宜兴港口家范十则·敦孝行》指出：“百行莫先于孝，五刑之属三千，而罪莫大于不孝。古人言之详矣。夫孝道非一，其要有二：第一，要安父母之心；其次，要养父母之身。何为安父母之心？凡人之生子，悉望其为好人、行好事，成家立业，嗣续祖宗。为人子者，当饬身检行，守分循理，内振家声，外立事功，以符父母之期望。毋犯刑罹法，为父母辱；毋招非贾祸，为父母忧。父母所爱，亦当爱之，父母所敬，亦当敬之。先意承颜，时时体认，劳则代之，疾则治之。晨昏必省，出入必告，怡声下气，常使父母宽怀。整肃家规，使妻妾子女皆能和顺，则父母之心安矣。何为养父母之身？人之生子，望其终养也。子而不养，生子何为？饥则奉食，寒则奉衣，随家贫富，量力丰俭，务须源源资给，使无缺乏。乐其耳目，安其寝处，四时寿节，以礼庆拜。冬温夏凉，无一不曲尽其道。然皆要一点真爱之心以对父母。有真爱即菽水亦可承欢，不真爱则三牲五鼎亦徒设耳。论语曰：至于犬马，皆能有养，不敬何以别乎？养亲者当时佩服此语。更有兄弟之间，以父母公堂之人，不肯多养一日，则亦不孝之甚矣。夫父母之于子，无不视为一体，竭尽劬劳，岂子于父母而即可以二体视之乎？所遗房产器具宜共之为公，而父母独当之为私，万不可以房产器具为私，而以父母为公，不尽其爱敬也。若或父母憎长爱幼，以至恼怒挞逐，人子于此，当以先贤所言‘天下无不是的父母’，和颜悦色，柔顺听从，起敬起孝，久而不衰，则父母之心必回，未有不反憎为爱者。若以变境视之，不幸置之，粗言暴气，执拗违逆，则反致激怒，亲心难绾矣。或父母一时有过举动乖违，当从容劝导，期其必改。若使父母获罪于乡里，或干刑险，则子亦不能无过，总以不孝论罪。父母终天之日，随家有无以礼葬祭，尽孝尽哀，毋贻后日之悔。至于晚继嫡庶之分，尤易生嫌忌，人子于此，尤当曲致孝敬，始终不渝。从来只有不能孝之人子，未有不可回之亲心。凡族中有忤逆不孝者，宗长宜重惩之，俾自改悔；若终怙不悛，则会同族长、祠正副宗子，送官究治，毋容轻恕。”

### 三、裴氏的传统八德

#### 1. 裴秀行孝为母争光

裴秀是裴潜的儿子，其亲生母亲是丫鬟妾。因出身微贱，裴潜的正妻宣氏经常对她百般刁难，让她做些下人该做的事，给客人端饭上菜。有一天，裴秀母亲给客人端茶过来，裴秀起身向客人介绍说："这是我的亲生母亲。"客人得知后，也都立刻站起来向裴秀母亲施礼。裴秀的母亲说："我这么微贱（客人看得起）是因为你们看得起我的儿子啊！"嫡母宣氏知道这事后，从此改变了对裴秀母亲的态度。常言儿不嫌母丑。当着众人宣告端茶者是自己的母亲，受到人们发自内心的称赞，裴秀的孝，是以诚而发自内心的孝。

**2. 裴子通悌誉家门**

裴子通（510—590年），字叔灵，河东闻喜人。祖保欢，良之第四子。子通率怀远大，任气纵横，渔钓九流，耕耘三德。兄弟八人,都以友弟著名。五世同堂，全家百余口人同灶同饮，和睦相处。裴子通身为北齐大将军，长期在外，进入耄耋之年，告老还乡后，仍然与全家百余口同灶共饮，与他健在的兄长出门同乘一辆车，夜寝共睡一张床。为了表彰他们家的孝悌行为，皇帝下诏，把"义门裴氏"的旗子悬挂在他们家的门楣之上。

**3. 裴度忠心事国**

裴度是唐朝中后期一位重要的政治家，也是河东裴氏最有代表性的人物。历仕宪、穆、敬、文四朝宰相，身系国家安危，时局轻重者二十年。他的勋业超过萧曹，可与郭汾阳相比拟。宪宗之后的穆宗、敬宗、文宗三朝，由于宦官当道，对他时用时弃，但他忠心不改，"勋高中夏，声播外夷"，为历代宰相之表率，名垂史册。

**4. 裴怀古以信平叛**

圣历年间（698—700年），始安县（今广西桂林）贼寇欧阳倩聚集数万人，抢劫攻击州县，裴怀古以桂州都督官职，并任招讨使前往征讨。他一到五岭，便飞书传信进行招抚诱降，明示祸福，于是贼众前来迎接并归降，自我陈述是被官吏侵扰逼迫，才举兵反叛的。怀古了解他们的态度诚恳，便以轻装骑兵赶赴叛军军营。他身边的人说："夷獠人难以亲近，不可轻信。”裴怀古说：“我依靠忠义诚信，可以与神明相通，何况是人呢！”于是到叛军军营进行慰问，晓之以理。叛军士卒十分高兴，交还他们所抢劫的财物，缴纳到国库之中。五岭南面全部被平定。裴怀古不用一刀一枪，靠诚信的力量平息了造反。

**5. 裴頠以礼行德**

裴頠是裴秀次子，他秉承父亲遗风“弘雅有识，博学稽古”。朝廷颁旨，准裴頠承袭父爵，而他却百般推托，礼让其兄裴浚继承。不料裴浚病逝，留下子侄裴憬。后来，裴頠平灭“杨骏之乱”有功，欲封武昌侯，他又请求朝廷，转封子侄裴憬。皇上因裴頠屡建功勋，颁诏又让裴頠承袭钜鹿郡公，裴頠又坚意推让，但皇帝没有答应他。裴頠屡屡礼让、谦虚恭谨的行为，令四海之内皆感佩他以礼行德的高尚品质。

**6. 裴炎舍生取义**

裴炎在高宗、中宗、睿宗、则天时，都是朝中举足轻重的要臣，特别被武则天视为最信任的心腹。武则天执政后，逐渐放纵，先是武承嗣请求建立七庙，追封自己的父祖为王，裴炎上谏说：“太后是天下的母亲，以盛德临朝听政，不应当追封祖父、父亲为王，显示自己，况且难道没看到吕氏失败的事吗？”武则天不高兴，但没有表示什么。后来武承嗣又劝说武则天诛杀汉王李元嘉等，以断尽李唐宗族的希望。其他官员畏惧沉默不敢说话，唯独裴炎坚持争执，从此武则天愈加愤恨。不久，裴炎谋划拘捕武则天，将国政回还天子，但未成功，反被武则天杀害。官府抄没他的家产，没有一石粮食的积蓄，更加渲染了他义薄云天的气节。

**7. 裴侠清廉天下之最**

西魏大统三年（537 年）十月初，宇文泰在大荔南边的沙苑设伏，大败魏军，取得了巨大胜利，史称“沙苑之战”。在这次著名的战役中，裴侠带领部下充当先锋，勇敢作战，立下了大功。战后，宇文泰对他十分赏识。裴侠本名裴协，宇文泰给他改名为“侠”，以示表彰，并给他晋爵封侯。不久，裴侠就被任命为河北（今山西平陆、芮城一带）郡守，由勇猛的将军变成了清廉的文官。

有一年，裴侠和各地的郡守一起，入朝拜见掌权的宰相宇文泰。宇文泰是非常宠信裴侠的，把他从人群里拉出来，站到一边，对大家说：“裴侠清慎奉公，是天下第一。”说完了，宇文泰目光扫视一圈，又说：“你们大家，谁要觉得自己和裴侠一样，就请站到裴侠那边去。”这些郡守默不作声，站着不动。宇文泰重赏裴侠。从此之后，西魏的臣子们送给裴侠一个外号：“独立使君”。

北周取代西魏后，裴侠更受重用，担任户部中大夫，主管财务，仅用几十日就将户部的贪官污吏清理殆尽，追回大量财物。后来他调任工部任中大夫，大司空府有一位掌管财物的小吏叫李贵，听说裴侠调任后竟然吓得躲在家里号哭几日。别人问他哭什么？他说：“我占用了不少官家的财物，裴公向来清正严厉，一定会责罚我。”裴侠听说后，允许李贵自首，李贵后来招供自己贪污了五百万钱之多。

裴家世代为官，祖父裴思齐曾在北魏任议郎，父亲裴欣是西河郡守，这样一个“官三代”却一生清廉，深受百姓爱戴。

**8. 裴枢知耻而回避**

荣辱观古已有之，荣辱之心人人都有，不同时代、不同民族，持有不同的世界观、人生观、价值观，其荣辱观也是不同的。

早在一千多年前，裴氏的先贤，唐朝宰相裴枢，在青少年时期就形成了以诚信为荣、以见利忘义为耻的荣辱观。

裴枢的亲姨夫薛邕官任宰相，当时传出来他有可能主持科举选拔人才工作的消息。这年正月初一，薛邕特来拜见裴枢家的亲属，并表示对参加科举考试的亲属可以关照。裴枢感到这是一种耻辱，当场立誓说：“果然是薛姨夫主持科举考试，裴枢我自当断绝跟外人交往，藏身在家中，绝对不去参加举试。”裴枢当时遭到亲属的仗责，让他向薛邕赔礼道歉，裴枢始终没有这样做。唐代宗永泰二年（766年），侍郎贾至主持考试，裴枢一次就考中被选。这之后，在唐代宗大历二年（767年），裴枢的姨夫主持科举考试时，裴枢不与一般闲杂人士交往，彻底实行回避。

**四、德厚业兴**

裴氏家族认为，道德是人生的基础，但道德只是规范了人的行为，并不能代替治国安邦所必需的实际能力。因此，裴氏家族在重视道德培养的同时，历来重视对真才实学的培养。认为一个人、一个家族，只有注重学识的提高和能力的培养，才能在社会上安身立命，不被社会所淘汰。裴氏家族是以门阀特权发迹的，然其并未因长期具有特权而堕落，相反，其家族很多人都能在“修、齐、治、平”思想主导下励志进取，学习培养经世致用的真才实学，使家族充满活力。

千百年来，裴氏族人经天纬地的能力和功勋卓著的业绩，突显了裴氏家族德业并举的伟大成就。在历史长河中，裴氏人物一直发挥着中流砥柱的作用：敦煌太守裴遵辅佐东汉开国之君刘秀灭新复汉；裴茂参与平灭了董卓之乱，并以特使身份册封曹操为魏王；裴秀扶立了晋武帝司马炎；裴頠制约专横跋扈的晋代皇后贾南风，稳定了两晋政权；裴嶷扶立了前燕开国之君慕容廆；裴之高等平息了侯景之乱，保住了南朝·梁的政权；裴岑等拓疆西域，沟通了各民族的关系；裴世清、裴璆分别为中日邦交多次出使日本；裴安定代表唐廷册立了疏勒王；裴怀古等出使吐蕃安定了大唐西北、西南边陲；裴虔通抓获隋炀帝杨广，为推翻隋朝暴政立下了奇功；裴寂协助李渊起兵反隋，奠定了唐朝三百年基业；裴矩设计平灭了东突厥，册封了高丽王；裴行俭征伐西突厥、修筑碎叶城，使唐朝的疆域达到中亚；裴炎废黜中宗李显，扶立了睿宗李旦，极力反对武则天篡唐称帝，为此献出了生命；裴冕平息了安史之乱，扶立了肃宗李亨；裴耀卿、裴光庭辅佐唐玄宗开创了开元盛世；裴度四度为相，辅佐了唐宪宗、拥立了唐文宗，平定了淮蔡、河北与山东藩镇割据势力，使唐朝中兴……

裴氏人才遍及政治、军事、经济、文化、科技、外交诸多方面，而且在哪一方面都绝非一人，而是一个人才群。诸如政治家裴度、裴寂、裴炎、裴政、裴佗、裴枢、裴楷等；军事家裴岑、裴行俭、裴仁基等；史学家裴松之、裴骃、裴子野等；外交家裴矩、裴世清、裴嶷等；小说家裴启、裴铏等；诗文作家裴迪、裴说、裴敬宪、裴伯茂等；文字音韵学家裴务齐、裴瑜等；书法家裴涔、裴休等；画家裴宽、裴谞、裴文晥等；音乐家裴神符、裴兴权、裴大娘等。这一组组人才群不仅被记录在中华民族的文献中，而且他们的成就也是裴氏家族德业并举的生动写照。

# 第五章　廉洁自律

在中国历史上，在裴氏家族中，曾经出现过被皇帝赞誉为“天下廉政之最”的“独立使君”裴侠；有被皇帝称为“德比岱云布，心如晋水清”的裴宽；有被百姓奉若神明的裴休祖孙三代，连年香火不断；在七品以上三千余名官员中没有一个贪官。这在中国的廉政史上不能不说是一个奇迹，也不能不说，这是裴氏家族廉洁自律家风影响使然。

廉洁自律，是裴氏族人的幼禀至人之行，长厉国士之风。

## 一、廉洁意识

古往今来，凡廉洁自律之人，有三点是不可缺少的。一是无私，“无私者，可置以为政。”“不私，而天下自公。”不谋私利，才能谋根本，谋大利。二是节俭，“俭则约，约则百善俱兴；侈则肆，肆则百恶俱纵。”“节俭为持家之基。”节俭是裴氏家风的重要内容，是中华民族的传统美德。丢掉了节俭，就必然会滋生贪图享乐和奢靡之风，就会产生腐败。历史上，执政者是节俭还是奢侈，往往直接影响政权的兴亡。“奢靡之始，危亡之渐。”三是知耻而不为。孟子云：耻之于人大矣；管子云：礼义廉耻，国之四维。以余观之，人能知耻则立志必廉，而礼义自生，故廉耻尤要也。

廉洁自律的关键在于守住底线。要坚持“遏制私欲不贪占”。“贪如火，不遏则自焚；欲如水，不遏则自溺。”只要能守住做人、处事、用权、交友的底线，就能守住正确的人生价值观。要做到严守行为底线，恪守廉洁自律准则，善于慎独慎初慎微，勤于自省自警自律。

被称为“清慎奉公，天下第一”的裴侠说：“清廉是做官的根本，节俭是做人的基础。我们裴氏是名门望族，长久以来，深受世人尊重。历代祖宗，活着的时候扬名于朝廷，去世之后流芳于史册。如今，我这个平庸之人，侥幸得到朝廷的特殊待遇，坚持过清苦的日子，我并不是想追求名声，只是立志自修，担心辱没了先人的名声，如此而已。”裴侠是这样说的，也是这样做的。他生活节俭，平日只是吃豆麦咸菜之类。他身为郡守，从不使用杂役。他认为，不能为了一个人的口腹之欲而役使百姓。

廉洁自律，必须从小事做起。“小洞不补，大洞吃苦。”“堤溃蚁孔，气泄针芒。”坚持从小事小节上加强修养，从一点一滴中完善自己，严以修身，正心明道，防微杜渐。要培养和强化自我约束、自我控制的意识和能力，做到“心不动于微利之诱，目不眩于五色之惑”。要管好自己的生活圈、交往圈、娱乐圈，在私底下、无人时、细微处，更要如履薄冰、如临深渊，始终不放纵、不越轨、不逾矩，增强自身免疫力。要像珍惜生命一样珍惜廉洁和操守。

**二、廉洁修身**

为政之道，修身为本。人的素质，不会随着年龄的增长而自然提高，必须强化自我修炼、自我约束、自我改造。

“修身”，即自我品德修养，通俗地说即学做人。在怎样做人这个问题上，不同时代，有不同的价值标准、不同的要求。但无论时代如何变化，人类如何发展，历史如何变迁，老老实实做人、清清白白做人，则始终是人之为人最重要的品德，是人类永恒不变的信条。何谓老实人，就是那些不圆滑、不说谎，始终表里如一、言行一致，实实在在做人，兢兢业业干事，自觉遵纪守法的人。何谓清清白白做人，就是要在清正廉洁上律己，坚决做到个人干净，不贪不占。在这方面，《裴氏家训》中有许多论述。《江西庐陵龙须桃溪裴氏祖训》中讲：“吾辈但令文种勿绝，中间有成功能致身于万乘之相者，则天也。男年七岁，教以义方，则古称先。女年九岁，训以女工，娴习妇礼，莫犯七出。父子有亲，君臣有义，夫妇有别，长幼有序，朋友有信。贫穷患难，亲戚相救。婚姻死丧，邻保相助。毋负国课，毋惰农业，毋作盗贼，毋好赌博，毋好争讼，毋以恶凌善，毋以富吞贫。心不负人，面无惭色；志不骄人，面无德色；气能自胜，面无惧色；量能容人，面无怒色；贫不足羞，可羞是贫而无志；贱不足恶，可恶是贱而无能；老不足叹，可叹是老而虚生；死不足惜，可惜是死而无补。物不经寒暑者，决不坚凝；人不历困苦者，决不谙练。俭可以助廉，恕可以成德。天下大事，唯忍者能之。处家制事，遭一番魔障，长一番练达；御人接物，容一番横逆，增一番器度。凡此皆动心忍性成身成德之所必需，后世子孙勉而图之。”

在廉洁修身方面，裴氏家族还制定了家禁族戒。

**1. 六项家禁**

（1）禁奸淫

《家训》曰：“万恶淫为首”“若有不肖子孙不守礼制，淫荡荒乱，败坏人伦，此系十恶首诛，家门大不幸也。”又曰：“烟柳中人，倚门卖俏，妖态攒心，眼光落面，最易勾人魂魄，但一迷恋其中，污父母，抛妻子，败功名，枯耗精神，福泽，不可不猛省。凡少年遇艳歌巧笑，温存软软之场，等之酖（毒酒）毒，虎狼可也。”

（2）禁盗窃

盗贼王法之所不宥，族亡身灭，皆于由此。家族中有杀人放火、土盗、窝盗、递拐、伤人、图财害命的实者，即令自尽。若亲房徇私，回获者恐生他变，即连亲房送官抵罪。

（3）禁诈伪

忠信传家之本。恒见有等诈伪之徒，自恃才辩好施牢宠。或冷言起人之争讼，或妖书败人之德好，或假手他人而报复私仇，或阳为公道而阴受贿赂。彼且嚣嚣然自为得志，岂知古人律其与奸盗同科乎？本宗有此等之徒，宜斥辱之，责罚之。仍论众勿为其所惑。

（4）禁侠党

侠党，就是那些“内恃家势，外侠敞援”的“地头蛇”。他们“放肆邪移，无所不为。破家荡产而不顾，亡身及亲而不悔。上触官府之怒，下敛人民之怨。目下倾败著，父子兄弟同死牢狱，历历可鉴。族有此等，本族重加责罚，不悛者，送官宪治”。

（5）禁赌博

赌博之徒，荒废职业，如狂如梦，典衣罄产，皆所不顾。若不严禁，何以家昌族旺？凡樗薄局戏牌钱一切赌博之具。并不许为，违者罚。

（6）禁嫖荡

有等不才子弟，交结淫朋、酒棍，往来市肆、娼家。视钱谷为泥沙，轻田园如草芥，力屈情窃，甘为下贱。甚者沾恶疾，累妻子。似此之辈，有玷家声。本族宜当堂杖责，仍行馈禁不恕。

**2. 六项族戒**

（1）戒酗酒

酒以成礼，燕以合欢，然而贪婪废事，谌溺伤生，则亦名教之罪人也。若纵情乱性，肆暴逞凶，非人理矣。故戒酗酒。

（2）戒斗逞

小忿不忍，妄及父兄；大怒

不惩，结冤后代，豪强刚戾出，好勇逞能，大动干戈逞一时之血气，结无数之怨尤，故戒斗逞强。

（3）戒择友交游

择友不慎，狼群狗党，臭味成群，嬉游终日，花天酒地，荒废学业，败坏性情，自陷悬崖深潭，尚自夸充狼，反害自身，故应戒之。

（4）戒奢华

忘却根本，兢竞逐新风，食尝斗鸡狗马，声色华丽，倾囊接客，盛席宴宾，虽收朝夕之虚名，开种无穷之灾祸，资财既尽，众迹亦稀，昔之扬我近我，今皆淡之疏之，究竟思之，有损无益，故戒奢华。

（5）戒吝啬

俭以养德。自身之节省为先，财取济人，有益之施勿惜。世人坐拥高资，忍沁骨肉贫馁，忘多藏厚亡之戒，蹈为富不仁之讯，则吝啬之过也，应以戒之。

（6）戒邪学

非圣贤之书不看。乱看淫书荡词，足以乱性，乱学损人之技，误行即以害人。耕读之外，时或兼治经商。杂技之中，独取医学，其余一切方技，无益于人世，虽有养生，偶恐丧德。故戒邪学。

裴氏的家禁与族戒为裴氏族人形成了一个强大的教育与监管机制。家教与学校教育及社会教育并行不悖，家法与国法相得益彰。家族内外的环境都为裴氏家族的廉洁自律提供了有利的条件。裴氏家族的廉政清风，万代相传。

**三、廉洁齐家**

裴氏家训说：“节俭为持家之基。”持家之道，在于勤俭。诸葛武侯名言：“勤以补拙，俭以养德。由俭入奢易如流水，由奢入俭难如登天。虽然，俭非琐屑刻薄之谓也，量入而出，理尚如此。裁省冗费，禁绝奢华。”“则欲养廉耻，舍俭奚以哉！树俭朴之风，乃世所称道也。”

《江苏宜兴屺亭裴氏家训》中说：“我们要把俭朴作为美德。房舍以明亮宽敞为要求；服饰以耐穿大方为标准；饮食以卫生营养为要求。不要追求生活上的高标准、高享受，勿追求住宅的高贵、服饰的华丽、饮食的精美，这些容易消磨上进的志气。经济力量不够，更应当量入为出，经济实力雄厚，也要常念物力维艰，居安思危。与人攀比享受消费，是上进志气消沉的表现，应当处处崇尚俭朴，力求更上一层楼。”

裴氏家族的廉洁自律，从儿时教育就已经开始。在《裴氏家训》中指出：“为父兄的人，在子弟童年时，即教正道，必须做到言传身教。不论饮食起居、语言对人，都须慎重教育。起家入学校，以书本为指导，配合学校，加以诱导。成年后，令行动必须正派，交接好人。勿炫其权势，以生骄傲之心；勿好华丽，而生奢侈之意；勿姑息放纵，而生懒惰之性；勿任性刚愎，而生暴戾之行；勿贪便宜而做损人利己之事。慈以育之，严以纠之。用正义公德以导之，以进步者籍严教之。防止骄傲，教以谦虚；防止奢华，教以朴素；防止懒惰，教以勤俭；防止嬉游，教以谨慎。即使子弟顽劣，亦不致于辱没祖先。所以，易曰：‘蒙以养正’。全在幼年教育之正。”

裴氏的古代先贤们，在廉洁齐家方面，给后人做出了很好的榜样。裴佗是北魏时代著名的清官，身为太守和刺史，他不肯积蓄家产。史书称，他家的宅子只有 30 步，后人推算，大概是八分之一亩，相当于 85 平方米。也没有购置田地园林，生活来源大概只有做官的俸禄。他还经常把自己的俸禄捐献出来，救济穷苦百姓。他生活非常节俭，从来不追求物质享受，夏天不用伞盖，冬天不穿皮袄。

裴昭明是南朝宋齐时人，他在历任多职中都有勤政之绩。他常对人说：“人活在世上，为什么要家财积富呢，一身之外还要什么呢？子孙若不成材，我聚他散，子孙若能自立，不如掌握一部经书。”所以他一生不积蓄家产。在他离开郡守职务时，十分贫困。世祖萧赜说：“裴昭明从始安离任后，结果连住的地方都没有了，我不熟读史书，不知古人中谁是这样的。”裴昭明的清廉为官之道，清廉齐家之道，都是值得后人学习的，也是裴氏家族长盛不衰的门风之道。

四、廉洁用权

**1. 廉洁用权，要坚持公道正派不偏私**

有了一腔浩然正气，才能秉公用权、公道处事。

唐朝宣宗大中年间，裴休官至户部侍郎，兼任盐铁转运使。盐铁转运使权力很大，捞钱的机会更多。裴休一上任就召集下属说：“我是读书人出身，对贪赃枉法的事向来深恶痛绝，追求利益不能损害朝廷和百姓，否则必受重惩。我这样告诫你们，是不忍看见有人因此贻误终生！”当时，官场腐败十分严重，主管漕运的官吏大多营私舞弊。裴休下令彻查漕运中的弊案。针对裴休的举措，有人进言说：“如此大规模肃贪，只会给你自己带来祸患。”裴休冷冷说道：“不惹众怒，便是狼狈为奸，这是一个正人君子应该做的事吗？我不是在自取祸患，而是在为朝廷清除祸患。”有人说：“现在几乎无官不贪，你为什么和别人不一样呢？”裴休愤愤地说：“正因为世风日下，才要有人振臂一呼，高举正义之帜。贪官失去了起码的良心，我这样做也是拯救他们。我不是为我个人打算，有了私心杂念，只会沦为小人了。”

**2. 廉洁用权，要坚持遏制私欲不贪占**

第一，要清楚权乃公器，公器必戒私用。用权为公可以为民造福，书写人生光辉的篇章；用权谋私则会身败名裂，被钉在耻辱柱上。

第二，要明白权乃民授，民授必须为民，切实做到权为民所用、情为民所系、利为民所谋。

第三，对权要有敬畏心。“惧法朝朝东，欺公日日忧。”你不敬权，权必辱你。算一算政治账、经济账、名誉账、家庭账、亲情账、自由账，明白什么叫得不偿失。

第四，要警惕用权生腐。切记“贿随权集”，做到拒腐防变、警钟长鸣。

第五，要坚持用权自律。做到不为名所累、不为利所缚、不为权所动、不为欲所惑。做到权力永远为国家负责，为人民负责。

**3. 廉洁用权，要过好情感关和情趣关**

为亲朋好友办事，不能丧失原则，不能超越法纪底线。要谨慎交友，坦荡而为，要用心净化自己的“社交圈”“生活圈”。要坚持情趣健康不低俗。一定要抵制腐朽没落思想观念和生活方式的侵蚀；一定要爱之有度，做到爱好不得违禁、爱好不可缺德、爱好不必奢求、爱好不能放纵。

**五、廉洁处世**

裴氏家族的廉洁之风不仅表现在男人当中，在裴氏的女性中也尤为突出。裴氏的血脉基因传承于裴氏家族的男女之中。魏徵宰相的夫人裴氏，就是廉洁俭朴的一个突出代表。

魏徵是唐代杰出的政治家和著名的宰相，后人对他“薄赋敛，轻租税”的治国策略大加赞赏；对他“居安思危”“兼听则明，偏听则暗”等思想推崇有加；对他为人俭朴，直到病危时还没有像样的房子的清廉美德津津乐道。但是，很少有人提及魏徵这些辉煌光环背后的伟大的女性——夫人裴氏。正是有了裴氏夫人的相夫教子，才成就了魏徵的千古清誉之名。

魏徵夫人裴氏是一名践行廉洁俭朴裴氏家风的榜样，历史上有名的贤内助。裴氏虽说是宰相的妻子，却丝毫没有骄奢淫逸的做派，依旧那么勤俭勤劳，安贫若素。她一直随丈夫住在那间破弊不堪的旧屋里，每天纺纱织布，辛勤劳作度日毫无怨言。唐太宗听说魏徵家的房子又窄又旧，十分破烂，便命令大臣去为他调换一处豪华府邸。当大臣官员来到魏徵的家时，魏徵的夫人对来人说：“他（指魏徵）住惯了老房子，住不惯华丽豪宅，请皇上体谅不要为难他了！”由于魏夫人的再三辞谢，皇上只好派工匠翻新了几间旧房子。

唐贞观十七年（643年），

魏徵病重卧床不起。唐太宗派出医生去为他治疗。谁知，医生到魏家一看，简直不相信，魏徵盖的被子又破又旧，根本御不了寒。医生回来据实向皇上禀报之后，太宗立即派人给魏徵家送去了几床丝棉被。没想到魏夫人又出来挡驾了。她恳切地说：“他用惯了布被布褥，没有必要添加丝棉被，也请皇上见谅。”就这样婉拒了皇上的赏赐。魏夫人常年辅佐丈夫料理家事，一直勤勤恳恳，体贴丈夫，并没有后悔嫁给这样一个位高权重但很清贫的丈夫。魏徵六十四岁那年因积劳成疾不幸去世了。唐太宗听到噩耗后非常伤心，他想，这样一个好臣子理应受到表彰与敬重，于是下令举行盛大的葬礼。这时，魏夫人赶紧出来辞谢并请大臣禀告皇上说：“魏徵一生俭朴，葬礼排场太大，与他平生志愿有违，恳请皇上收回成命吧！”唐太宗最终拗不过魏夫人，细细想来，她所说的也合乎情理，于是为魏徵举行了一个非常简单的葬礼。

葬礼结束以后，魏夫人始终也没有去住皇上给盖的新房子，而是依旧与儿子住在原先翻修过的老房子里，过着清贫、淡泊而宁静的生活。古语说：“妻贤夫祸少。”裴氏夫人就是这样的杰出代表，她用自己的言行为裴氏廉洁处世代言，树立了一代贤妻良母的高大形象。

# 第六章 自强不息

自强不息，语出《易经》："天行健，君子以自强不息。"又见《孔子家语·五仪解》："笃引信道，自强不息。"自强不息的本质，就是众多经典中所说的：日新其德。阴阳相摩，八卦相荡。世界时时都在变化，万事万物在下一刻都是新的。自强不息，就是永远在进步，就是不断为自己争取更广阔的天空。有智慧的人应当效法阴阳变化日新，不断改掉过错，不断创造新的业绩，在岁月流逝中修养自我、升华自我。自强不息的精神突出反映在身处逆境而不坠青云之志，愿意为民族的强盛而奉献一切的仁人志士身上。

自强不息是中华民族优秀传统文化的基本精神之一。五千年荫袭，中华儿女就是以这种精神创造了伟大的华夏文明！裴氏是一个典型范例，他们顽强拼搏、奋发图强的精神，不是体现在个别人或一代人身上，而是世代相传，成为家风。裴氏一族千年荣显背后的"文化密码"究竟是什么呢？明末清初大思想家顾炎武给出的答案是："联姻、世袭、自强不息"。"联姻、世袭"是外部条件，"自强不息"才是裴氏家族发展的根本原因。裴氏家族在纷繁复杂的社会局面中，总是保持了一种自强不息、奋发有为的精神。无论是得势还是身处逆境，裴氏的子孙从来没有自暴自弃过，总是极尽所能争生存、谋发展。所以，裴氏家族人才辈出、代不乏人，绵延数千年之久，涌现出一个中华民族家族史的伟大奇观，令人惊叹。"长显而荣，纵有奇观千载色；自强而立，不贪先祖一分功。"

那么，裴氏家族是怎样做到自强不息的呢？

**一、有理想**

理想，是古今中外思想家共同思考的重大问题。德国哲学家黑格尔说，人是靠思想站立起来的。目标有价值，生活才有价值。理想不仅要在物质需要的满足上，还要在精神旨趣的满足上得到表现。俄国著名作家托尔斯泰讲：“理想是指路的明灯，没有理想，就没有坚定的方向；没有方向，就没有生活。”中国古代的孟子说：“士贵立志，志不立则无成。”塞缪尔厄尔曼在《年轻》一文中说：“没有人仅仅因为时光的流逝而变得衰老，只是随着理想的毁灭，人类才出现了老人。”“所以，只要勇于有梦，敢于追梦，勤于圆梦，我们就能永远年轻。就能永远充满朝气，就会产生永不止息的动力，就会战胜忧虑、恐惧。就会永远自信，就会图强而不衰。”理想，是指人们基于客观规律对未来的向往、追求、奋斗目标，是认识与实践的统一，是人的精神世界的核心。理想又是有层次的，包括个人理想、社会理想与国家理想的统一。

裴氏家族的先贤们把“修身、齐家、治国、平天下”作为自己的理想；把“为天地立心，为生民立命，为往圣继绝学，为万世开太平”作为自己的宏大目标。这种理想不仅反映了裴氏家族先贤们的志向，也是中华民族的志向。

有理想，就会有追求，就会有目标，有目标就会有动力，有动力就会产生意志力。“天将降大任于斯人也，必先苦其心志，劳其筋骨，饿其体肤，空乏其身，行拂乱其所为，所以动心忍性，增益其所不能。”这种意志力是完成伟大事业的意志力，是实现人生目标的意志力。它可以催人奋进，可以催人勤奋，可以使人经历艰险而百折不挠。总之，它可以让人奋斗不息。这是发自内心的自强，是在人生观、价值观的基础上，使人不断产生强大力量的源泉。

**二、积厚德**

积德的过程，是一个积蓄正能量的过程。德积得越厚，正能量积蓄得就越大，能量越大，力量则越强。

裴氏之厚德体现在人生的枝

微细节及生活的各个方面。如要孝顺父母，要尊敬兄长，遇见老人要尊敬，看见幼孩要加以爱护。不要随便议论别人的短处，也不要夸耀自己的长处。对仇视自己的人，要用情谊来化解；对自己有怨气的人，须用坦诚正直来对待。对别人的过失，要有容忍之心；对别人的错误，则要对其讲道理劝导他。“不以善小而不为，不以恶小而为之”。别人有错误，不要宣扬扩大；别人做好事，总要加以赞扬。与人交往不要结私仇；在家在外都要秉公无私。不要做损人利己的事，不要妒贤嫉能。不要情绪激动而待人蛮横无理，不要无理地伤害别人。不要接受不义之财。童仆小孩需要怜恤，如遇有患难的人一定要帮助，等等。

裴氏家族的积德，不仅体现在公德、私德上，而且体现在大德之中。所谓大德，就是利国利民之德。譬如清乾隆年间的裴志灏，时任安徽宁国府同知。当地发生灾荒，朝廷所发赈谷因为路途遥远无法及时运抵，裴志灏拿出库银，就近买谷赈灾。但因此事未经存案，裴志灏被人中伤，罢职归家。居家40年间，裴志灏“修族谱、立义学、施赡田”，并亲力亲为，耕种田园，家族并没有因为他的罢官而衰落，反而日益兴旺。乾隆六十一年（1796年），裴志灏因其高寿和德行，又被皇帝征召赴京，参加千叟宴。这是皇帝对裴志灏的充分肯定与赞赏。

清翟凤翥说：“中原文献历古于今，首称裴氏。语云：‘大德之后，必有大报，活人一万，子孙必兴。’裴氏自有颛顼、皋陶、伯益而后，世有显德，汉水衡都尉侍中累九世敦煌公，厚泽在民，平蜀之功，安全为大。历代诸公，或以孝义，或以廉惠，或以事业学量，上而国家，下而邑里，被洪庥沐阴济不知凡几，宜乎源流本枝之滔滔蔚蔚也。”

厚德，才能使裴氏家族的土质肥沃、根系发达，使大树能深深扎根于沃土，与大地一体，有源源不断的水分、能量，不仅枝繁叶茂、硕果累累，还能引来蝶鸟朝之，带来一个繁花似锦、兴旺发达、日益强大的家族景象。

**三、勤学习**

学习的过程，是使裴氏家族不断吸收营养、强身健体的过程，也是不断积蓄强大力量的过程。

“强学为立身之本。”裴氏家族有一条不成文的规定，即裴氏男丁，凡没有考中秀才者，一律不准进入祠堂参加祭祖及各种家族活动仪式。在如此浓厚的家族氛围中，裴氏族人从小就刻苦求学，习读经籍，培育了积极向上、奋发有为的品格，积累了干一番事业的学识和才能。

裴松之自幼聪慧好学，八岁即通晓《论语》《毛诗》。入仕后他没有靠关系去谋求仕进，而是凭满腹经纶，做了员外散骑侍郎。南朝宋文帝时，他奉诏完成皇皇史学巨著《三国志注》，确立了其在史坛上的大家地位，被誉为“不朽之盛事”。其子裴骃，秉承家学渊源，子承父业，编成流传千古的史学名著《史记集解》，开创了“集解”这一注史的新体例。其曾孙裴子野，不到十岁就学有所成就，长大后不屑走当时享有盛名的表亲任昉这层关系谋取官位，却有志于完成先祖的未竟之业，精心编成《宋略》一书。该书使裴子野名声大振。连《宋史》的作者沈约也不得不登门造访，甘拜下风。此祖孙四代三位史学家，之所以能在史学界异军突起、标新立异，开出一片新天地，非有志向和才学所不能为，绝非世袭使然。

自隋朝开始科举后，科举成为封建王朝选拔官吏的重要途径，也为裴氏子弟挺进仕途提供了新的机遇。裴休兄弟三人七八岁时先后进济源别墅学习，一年到头不出别墅大门一步，白天讲习经史，夜晓歌咏诗赋，夜以继日，从不懈怠。为不改变粗茶淡饭的生活习惯，竟拒食送上门的鹿肉。后来兄弟三人同时高中进士。一门兄弟三进士被传为佳话。

强学不仅是裴氏族人个人的

立身之本，也是裴氏家族强大的立族之本。

**四、重家教**

古人云：“十年树木，百年树人。”教育，尤其是家庭教育，更是一辈子的事情。教育不只是学校的事情，家庭教育是一个人价值观初始形成的重要起点，是道德习惯养成的原点，家教和家风正是每个人进入社会培育个性品质和情操的第一课堂，而家教则承载着先辈对后世掷地有声的教化和训诫。

裴氏家教具有完整的教育框架、教育方法、教育内容、教育机制。家教是裴氏家族人才培养的重要组成部分。历代裴氏杰出人物，都是读书学习的模范，都是崇文重教的楷模。这样一代一代裴氏族人才能显示出较旁人更为宽广的胸怀，更为远大的目光。教育出人才，人才使家族保持强大。可以说，只有教育的振兴，人才的兴旺，民族才能强大，国家才能强盛。

**五、扬正气**

《易》之意：万物归一，一化万物。所有的事物都有同一个根基，做事先做人就是这个道理。只有人正，事才正，事正则行，行必通达。

裴氏家族的官吏们把自己的、家族的声名看得高于一切，决不让自己的不良行为使家族蒙羞。尽管大多仕途多舛，有的遭陷害，有的被刺害，但他们在为自身把舵的同时，都一身正气、刚正不阿，奋不顾身同扰乱朝纲、结党营私的行径作斗争，这一点，在风雨如晦的封建王朝确实难能可贵。

裴垍，唐朝著名宰相。20岁中进士，为武则天垂拱年间宰相裴居道七代孙。唐德宗贞元年间，朝廷制举贤良极谏科，裴垍对策第一，特授为美原县尉。他任期满后，各藩镇、州府交相征辟，但均不赴就。不久，朝廷拜他为监察御史，此后，还相继任殿中侍御史，尚书礼部考功员外郎等职。这期间，吏部侍郎郑珣瑜曾委托裴垍主持考试词判。裴垍秉公办事，严肃认真，不受请托贿赂，皆以实才取人。

裴垍当上了一人之下、万人之上的宰相后，有个朋友从大老远的地方赶到京城来拜访他。裴垍并不因地位的悬殊而流露出半点轻蔑之心，不仅盛情款待，还经常与他饮酒叙旧，相处得十分融洽。更难能可贵的是，裴垍给老友充分的自由，老友在裴府可以“无所不为”，纵情玩乐、猛吃猛喝，均不受限制，简直比在自己家里更自在。眼见裴垍如此重视感情，如此珍惜友谊，老朋友心里美滋滋的，乘机请求裴垍将自己调来长安，弄一个“京府判司”的官儿当当。万万没有料到，这次却碰了个大钉子，被裴垍一口回绝：你确实有才能，有政绩，然而这个职位不适合你，我裴垍可不敢因为私交而破坏国家法度啊！老朋友不死心，大概摆出了许许多多的具体困难：比如远在外地，父母年迈，家中照顾不到；妻子多病，水土不服，致使自己不能安心工作；地处荒僻，子女得不到良好的教育，等等。总之，确确实实很困难，太需要老朋友照顾了。裴垍的回答则更加干脆：他年如果碰上一个瞎眼宰相，或许会同情你，给你这个职位；只要我裴垍还留在宰相的位置上，却是“必不可”！没有任何商量的余地，一下子就将后门彻底堵死了。

在宰相任内，裴垍整饬吏治，抑制宦官干扰政事；他改革两税法，废除苛捐杂税，大大减轻了百姓负担，尤其使作为赋税主要来源的江淮之民得以休养生息；他鼓励谏官言事，所提拔的白居易、元稹等人，均以畅所欲言、敢于抨击时政而知名；他推荐的李绛、崔群、裴度等人，后来都成为一代名相。

裴垍能取得如此成绩，除了唐宪宗李纯的信任外，其自身原因不外乎两条：一是他才华横溢，慧眼识英才；二是他一身正气、大公无私，绝不凭借权势以谋私利。不但长安城里那些勋臣贵戚们见了他不敢托以私事，就连宪宗皇帝李纯也忌他三分。李纯还在东宫当太子时，宦官吐突承璀就开始服侍他；李纯做了皇帝，吐突承璀最受宠幸。可是，当吐突承璀乘着与皇帝闲谈之际有所“关说”时，皇帝竟然因为“惮垍”而“诫使勿言”。说白了，就是连皇帝也因害怕裴垍，告诫吐突承璀：别再说了，那裴宰相一定不会卖这个情面的，他一身正气，连我这个当皇帝的也无可奈何呢！

**六、讲团结**

一个家族绵延这么久，一定是要讲和谐的。人们常说：“家和万事兴”。家不和的话，家族不可能延续那么久；家风不好的话，裴氏家族也不可能出现那么多宰相、将军，从这一点看，中华文明传承的基础就是家风、家教，家族文明就是靠家风、家教延续下去的。

“天下无二裴”“天下裴氏一家亲”，这不仅是在裴氏家族中广为流传的口号，而且是每一位裴氏族人的自觉行动。在全国各地只要一见到姓裴的，裴家人都感到十分亲切。《裴氏家训》中说“家族虽众，千枝万叶，总属一本。凡我族人，务要彼此相洽，情意相孚，有无相济，患难相周。勿斗殴，勿争讼，彼此勤勉，以敦仁厚之风，则族将大矣。”

家族的团结、和谐，可以保持家族的强大。中华民族大家庭的团结、和谐，同样可以保持中华民族的强大。只要中华各民族团结一致，我们就没有克服不了的困难，就没有战胜不了的敌人。

**七、延世泽**

自强不息的家风，使裴氏家族能历经磨难而生生不息。白马驿之祸后，唐朝消亡，但唐朝的消亡，并不意味着裴氏的衰落。逆境中的裴氏家族并没有消沉。他们栉风沐雨，砥砺前行。凭裴氏之根，再萌新芽，持延世泽，兰桂齐放。

后梁宰相裴迪，忠贞于朝廷，体恤民情。后晋宰相裴皞，廉洁自律，勤政典范。

北宋时期，宰相裴宜，廉明政治、兴利除弊。宰相裴定，运筹帷幄，安邦定国。这两位裴氏宰相都为北宋的繁荣昌盛，作出了卓越的奉献。

裴氏沉寂几百年，绵延近现代，依然名人辈出，业绩卓著。在科技文化界，有中科院党委书记裴丽生，他是我国“二弹一星”的组织者与指挥者之一，作了大量的基础性工作，贡献突出。经国际小行星中心批准，中国发射的编号为5273号的宇宙小行星，被批准命名为“裴丽生星”。中国著名的考古学家和古生物学家裴文中，在考古发掘洞中，发现了被称为“科学之宝”的第一个完整的“中国猿人”头盖骨化石，震惊世界。著名科学家裴端卿，带领他的团队，长期从事细胞命运调控的基础理论研究，在世界上首创了以人体尿液中上皮细胞的多能干细胞诱导方法，开启了生命延长探索之门，居于世界领先地位。

在军界，有开国将军裴周玉，他参加过平江起义、长征、抗日战争、解放战争、抗美援朝战争。

裴怀亮

战功显赫、名垂青史。国防大学原校长上将裴怀亮，为我国的国防事业和国防人才培养作出重要贡献。还有原南京军区副政委兼军区纪委书记、中将裴九洲。济南军区副参谋长、军区司令部顾问、少将裴宗澄。福州军区空军副政治委员、少将裴志耕。著名爱国将领裴昌会等。

海内外高端科技界，裴氏有一批院士，蜚声海内外。他们是：裴刚，同济大学原校长，中国科学院院士，第三世界科学院院士。在生物化学、生物物理学、发育

与生殖等重大科学研究上，取得显著成绩。裴永康，中国工程院外籍院士，现任美国圣述德儿童研究医院肿瘤系主任，卫生部儿童血液、肿瘤重点实验室终身教授。被公认为在儿童急性淋巴细胞白血病临床诊治与转化研究领域的国际权威。裴长洪，被任命为联合国教科文组织中国委员，国际社会科学院理事会执行委员，俄罗斯自然科学院外籍院士。裴荣富，国际矿业成因技术研究会主任，中国工程院院士，专攻大型矿床成矿背景研究，提出“成矿偏在性”和“异常成矿”等创新概念，为在全国开展找矿提出理论基础，贡献突出。裴和善，香港国际医学科学研究院教授，台湾中山医学研究院院士，长期从事医药学研究，发表学术论文300余篇，被广泛采用，编纂《临床医学》《临床药学论文集》，与加拿大等国际医疗组织机构进行医学研究开发，成果显著。

裴氏这一批院士，业绩突出，海内外闻名遐迩。这为裴氏当代人才，添上了浓墨重彩的一笔。

在基层工作岗位，也涌现出一大批自强不息的杰出人才，其代表人物有：

裴春亮，全国十大最美村官、全国劳动模范，第十九届全国人大代表，新乡辉县市张村乡裴寨社区党总支书记。他拿出数千万元帮助其他农民致富，成为全国基层干部的楷模，受到胡锦涛、习近平、李克强等党和国家领导人的亲自接见与表彰。

裴效生，2007年荣获全国“孝亲敬老模范之星”称号。他拿出上千万元资金，为乡亲修路、建学校、建医院，资助全村七十岁以上老人，为大家当“孝子”。

裴忠富，他谨记裴氏家训教诲，致富不忘乡亲，一句“跟着忠富干，保证有钱赚”的承诺，动员大家一起种植水果。他先后荣登“中国好人榜”，获得“全国劳动模范”“四川省劳动模范”“全省创先争优优秀共产党员”“成都十大杰出青年”等称号。

在裴氏家族的女性中，更是巾帼不让须眉。

裴艳玲，河北肃宁县人。国家级演员，著名京剧武生表演艺术家。自幼随父练功并师承李崇帅。五岁登台，九岁开始先后在乐陵、灵寿、束鹿京剧团挑梁。

1960年，裴艳玲进入省河北梆子剧院，拜李少春、侯永奎、郭景春为师。先后担任第九届全国政协委员，中国文联副主席，中国戏剧家协会副主席，河北省京剧院名誉院长，河南京剧院名誉院长，河北省京剧院裴艳玲剧团团长等职。

1985年11月，裴艳玲以昆曲《林冲夜奔》《钟馗》参加全国戏曲观摩演出，赢得大会特设的“演员特别奖”，并获得当年第三届中国戏剧“梅花奖”第一名。1988年，其主演的电影《人鬼情》在法国和巴西举办的国际电影节上荣获国际大奖。1996年，荣获中国文联评选的首届“跨世纪之星”称号。2008年，荣获第五届中国京剧艺术节特别荣誉表演奖。2009年，荣获第24届中国戏剧梅花奖的“梅花大奖”。

裴艳玲的父亲裴聚亭，常常用裴氏家训、家风教育她好好学习和做人。父亲少年好戏，常演武生；继母袁喜珍，唱河北梆子旦角。裴艳玲从小跟着戏班子，行走在河北、河南、安徽等地。7岁开始，父亲裴聚亭将她学戏的事当作一件正事严肃对待，家里的尺子可以当枪，鸡毛掸子就是大花枪，枕巾挡在手上当水袖甩，土坑就是舞台。师傅李崇帅教了裴艳玲几十出戏。京剧、昆曲、老生、武生、猴戏，她无所不会。

她以文武皆备著称，她嗓音高亢嘹亮，行腔似云流水，武功出众，表演出神，戏路宽广，其“唱、做、念、打”俱佳，京、梆、昆的技艺风靡海内外。

裴秀敏，浙江嘉兴人。华侨国际教育集团董事长。

裴秀敏于2000年辞去公职，先后创办了8家幼儿园，2家早教、胎教机构。

作为裴氏家族的后裔，裴秀敏自幼深受裴氏家规家训的影响熏陶。对于裴氏家族倡导的为人处世准则耳濡目染。裴秀敏除了创办教育文化机构外，更是教育部家庭教育指导师、中德学前教育高级顾问，浙江省十大创业女性，嘉兴市政协委员，南湖区人大代表。身兼数职的她积极为裴氏家族作贡献，以弘扬裴氏教育、创新裴氏教育理念、传承裴氏优秀家族文化为己任，还创办和担任了浙江裴氏文化传媒有限公司、裴氏德才汇（上海）文化传媒有限公司、杭州裴氏教育科技咨询有限公司等多家公司的董事长。

2013年，她被国务院侨办授予“中华文化传播优秀教师”称号。2020年10月，出任“中国非遗印章馆”馆长。她还荣获了“全国优秀民办幼儿园园长”“浙江省十佳知名幼儿园园长”等荣誉称号。

自强不息，是裴氏家族长盛不衰的秘钥，也是中华民族伟大精神的体现，弘扬这种自强不息的精神，就一定能实现中华民族的伟大复兴。

中国儒家文化
一半在裴氏

祝贺华夏文化促进会裴氏委员会成立

黄征 [illegible] 致贺
庚子年夏日

# 第四篇

# 裴 氏 清 廉

说起裴氏家族的清廉之道，还得从裴氏家族的祖地裴柏村说起。裴柏村，又名宰相村。在中国历史上，一个村走出五十九位宰相、五十九位大将军，可谓名声显赫，驰名中外。在常人的想象中，在裴柏村，应该是古建筑亭台楼阁，鳞次栉比，雕梁画栋，富丽堂皇，最低也应该有几处裴家大院吧，然事实却不是这样。走进裴柏村，看到的都是平民房屋。在裴氏家族的祖茔十里凤凰塬，也没有大型陵寝，皆简陋薄葬，包括嫁到裴家的皇帝公主，也随裴家薄葬，只是寻常坟墓。在这庄严肃穆中，意味无穷的沉寂，彰显裴氏为官者在身后事上的高风亮节，令人动容。是以，山青青兮碑林残，柏葱葱兮蔽裔远。黄土垅中埋忠骨，凤凰塬上叹清廉。

# 第一章 清廉公谨 代有楷模

## 一、裴潜“胡床挂柱”

裴潜是三国时期魏河东闻喜人。官居相位，清正廉明，历仕三朝，始终清廉自守，不以高官显位谋取特权。他多次调迁从未带过妻室。他的妻子生活贫困，以编织藜芘为生。他自己生活也十分简朴。他在兖州刺史任上，因身体不好，他的手下专门为他制作了一个胡床。离任时，他把胡床留下挂在墙柱上。他的手下说：“裴太守，这胡床是专门为你做的，你带走，到别的地方可以继续用。”裴潜说：“这是用官家的东西做的，我不能带走，留给下任官员还可以用。”从此留下了“胡床挂柱”的美谈。他出入京师，从不乘坐华丽的官车，而只坐仅能挡风雨的“车”。他的兄弟居家务农，亦都十分节俭。

他的清廉自洁，在当时就受到人们的赞美。死后还被追赠九卿之一的“太常”，并赐谥号“贞侯”。裴潜一门克勤克俭，谨守礼法，恭谨友爱，为河东裴氏一门树立良好的家风打下了坚实的基础。

## 二、裴宪“因廉避祸”

裴宪，字景思，是西晋中书令裴楷之子。晋咸康年间，官至光禄大夫、司徒、太傅。《晋书·裴宪传》记载：十六国时期，314年，称霸北方的石勒攻破幽州后，晋朝的旧臣没有不到军门谢罪的，贿赂石勒的人很多，唯有前尚书裴宪、从事中朗荀绰在家里恬然自安。石勒素来听闻裴宪的声名，就召他来对他说：“王浚幽州残虐凶暴，人鬼都痛恨。我恭行法度，拯救这里的百姓，百姓勋旧都很高兴，向我表示祝贺和感谢的人满路上都是。你们二人傲慢无比，毫无诚意，将要被我像当年大禹杀掉防风氏那样杀掉，你们要投靠谁来避免被杀呢？”裴宪神色平和，回答说：“我等世代享受晋君的荣赏，恩遇很重。虽然王浚凶恶不端，但他也是晋君的藩属。虽然我们欢迎圣明的教化，也有诚心，而且周武王讨伐商纣王，表彰商容之门，但也没听说商容倒戈的先例啊。您既然不想用道化来治民，必定想用刑罚为政，那么像防风氏一样被杀，就是我们的职分。请让我们到官署就死吧。”说罢，不对石勒行拜就出去了。石勒对他深为赞赏，以对待宾客的礼节对待他。石勒于是登记王浚部属及亲属，家资都达到巨万之多，唯有裴宪与荀绰家里只有一百多卷书，各有十几斛盐米而已。石勒听说了，对他的长史张宾说：“名不虚传啊。我不高兴攻下了幽州，高兴的是得到了这两位贤士。”遂任裴宪为从事中郎，后又任太中大夫，迁司徒。

## 三、裴昭明“为官清廉”

裴昭明，南朝宋齐时河东闻喜人。裴骃之子。宋明帝泰始中，为太学博士。后废帝元徽中，出为长沙郡丞，历祠部通直郎。齐武帝永明三年(485年)，出使北魏，还为始安内史，齐明帝建武初，为广陵太守。

元徽中，昭明出任长沙郡丞，罢任，刺史王蕴对他说：“卿为官清廉，必缺路费。听说湘中人士要为卿赠送礼金，可酌收受。”昭明曰：“下官忝为郡佐，不能光益上府，岂能在离任之时，再累清风。”拒收地方人士所馈赠的礼金。

裴昭明在历任多职中都有勤政之绩，他常对人说：“人活在世上，为什么要聚财积富呢？一身之外还要什么呢？子孙若不成才，我聚他散；子孙若能自立，不如掌握一部经书。”所以他一生不积蓄家产，在他离开郡守职务时，十分贫困。世祖说：“裴昭明从始安离任后，结果连住的地方都没有了，我不熟读史书，不知古人中谁是这样的。”

论曰：韦贤有言，“遗子黄金满籝，不如教子一经”。昭明其达此者欤。夫志趣鄙陋之人闻此言也，未必不嗤然而笑之。且彼之与此，莫非所以遗后人，唯君子能择其久远之业而用之尔。

**四、裴子野“廉洁自爱”**

裴子野，字几原，南朝齐河东闻喜人，晋朝太子左率裴康的第八代孙。裴康之兄裴黎，弟裴楷、裴绰，都有盛名，称为“四裴”。曾祖裴松之，是宋朝太中大夫。祖父裴骃，是南中郎外兵参军。父裴昭明，是通直散骑常侍。

裴子野文章典雅，为世所称。撰有《宋略》《裴氏家传》，集注《丧服》，撰《移魏文》，抄合《后汉书》四十余卷，又敕撰《众僧传》二十卷、《百官九品》二卷、附《谥法》一卷、《文集》二十卷。

裴子野迁任中书侍郎、鸿胪卿，领步兵校尉。他在皇宫十多年，沉默寡欲以自守，未曾有过什么要求。他的母亲、妻子的娘家及表兄弟们家中贫乏，他所得的俸禄全部用来供给他们。没有住宅，就借官家之地两亩，修筑茅屋数间，妻室儿女长期苦于饥寒，裴子野唯以教诲为本，子侄们对他十分敬畏，如同侍奉父亲一样。刘显常以具有为人师表之道来推崇他。晚年深信佛教，终生吃麦饭蔬菜。

梁武帝中大通二年（530年）去世，时年六十二岁。起先，裴子野自己占算死期不过庚戌年，这一年从中书省上书，自我省察求退，对同官刘之亨说：“我要逝去了。”遗命丧事俭约，一定要节制。梁武帝哀伤痛惜，为他流泪。诏书说：“鸿胪卿，领步兵校尉，知著作郎、兼中书通事舍人裴子野有足够的文史知识，廉洁自爱、任职辛劳，经过多年，忽然丧逝，使人悲伤怀念。可追赠散骑常侍，给办丧事钱五万、布五十匹，近日安葬，谥号贞子。”

**五、裴侠“独立使君”**

裴侠，字嵩和，河东解县人，裴潜的九世孙。祖父思齐，选拔秀才，任命为议郎。父亲裴欣，任西河郡守，追赠为晋州刺史。

裴侠勤俭朴素，爱民如子，所吃的是菽麦盐菜等粗茶淡饭，吏民都怀念他。按河北郡原先的制度，裴侠作为郡守，要安排三十个渔夫猎人供他驱使。裴侠说：“为了我的口腹而让他人渔猎，我不愿这样做。”便全部免去。又安排有三十人为郡守服役，裴侠也不让这些人为自己服役，而是收取他们抵劳役的绸绢为公家买马。日积月累，马变成了一群。离职之日，一无所取。人们为他作歌谣说：“肥鲜不食，丁庸不取，裴公贞惠，为世规矩。”裴侠曾和各地的刺史太守去拜见周文帝（时为宰相），文帝令裴侠独立朝堂之左，并对诸牧守曰：“侠清慎奉公，为天下之最，尔等有如侠者，可与之俱立。”众皆默然，无敢应者。周文帝乃厚赐侠，朝野服焉，号为“独立使君”。

裴侠在撰写九世伯祖《贞侯潜传》时叙述裴氏家族中清正的先人，并为后世廉官们制定了一个廉洁的标准，那就是“官到贫时方为清。”当时的皇帝观此后大为赞赏，此话遂成千古名言。堂弟伯凤、世彦当时同是丞相府的属官，笑着对裴侠说：“人生做官，需要名利双收，像你那样清苦，有什么用？”裴侠说：“清正是做官的根本，勤俭是人生的基础，何况我们大家族，世代都享有美好名誉，所以才能够活着受朝廷称赞，死后流芳于青史。现在我有幸凭凡夫俗子的才能，滥竽充数蒙受特殊宠遇。本来就很穷困，不是羡慕虚名，假装清苦；心中的愿望是为了自我修养，恐怕有辱先人的名声；现在反而被你们耻笑，我还能说什么呢！”伯凤等惭退。

## 六、裴文举“简政清廉”

裴文举，北周时期的大将军。北周世宗宇文毓即位后，裴文举渐次升为帅都督、宁远将军、大都督、益州总管府中郎。武成二年(560年)，加封裴文举为使持节、车骑大将军、仪同三司。蜀地沃土千里，非常富饶，商贾如云，号称天府之国。有人劝裴文举借权谋利，裴文举说：“财利固然可贵，不如自身安宁呀！身体安康，就能弘扬王道，不是钱财所能办到的。因此，不去做那种事情，并不是厌恶金钱呀！”裴文举反对以权谋私，振振有词、掷地有声。齐公怜悯他贫寒，常常想资助他，裴文举经常谦虚退让。

北周宇文邕保定三年（563年），裴文举调为绛州刺史。当年他父亲裴邃在正平郡时，为官廉洁自奉，简政安民，每年春天都要到民间考察，劝人农桑，只坐一辆车子罢了。等到裴文举莅临此郡，完全按照他父亲当年的要求要求自己，百姓们交口称赞，风俗为之清淳。

## 七、裴坦“太平宰相”

裴坦，河东闻喜人，裴氏西眷第二十二世，唐僖宗时宰相。为人清廉俭约，恪守家法。其长子娶同朝为官的杨收之女为妻，杨收喜爱奢华，女儿嫁妆又多又华丽，“斋具多饰金玉”，裴坦十分气愤，命令立即撤去，并说：“乱我家法，殃吾家矣。”杨收后来果然因贪贿而身败名裂，裴坦则因清廉被世人称为“太平宰相”。

## 八、裴休“肃贪除弊”

唐代名相裴休，任相五年，为官二十多年，以清廉著称。唐宣宗大申年间，裴休官至户部侍郎，兼任盐铁转运使。盐铁转运使权力很大，捞钱的机会更多。裴休一上任就召集下属说：“我是读书人出身，对贪赃枉法的事向来深恶痛绝。追求利益不能损害朝廷和百姓，否则必受重惩。我这样告诉你们，是不忍心看见有人因此贻误终生！”当时，官场腐败十分严重，主管漕运的官吏大多营私舞弊，不仅贪污盛行，而且每年翻沉的运粮官船达七十余艘。裴休制定了一系列规章，开列漕运新法十条，立税茶法十二条，又下令彻底调查漕运中心弊案。针对裴休的举措，有人进言说：“为官需要圆滑和不惹众怒，你如此大规模肃贪，只会给你自己带来祸患，这太不合算了。”裴休冷冷道曰：“不惹众怒，便是狼狈为奸，这是一个正人君子应该做的事吗？我不是自取祸患，而是在为朝廷消除祸患。”进言之人把头一低，又道：“这件事说来容易，做起来实难，现在几乎无官不贪，你为什么和别人不一样呢？你想要什么呢？”裴休愤愤地说：“正因为世风日下，才要有人振臂一呼，高举正义之帜。贪官失去了起码的良心，我这样做也是拯救他们。我不是为我个人打算，有了私心杂念，只会沦为小人了！”

裴休大力清查贪官，整顿革新，使贪官受到了惩罚，漕运状况得到了彻底改变。在他任职期间，经运河到渭河、黄河沿岸粮仓的粮食达一百二十万石，再没有发生过一起沉船事故。这正是：“他人腐败我清廉，心系朝廷二十年，漕运畅通家国利，大唐砥柱数公贤。”

裴休之父裴肃，其孙裴璩，祖孙几代为官清廉，保家卫国，立下了汗马功劳，深受百姓爱戴。千百年来，百姓把他们当神供奉，香火不断。可见，裴氏文化已在民间扎根之深。

**九、裴适“清白坚贞”**

裴适，字通玄，河东闻喜人也。西眷始祖冀州刺史裴徽之后人。

裴适“世业清贞，代传忠孝，

纯悫自恃，德礼不衍。吏事冠於当时，名誉出於希代。”典籍精究，岂唯左史之文；草隶工书，不独右军之体。年弱冠，补清庙郎出身，授洛交县尉。在位才未盈考，本使擢充判官。廉为幕下所称，谋议叶军中之策，改右卫率府仓曹参军，旋拜左领军卫仓曹参军。因迁累职承恩，又改河中府功曹参军，续迁河南府法曹参军。经裴适所审个案，没有冤情，没有积案。

裴适为政缉理绥人，安农劝俗。精明玉洁，政称嘉猷，惠有仁风，卒于东都崇政坊之里第，享龄五十七岁。

有赞曰：“懿兹令德，才行所敦；承家奉国，忠孝双存。江海喻量，圭璋比尊；人生代谢，天道宁论。”

**十、裴纶“清廉拒贿”**

明永乐年间，湖北监利裴纶金榜题名，御殿钦点探花。任翰林院编修，山东布政使，追赠礼部尚书。裴纶清廉拒贿，刚正不阿，为民除害，深受百姓爱戴。裴纶任朝廷主考官时，他女婿参加考试，提前给他写了封信，要老丈人关照。裴纶阅信后大怒，将信烛之，不徇私情。其“江湖浩渺怀明主，忠孝承先望子孙”，抒发了一种深切的爱国情怀。

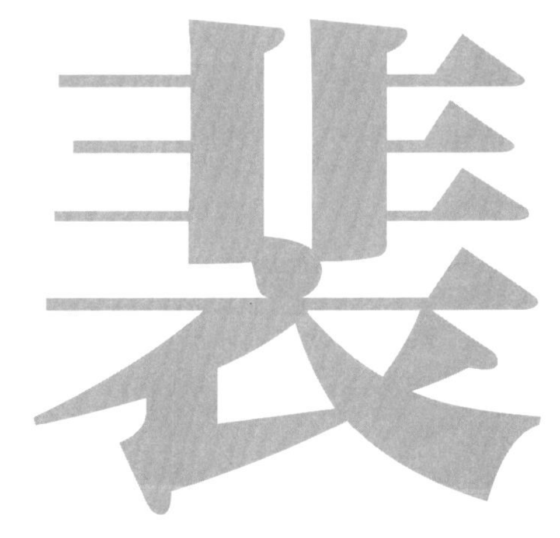

# 第二章 从政之道 心系国民

## 一、裴松之"勤勉公事"

裴松之，字世期，南朝宋河东闻喜人。祖父裴昧，任光禄大夫。父亲裴珪，任正员外郎。

松之八岁时，就能读通《论语》和《毛诗》。他博览典籍，立身简朴。二十岁那年，拜殿中将军。这一职务是在皇帝身旁值勤侍卫。义熙初年，为吴兴故鄣县令，在县里治绩显著，入朝廷任尚书祠部郎。后被任命为零陵内史，又召回朝廷任国子博士。

太祖元嘉三年（426年），诛杀司徒徐羡之等人，分遣大使巡行全国各地。就像当今中央派巡视组到各地巡视一样。裴松之被派往湘州，成为一名巡视大员。

颁布皇帝的诏书说："古代君王巡察各地政绩，列国诸侯述职，要么就有朝廷慰问诸侯的礼节，诸侯朝聘天子的规定。这是为了观察民情，制定政策，发布命令，考察政绩，从而使朝廷与民间上下相通，普天之下皆能蒙受朝廷恩泽。所以能使功德光耀世世代代，治道绵延悠久年月。朕以寡陋之资，承续帝王大业。在位虽然小心谨慎，但尚未熟谙治理国家的方法，终日戒惧，唯有忧虑，好像面对悬崖深渊。唯恐国家凋敝民俗败坏，时疫流行影响百姓健康，水旱天灾伤害农业。虽然亲自处理各种事务，思考制定正确的国策，然而国家事务繁多，过问处理多有遗漏。政令刑赏的失误未能一一得知。难道朕的诚意不能令人信服，以致群臣不敢畅所欲言？赈济百姓的责任，应由我一人承担。由于近年国事多难，王道未能统一天下，天子巡狩四域的礼仪，长久荒废而未能施行。朕时时念及那些普通的百姓，不能忘记对他们的关怀照顾。现在派遣兼散骑常侍袁渝等人前往各地领布朝廷法令，巡视各个郡邑，面见地方长官刺史二千石，申述朝廷的至诚，广泛征询治国要略，考察吏治状况，访求民间隐情，表彰选拔操行卓异人士，慰问安抚百姓疾苦。礼法和习俗的得失，一律依照周朝的典制。每位使者要写好文字材料，回来后列具条陈上奏，帮助我了解各地情况，就像我亲眼见到一样。大夫君子，你们要全心全意地处理公务，不可不尽全力。如果有可行的谋略和宏远的计划，请如实道出，向使者陈述，切莫有所隐避和遗漏。朕将虚心听取有益的劝谏，从而裨补朝政的不足之处。你们好好努力吧，不要辜负朕一片心意。”

松之完成使命返朝后上奏说：“微臣听说上天之道因普照下土而显得光明辉煌，天子恩德因广泛布施而臻于极致。古代圣君都是凭仁爱之心普济天下，因而帝王如果自身具有完美的德行，那么时代自然和谐融洽；礼仪能在长江、汉水流域施行，完美的教化就能推行到远方。所以帝尧顺应天道建立大业，其功绩为人歌颂；周文王励精图治，使周朝强盛起来，其谋略为人赞美。微臣认为陛下神明聪慧，精妙灵通，行事合乎大道，旷世罕比。身穿冠服，端坐华堂，留心四面八方的国事民情，询问施行教化未能完善的原因，思虑选举人才的渠道为何不能畅通。抚慰普通平民，同情孤男寡妇；发布庄严号令，并通告四方。那深远的谋略以《大雅》《周诰》为准则，仁慈的训示传播到遥远的边境。于是举国敬仰，歌颂皇帝恩德。使者申述圣旨，人民尽皆喜悦，莫不讴歌鼓舞，铭记皇帝的恩德。有的人扶老携幼，在路旁寻欢作乐，所以竟然忘记了这种恩德从何处而来。千载难逢的圣明时代，就在如今实现了。微臣承蒙皇上提拔任用，忝居显要职务。以臣短浅贫乏的才识，即使焦思苦虑，也不能畅达地表达皇上旨意，整顿廓清风俗教化，而且考察、升降地方官员没有次序；访求荐举贤才，又很少听闻。甚觉惭愧惶恐，不知如何是好。奉呈奏议二十四条，都是在出使过程中遇到问题的随时记录。微臣见到癸卯诏书中说：‘礼法和习俗的得失，一律依照周朝的典制，每位使者各自写好文字材料，回来后列具条陈上奏。’谨依据事情原委，整理成文，附在奏章后面。”松之奉命出使颇能尽到使者职责，受到时论好评。

裴松之转中书侍郎，司冀二州大中正。皇上命他注释陈寿的《三国志》。他广泛搜集各种传记，增加了许多不同传说。书成后，奏呈朝廷，皇帝感到满意说：“这是一部足以不朽的著作。”后出朝任永嘉太守。在任期间勤勉公事，体恤百姓，属吏和民众甚觉安宁方便。入朝补通直为常侍，仍领二州大中正。不久又出朝为南琅琊太守。

元嘉十四年（437 年），松之辞去官职，拜中散大夫，不久，领国子博士，进太中大夫，仍兼博士。准备续写何承天撰述的《国史》，但来不及撰写，就在元嘉二十八年（451 年）去世，时年八十。

### 二、裴延儁“考绩天下之最”

裴延儁，北魏河东闻喜人，字平子。裴氏家族第三十六世，是裴徽的八世孙。曾祖裴奣，曾任谘议参军、并州别驾。祖父裴双虎，是河东太守，死后追赠平远将军、雍州刺史，谥号顺。父亲裴崧，任官为州主簿，行平阳郡事，因平定蜀地盗贼丁虫有战功，死后追赠为东雍州刺史。

裴延儁在任中书侍郎期间，提出过一些对改善北魏统治有利的建议。当时，世宗皇帝专心于佛教经典，而对儒学经籍很少接触。针对这种情况，延儁上疏谏道：“臣听说尧帝的才智道德，是历代君主的指南；虞舜的哲学道理，是圣贤要典的结晶。东汉光武帝虽天资神奇睿智，也在繁忙的军务中勤奋读书；魏武帝曹操尽管英明多识，也常在戎马倥偬之际鉴赏典籍。我大魏先帝，天赋奇能，多才多艺，能文能武，经营迁都，筹划征战，日理万机之余，仍然手不释卷，孜孜以求。

确实是因为经史之义无比深奥，其作用和补益非常广泛，所以先圣们虽然军国大事那么忙碌和辛苦，也从不停止读圣贤经典。这些事例是先王们的光辉实践，也是留给后世帝王的宝贵经验和永恒的楷模。好的帝王足以遵循，恶的君主应该借鉴。陛下悟性高深，见识独到，在宫廷中设法座，在朝会时谈佛教，凡是有幸见到或听到的臣民，无不尘俗尽扫，茅塞顿开。然而《五经》毕竟是治世的标准，六艺才是规范社会的根本。因为任何事物都是逐渐发展的，不可一蹴而就，竞追时尚不一定是件好事。学习与办事都必须先粗后精，先近后远。诚恳地希望陛下儒经佛教兼顾，孔子和释迦牟尼并行互存，如此才能达到内外都周全，信教者与世俗之人都能心情顺畅的局面。”

肃宗初年，升任散骑常侍，负责起居注，又加前将军，升平西将军，授廷尉卿。改授平北将军，幽州刺史。

范阳郡有一条旧水渠，叫督亢渠，长五十里；渔阳燕郡戾陵有一些旧塘堰，方圆约三十里。这些渠道塘堰都长年失修、废毁多时，一直没有修复利用。而当时水旱灾害频繁，百姓饥饿不堪。延儁认为修复旧渠堰，一定能够成功，于是上书请求批准动工。工程开始后，他亲自勘测水利地形，对各种施工都检查督促，不久，工程峻工，可灌溉的田地百万余亩，效益提高了十倍，老百姓至今生产还依赖它们。他又责成主簿官郦恽兴修学校，致使当地礼教大行，人民纷纷以歌赞美这些事迹。任州官五年，政绩考核为天下第一。

### 三、裴昭明“不负众望”

裴昭明任始安(今广西桂林)内史期间，听说当地有一个叫龚玄宣的人胡说什么神给了他玉印、玉版书，不用笔往纸上写，只要用口一吹，就会成字，谁要是不尊重他，他就请神灵来降服谁，并自称“龚圣人”，以此来搜刮民财，老百姓对他恨之入骨。裴昭明偏不信邪，将这个“龚圣人”

抓了起来，定他为妖言惑众之罪，关进了牢房，并治了他的罪。裴昭明为官清廉，他的指导思想也很明确，他在始安内史任上，破除迷信，惩治妖罔惑众的“龚圣人”，从而树立了高大形象。

**四、裴谞“疾风劲草”**

唐代宗广德元年（763年），吐蕃入侵，兵至长安外的便桥，当时代宗皇帝避难到了陕州（河南陕县），满朝文武四处藏匿，六军逃散，唯有裴谞带上考功南曹的印鉴徒步奔赴皇帝行营。唐代宗感慨地说：“疾风知劲草，裴谞果然十分值得信任。”拜河东租庸，盐铁使。

永泰元年（765年）春天，关中大旱，斗米值千钱。裴谞入朝奏事，唐代宗一见面就问他全年的收支情况，利润有几成。裴谞迟迟未予回答。唐代宗又问，裴谞说：“我正在想问题。”唐代宗问：“想什么？”裴谞答道：“臣自河东至京师，三百里之内，所经之处禾稼全部未能种上，农民们愁苦忧伤，束手无策。本以为陛下体念天下百姓，见臣后必定先问老百姓的疾苦，哪曾料到却是关心臣为陛下营利几何。孟子说过：‘治国者，仁义而已，何以利为？’所以我未敢马上回答陛下。”唐代宗深为感动，说：“若非你讲，我听不到这样的忠谠之言。”于是改任裴谞为左司郎中，并多次征询他关于政事的意见。

唐德宗即位之初，以刑名治天下，满期文武无不凝神屏息，唯恐越雷池一步，招来灾祸。当时，唐代宗的丧事行将结束，而禁屠杀的命令尚未撤销，尚父郭子仪的家奴却在家宰羊，裴谞依例立即向德宗举报。唐德宗由此认为裴谞不畏强权，对他很有好感。有人不以为然，责问裴谞说：“尚父有功于社稷，难道你连一点小过也不肯庇护他？”裴谞笑道：“这里的奥秘你就不懂了。尚父功高位尊，隆盛无比，新天子初即位，一定以为党附他的人很多，对他心存疑忌。如今他有小错我即举发，恰好证明了尚父并不恃权仗势。这样做，对上我尽了为臣之道，对下则维护了大臣的安全。这何乐而不为呢！”问者自愧不如。皇帝曾制曰：“君子立义为勇，在国而能。通故全其节而成其务矣。守太子中允裴谞，言忠信，行笃敬，有敏才，斯可与权有直道，磨而不磷，造次颠沛，秉心塞渊，宜奖固之风，缉台阁之政。可守改功郎中。”裴谞后历任太子右庶子、兵部侍郎、河南尹、东部副留守等职。卒于任上，享年七十五岁，死后赠礼部尚书。

**五、裴潾“不畏权贵”**

裴潾，裴氏家族第四十三世，因家族的门第荫德而走上仕途。一生历唐宪宗、穆宗、敬宗、文宗四朝，以道义自处、忠心事国、不畏权贵而闻名于世。

唐宪宗元和年间，裴潾任左补阙。在讨伐淮西藩镇吴元济的战争中，朝廷任用了一批宦官到沿线驿站做馆驿使，这批宦官到任之后，却依仗皇帝威势横行不法，时常刁难欺凌四方使者，于战争形势极为不利。为此，裴潾向唐宪宗上疏谏止。裴潾的奏疏，完全不顾忌当时宦官跋扈的气焰，毫无一般朝臣逢迎献媚权贵的心理，而从国家根本利益出发，铮铮直言。唐宪宗虽然没有采纳他的意见，却也心有所动，认为他忠心可嘉，于是超迁他为起居舍人。

唐宪宗晚年，痴心于长生不老，对方士、丹剂十分迷信。宰相皇甫镈和金吾将军李道古等人逢迎献媚，积极推荐方士柳泌、僧人大通等为唐宪宗炼制金丹。消息传到外廷，裴潾立即挺身反对。他向唐宪宗痛陈利害，无奈唐宪宗这时已经听不进去任何不同意见，裴潾的忠心非但没有受到奖赏，反而招致皇上的震怒。不久，就被贬出朝廷，到偏远的湖北去做江陵令了。第二年春，唐宪宗终于因服食丹药而暴亡，时人都说应该听取裴潾的忠谏。

唐穆宗继位之后，诛死了柳泌诸人，调裴潾为兵部员外郎，又迁刑部郎中。当时有一个做前率府仓曹（东宫卫队军官）的人名叫曲元衡，杖杀了平民柏公成的母亲。但因柏公成私下收受曲元衡的钱财而不去报官，致使司法不再去追究。由于裴潾的坚持，曲元衡终于被脊杖六十，处以流刑，柏公成也被处以死刑。

唐敬宗宝历年后，裴潾曾任御史中丞、左散骑常侍、刑部侍郎、华州刺史、河南尹等官，卒后赠户部尚书，谥曰“敬”。

**六、裴希度“一心为民”**

裴希度（1588—1650 年），字晋卿，裴氏家族第六十二世。明末崇祯甲戌（1634 年）科进士，授予堂邑县知县。刚到任，他就用毛笔大大地写了“父母”两个字，贴在自己座位上方，表明了他要当好父母官的心迹。

时当荒旱，各地农民起义烽起。当地百姓流离失所，裴希度真心实意多方调度，安抚百姓。在衙前煮粥赈济灾民，被他救活的人成千上万。为了巩固城防，他作为一方知县，动员百姓修补城墙，疏浚护城河，完全不听信堪舆家“不宜动土”的劝告，加紧施工。即使得了病，他也毫无悔意。裴希度精心治理堂邑，给贫苦农民分发耕牛和种子，劝勉农耕。他废止了当时的签报制度，分发库粮，以解民困。裴希度还革除了按户为朝廷养马的做法，集中于县里饲养，解除了由政府补贴的困顿。这都是他在当地的善政。裴希度在办公之余，读经课士，使文风蔚起，风俗清淳。因政绩突出，他被调为工部政事。不久，又提升为监察御史。

裴希度奉旨巡视京城南部防务。当时，农民起义军已逼近京城，朝廷决策者为城防安全，建议将三秦、山西、河南留在京城的人统统驱逐出城。裴希度拒不采纳，仅仅整顿保甲制度，用以静制动的办法来消弭祸乱。但是，义军声势浩大，大明王朝大势已去，裴希度的努力也只是杯水车薪，无济于事。不久，太原陷落，裴希度的母亲范氏和几个妹妹都投井自杀。裴希度深敬母亲不甘受辱的气节，就把太原别墅改为报恩寺。料理完母亲的丧事，受朝廷之请，去巡视漕运。革除了猾胥奸吏从中中饱的积弊。不久，朝廷又委派他督办两淮盐运。裴希度革除弊端，严惩贪污。不久，被忌恨他的人所污告，贬官为陕西按察使经历。没多久，又内调朝廷，升为大理寺右丞，很快又转为左丞，还被提拔为通政司参议。由于年高，裴希度辞官回乡。在家乡，他闭门谢客，教子读书，直至六十二岁病卒。堂邑百姓听到讣告，纷纷不远千里赶来祭奠。

**七、裴倖度“立德立功”**

裴倖度（1667—1740 年），字晋武，号香山，又号一元道人，裴氏家族第六十二世。

裴倖度九岁而孤。年方十七，补为博士弟子员，康熙三十五年（1691 年），授刑部主事、户部郎中。四十九年（1710 年），授云南澄江府知府，五十五年（1716 年），任河东盐运使，寻改两浙（浙东、浙西）江南运司。五十九年（1720 年），迁湖北按察使。六十年（1721 年），迁贵州布政使。

雍正元年（1723 年）正月，裴倖度被擢升为江西巡抚，朝廷赐给他圣祖康熙皇帝的十件御用之物，他感激涕零，只恨无以报效。他经过深入调查，发现江西税关设置不合理，徒劳百姓奔走。他遂上疏朝廷批准，把税关设置在九江，这项措施既维护了生命货物的安全，又方便了商人和百姓，还增加了税收。

江西历来是产粮重地，南昌、袁州（今江西宜春）、瑞州（今江西高安）三府赋税的数额，从明代起，就沿用了陈友谅时的旧制度，与其他府相比，征收税额明显偏重。顺治年间，减免了袁州、瑞州二府的赋税数额，而南昌府没有减免，老百姓负担仍然很重。二年（1724 年）闰四月，裴倖度就南昌府增粮额度偏高一事，向朝廷上疏：“南昌一府，粮额浮多，由元末陈友谅窃据南昌、袁州、瑞州三府，横征暴敛，明代沿袭未改。我朝顺治年间，袁、瑞二府已提请减免，而南昌未及。”他建议雍正皇帝体恤百姓，减免南昌老百姓的重赋，得到了皇帝批准，将他的上疏下达到户部进行讨论，结果豁免了南昌府多收的浮额银七万五千五百四十两。

福建、广东的流民涌入江西，在山坡上搭建窝棚，种植烟草和靛叶，聊以为生，称为“棚民”。他们往往居无定所，不时流窜成为盗贼。他们大多没有户籍、土地、居所，也不交粮纳税，这一流民问题成为当地社会治安的一大隐患。在此之前，万载棚民温上贵、宁州棚民刘允公等，聚众起事，裴�度亲督兵勇缉拿，首犯全部归案。为了加强地方管理，裴徫度上奏朝廷，请求给没有编户的游民进行编户，皇上肯定了他的意见。朝廷下诏，让他按照保甲制度进行编查。编户制度的推行使流民有了土地，解决了安居乐业的问题。当地的社会秩序明显好转，国家的税收也增加了。

雍正三年（1725年）二月，裴徫度奏报开垦南昌十二个县的荒地达五十二顷之多，朝廷把这一业绩通报各部。次年二月，裴徫度因政绩卓著，升迁为户部左侍郎。因当地官员和百姓坚决请求，他继续留任巡抚。七月，又擢升他为都察院左都御史。乾隆五年（1740年），裴徫度卒于家中。

**八、裴宗锡“忠君爱国”**

裴宗锡，清山西曲沃人，字午桥，号二知。裴徫度子。入赀为同知，累迁直隶按察使，疏请广栽菠萝树，以树叶养蚕。

乾隆三十二年（1767年），裴宗锡任安徽巡抚，经常单舟轻车巡视各地，凡有关国计民生之事，无不悉心询问，仔细权衡并据实入奏，乾隆皇帝对他十分赞赏。三十七年（1772年），裴宗锡又就安徽凤、泗所属州县存在的农田水利问题上了奏疏，如下：

“奏为敬陈地方办理情形、仰祈睿鉴事。窃照地方守令，皆有牧养斯民之责。凡有一事之有裨民生，一物之可资民用，均宜悉心讲究。至于农田水利，有关教养诸大端，尤宜朝夕讲请求，视同家事，实力举行。臣荷天恩，简畀封疆重任，仰体我皇上宵旰勤民至意。前于入境时，经由凤阳一带，窃见该郡属高冈旷野，弃地颇多，树木蔬果，亦无栽植。当饬该府县亲加督率，以渐垦辟。即其地不宜五谷，亦令各随土性所宜，广栽树木，以资材用，各境内应修塘堰、应浚河渠，亦饬查明次第详办。旋据各州县将劝栽树株造册报查，并将宿州、灵壁、虹县各境内应浚之南北运粮河、凤河、荀家河、搜箭沟、九里河，暨凤阳、寿州境内有关蓄泄，年久未修之鹿塘、安丰塘等处分别详请，官修民办。唯安丰塘工作稍紧，甫经报竣，现在另折奏闻，其余皆于上年春夏办理完毕。嗣於上年秋，凤泗所属之九州县卫偶被偏灾。臣亲往各该处周遭察勘，非特地利多遗，即现种田畴亦不知将农功切要之图讲求营治。如高阜之处，别无水源可引，自应多作池塘！低下之处，夏秋水涨，即淹自宜厚筑圩围、以备灌溉，而资捍御。乃该处业佃人等惰窳成习，罔识经营，是以雨泽稍稀即忧干旱，湖河偶涨辄被浸淹，此固天时地利有不齐，实缘人事有未尽。臣於查甚时目系情形，即详饬地方官留心查办，缘灾赈甫毕，又值东作方兴，未遑办理。兹安省本年仰赖圣主福庇，雨场时若，夏麦秋禾，俱获丰收。而凤泗各灾属收成分数，较之别属更为丰稔。乘此场功已毕，家有盖藏，正宜将农田切要之事，及时督办。臣现在扎饬该府州董，率所属亲历四乡、勤加相度。先将某处地居高阜，应浚池塘若干口，某处地居卑下，应筑圩围若干段，酌定高厚宽深，各丈迟造册存案，并送各上司察考。一面仿照业食佃力之例、剀切劝谕，剋期挑筑。在兴作之始，愚民或未尽乐从，唯在地方牧令不辞劳怨督劝有方。如一时未能并举，则先近后远，先易后难，总期日计有功，始终无倦，俾一乡获利，而四乡皆知慕效。其有不率者，亦即於巡行阡陌之时，惩一儆百。久之当亦自相劝勉。其余广植桑麻，纺绩织纴之事，亦令随宜教导。统俟办有端绪，臣为遴委大员前往查验。如果能实心经理，著有成效，容臣核实奏闻，有应陞之缺即予録用，以示奖励。其有怠惰偷安虚应故事者，即将该地方官及不加督察之该府州，一併严参示儆。仍酌定章程，递年遵办。以期仰副我皇上敦本重农，为民兴利之至意。其余江北之安庆、庐、和州，江南之池州、太平各府州，臣於上年夏秋属经亲历，各处民人尚知务本，勤力如无为。太平等处一切堤圩围，冬勘春修，皆有久定章程。臣复时加督察，现在官民俱各遵循无误。唯宁国、徽州二府，地居偏僻，臣未经亲到。该二郡人民多以贸易为生，在通省中较为殷富。但如宁国所属之旌德一县，及徽州各属，本地所产常不敷本地民食，虽在丰年，米粮亦不能大减，是否地利人力俱有未尽，非亲历其地确勘情形，未能深悉。省城现无应办要件，今臣于本月二十八日自省起程前赴徽、宁一带察看，地方如有应办事宜，容臣查毕回省据实奏闻。恭敬训示，所在地方办理情形及巡查起程日期，理合恭折具奏。”

乾隆阅后，特下手谕，嘉奖他留心本职政务。乾隆十四年（1749年），裴宗锡不幸病故，乾隆闻讯，非常震惊，下谕旨对他的后事进行了妥善安排，并依照功臣惯例，为他举办了国葬。

皇帝制曰：“鞠躬尽瘁，臣子之芳踪，赐恤报勤，国家之盛典。尔原任云南巡抚裴宗锡，性行纯良，才能称职。方冀遐龄，忽闻长逝。朕用悼焉，特颁祭葬，以慰幽魂。呜呼！宠锡重垆，庶沐匪躬之报，名垂信史，聿昭不朽之荣。尔如有知，尚克歆享。”

# 第三章 反腐防腐醒世后人

历史上，裴氏家族将相蝉联出，公侯奕叶长，然，据史书记载，裴氏没有一个奸佞逆臣，没有一个贪官污吏，皆廉洁自律、清白做官。殷殷忠心，昭示日月。由此，裴氏世家又是一个清廉世家，一个吏治奇迹。

裴氏家族的清政廉洁，不仅具有特殊性，而且具有普遍性；不只是某一个人的廉洁，而是整个族群的廉洁；纵向祖孙几代人，横向兄弟之间，无论官职多大，其共同特点都是清廉。这种现象不是发生在某一时间段的偶然，而是延续千年的历史必然。历史上三千多名七品以上官员，无一贪官污吏。这一独特的家族文化基因秘码究竟是什么呢？对于今天的反腐防腐又有什么启示呢？这一课题的探讨，对于执政党和国家政权的巩固具有十分重要的意义。

## 一、“文种勿绝”的家风影响

裴氏家族清廉的家风，可以从源头上追溯到三国曹魏时期的裴潜。裴潜除了卓越的政治才能之外，还对自己要求严格，践行儒家修身的要求，为官清廉，克勤克俭。裴潜在魏是高官，用现在的话说是国家的高级干部，上任不带妻子，妻子贫乏，只能靠纺织自食。自己出入也很少乘车。家教严谨，当时少有及者。这些优秀的素质在裴氏后代诸贤中不断的表现，并形成了一种优秀的门风，可以说裴潜是起到了开启作用的，其后才有了后面的传承。

裴松之“立身简素”，其子昭明也因为官清廉受到南齐萧道成的赞赏。世祖曰：“裴昭明罢郡还，遂无宅。我不谙书，不知古人谁比？”

裴子野也是如此。他把自己所得的俸禄都分给了贫穷的亲戚，自己却连宅子都没有，只能借官地自盖茅屋数间，妻子饥寒交迫。但是，他很重视教育，“唯以教诲为本”。

裴佗，北魏闻喜人，宣武帝时官赵郡太守，为政有方，咸惠甚著。转荆州刺史，宣慰边民，州境清中。裴佗以“贞俭”著称。“清白任真，不事家产，宅不过三十步，又无田园。暑不张盖、寒不衣裘，其贞俭若此。”裴佗留下遗嘱，不要求申请追赠，不接受丧葬礼物。几个儿子都遵照执行。

裴侠是裴潜的九世孙，也是清俭自奉，勤政爱民，因此受到了百姓的爱戴和皇帝的赞赏，使得朝野叹服。他不仅自己清奉有加，而且为祖先裴潜作传，追溯其清廉家风的源头，作为榜样让子孙学习。

裴氏家族有一条规矩就是严禁夫人和子女收受任何礼物。良好的家族生态，已经成为裴氏族人的一种骄傲。维护裴氏清廉的家风已经成为世世代代裴氏族人的一种自觉行动，深入每个家族成员的内心。

防腐反腐是一个社会工程，家庭是社会的细胞，教育是防腐反腐的基础。因此，防腐反腐应该从家庭抓起。家庭教育重在孩子思想和道德层面，比如，培养他们的勤劳、好学、谦虚、宽容、忍让、爱心、无私、律己、牺牲、自尊、自重等。家风影响政风，孩子影响未来。

裴氏家风中，既有践行廉洁自律的典范，又有广泛的群众基础，既有内在的道德要求，又有外在的规范约束。比如，不义之人不能入家谱，不忠之人不能入祖茔，贪官污吏不能入家谱也不能入祖茔。当今社会，广泛倡导这样优秀家风，是传承和弘扬优秀传统文化，有效进行防腐反腐教育的重要教材。

**一、崇尚儒学，以民为重的治国理念**

孟子曰：“民为贵，社稷次之，君为轻。”是说：“民最为贵重，国家其次，君主为轻。”裴氏家族的先贤们深受儒家文化的影响，为官一任，重在百姓，为百姓办实事，为百姓解决困难，为百姓申张正义。裴氏族人强调“民惟邦本，本固邦宁”，认为只有人民安居乐业，国家才能稳定发展。

唐朝宰相裴度在二十七岁时作《铸剑戟为农器赋》，希望兵士解甲归田，人民安居乐业。裴度的爱民思想融入裴氏族人的血液。唐朝时任宣州刺史的裴耀卿“御衣假寐，对案辍食，不候驾而星迈，不入门而雨行”，筑堤治洪。清朝裴宗锡在给皇帝的奏疏中说道：“凡有一事之有裨民生，一物之可资民用，均宜悉心讲究。”他“沮洳之地，潴之为塘，种莲藕，隙地则种柳及菠萝树，教民养山蚕，野无旷土，民至今享共利”。裴松之时任永嘉太守期间，勤勉公事，体恤百姓。属吏和民众甚觉安宁方便。永泰元年（765年），关中大旱，斗米值千钱。裴谞入朝奏事，皇帝问裴谞全年收支情况。裴谞直言：皇帝应该体念天下百姓，先问百姓疾苦而不是问营利情况。唐代宗深受感动，说：“若非你讲，我听不到这样的忠说之言。”

裴希度任堂邑知县期间，时当荒旱，百姓流离失所。裴希度在衙前煮粥赈济灾民，被他救活的人成千上万。

裴徕度主动奏请皇帝减免百姓的赋税白银七万五千五百四十两，并奏请朝廷解决了流民的土地、户籍及居所问题。经朝廷同意，动员十二个县的百姓开荒五十二顷，解决百姓的吃粮问题。由于政绩突出，受到朝廷的赞赏及百姓的欢迎。虽然升迁为户部左侍郎，但在当地官员及百姓的坚决请求下，继续留任巡抚。

裴子云，唐代人，官新乡会，史称清官。时邑人王恭戍边，留牸牛六头于舅舅李璡家，五年产犊三十头。恭回索牛，只还三头。恭诉之，子云收璡入狱，伪称其牛为盗贼赃物，即拷之。璡急言其牛为外甥牸牛所生。于是以五头酬璡，余尽还恭。有诗赞曰：“能吏寻常见，公廉第一难。只从明府到，人信有清官。”

“治国有常，而利民为本。”

裴氏家族的先贤们，在他们担任不同官职期间，就充分体现了这一思想。今天，在共产党领导下，在社会主义的国度里，作为人民的公务员，更应该以人民为中心，做到发展为了人民，依靠人民发展，发展成果由人民共享。

**三、做官不谋私利的责任担当**

自古以来，只要是人民群众拥护的官，只要是清官，没有一个是通过“当官”而发财的。因为官员靠自己的薪水是发不了大财的，发大财的一定是贪官污吏。可见，“当官就不要想发财，想发大财的就不要当官”。在广州黄埔军校，有这样一副对联：“升官发财请往他处，贪生畏死勿入斯门”。这副对联现在依然保留在广州黄埔军校旧址。

裴氏家族的为官者，早在古时就给做官者作出了榜样。裴侠在《贞侯潜传》中，为后世廉官们制定了一个廉洁的标准，那就是“官到贫时方为清”。当时的皇帝观此言后大为赞赏。此话遂成千古名言。

所谓“官贫”，就是说做官要与老百姓一样。如果把当官作为“优”于老百姓的一种追求，那就是产生腐败的根源。有了这种追求，就会搞特权，由追求“小优”到追求“大优”，由量变到质变。

裴氏家族的“官贫”思想，是从小时候就开始培养的，就是从“少贫”开始。所谓“少贫”，就是从小就生活在普通贫苦群众之中，无论是官二代还是官三代，从小就没有一种官后代的优越感。从小就视百姓为父母，当官后视自己为百姓。不追求特权，不行使特权。在历史上，影响最大的就是“易子而教”。

从裴氏群英谱的《列传》上看去，许多人都是少贫。宰相裴度就是少贫，而裴度的家境并不贫。他的爷爷裴有邻为濮阳县令，他的父亲裴溆为渑池丞，用今天的话说是个“副县长”。但少年裴度并不是在“副县长”家里长大，而是在香山寺下兔儿沟里的舅舅家长大。他舅舅就是一个贫苦的农民。细谈裴氏《列传》，宰相裴矩少贫，宰相裴寂少贫，而且贫到分无以给、徒步京师的程度。更令人惊讶的是有些宰相之子、将军之孙也是少贫。比如一品大员裴侨卿，不但他是少贫，他们兄弟七人都是官居要职，但都是少贫。有些少贫是世态所迫，有些少贫是人为而成。那么，裴氏的先祖们为什么要人为的给子孙后代制造贫苦的日子呢？裴氏家训中说得好，因为他们坚信：“人生于世须要经过苦楚，受过磨折，方肯替祖宗留朴素之风，替天地节不尽之福，方得一生受用不尽。”

汉灵帝时丞相裴茂，养有潜、绾、徽、辑四个儿子，但这四位丞相之子却个个少贫，而且贫到无以为炊的地步。他们于困苦中发愤，于屈辱中图强，最终潜、绾位至宰相，徽、辑官至封疆。“生于忧患，死于安乐”这句名言，在裴氏家族中得到贯彻执行。正所谓困于心，衡于虑，而后作。裴氏先祖，其根发于贫壤之中，其志在于不仕无义，报效国家，爱民如子。

为人民服务，这是共产党的优良传统。中华人民共和国成立初期的官，是从百姓中涌现出来的，他们不怕流血牺牲，经过千辛万苦，坚持不懈地为人民的利益而奋斗，始终同人民群众站在一起，从来没有把自己当成是优于群众的大官。有一张毛泽东主席、周恩来总理与老科学家们合影的照片，毛泽东主席把前排正中间的位置让给了老科学家，他坐在了前排的最左边，而周恩来总理等领导同志更是站在了后排。这是真正把老百姓视为父母，同时也体现了老一辈革命家对人才的尊重。事情不在大小，见微而知著，防微而杜渐。如果不从做官是为了什么抓起，腐败就不可能从根本上解决。“官到贫时方为清”，这是一句反腐防腐的千古佳句，是裴氏的祖先给我们留下的最丰厚的遗产，我们应该牢牢记在心里。

**四、政治清廉是最根本的清廉**

吏制的腐败，是政治的腐败，是最大的腐败；吏制的清廉是最大的清廉，是政治的清廉，是最根本的清廉。裴頠是我国一千七百多年前伟大的唯物主义哲学家，也是我国吏制清廉的开拓者和践行者。他在一千七百多年前就指出：“观察近代，不能仰慕古人，沉溺于亲近者，多任用皇后的亲属，以政国不安宁。过去疏广告诫太子不要任命舅舅一家人为属官，前世认为这是知礼。况且朝廷何必任用外戚，品德与才能相等，还应该先任用关系疏远的人，以示公正。汉代不任用冯野王，就是这个道理。”裴頠本人就是皇戚，对皇帝的任命，他多次推辞。由此，我想到现在的腐败官员，拉帮结伙，一人得道，鸡犬升天，与共产党的初衷大相径庭，与裴氏祖先相比，也是羞愧难当。此时，我想起了毛岸英烈士生前给他表舅信中的一段话：“来信收到……来信中提到舅父‘希望在长沙有厅长方面位置’一事，我非常替他惭愧，新的时代，这种一步登高的‘做官’思想已是极端落后的了，而尤以通过我父亲即能‘上任’，更是要不得的想法。新中国之所以不同于旧中国，共产党之所以不同于国民党，毛泽东之所以不同于蒋介石，毛泽东的子女妻舅之所以不同于蒋介石的子女妻舅，除了其他更基本的原因以外，正在于此。皇亲贵戚仗势发财，少数人统治多数人的时代已经一去不复返了。靠自己的劳动和才能吃饭的时代已经来临了。在这一点上，中国人民已经获得了根本的胜利。而对于这一层舅父恐怕还没有觉悟。望他慢慢觉悟，否则很难在新中国工作下去。翻身是广大群众的翻身，而不是几个特殊人物的翻身。生活问题要整个解决，而不可个别解决，大众的利益应该首先顾及，放在第一位。个人主义是不成的。我准备写信将这些情形坦白告诉舅父他们。

反动派常骂共产党没有人情，

不讲人情，如果他们所指的是这种帮助亲戚朋友、同乡同事做官发财的人情的话，那么我们共产党正是没有这种‘人情’，不讲这种‘人情’。共产党有的是另一种人情，那便是对人民的无限热爱，对劳动大众的无限热爱，其中也包括自己的父母子女亲戚在内。当然，对于自己的近亲，对于自己的父、母、子、女、妻、舅、兄、弟、姨、叔是有一层特别感情的，一种与血统、家族有关的人的深厚感情的。这种特别感情，共产党不仅不否认，而且加以巩固并努力于倡导它走向正确的与人民利益相符合的有利于人民的途径。但如果这种特别感情超出了私人范围并与人民利益相抵触时，共产党是坚决站后者方面的，即‘大义灭亲’亦在所不惜。

我爱我的外祖母，我对她有深厚的描写不出的感情，但她也许现在在骂我‘不孝’，骂我不照顾杨家，不照顾向家，我得忍受这种骂，我决不能也决不愿违背原则做事，我本人是一部伟大机器上的一个极普通平凡的小螺丝钉，同时也没有‘权力’，没有‘本钱’，更没有‘志向’，来做这些扶助亲戚高升的事。至于父亲，他是这种做法最坚决的反对者，因为这种做法是与共产主义思想、毛泽东思想水火不相容的，是与人民大众的利益水火不相容的，是极不公平、极不合理的。”

我们今天提倡政治廉明，反对吏制腐败，既是对像裴氏家族这样优秀的政治上清正廉明优良传统的继承，又是像毛岸英烈士所说，对共产党的初心的兑现。

## 五、“德可医命”的修身之道

“德可医命”，讲的是唐朝宰相裴度年少时的故事。据史书记载，裴度其貌不扬，形体渺小，不入贵格，少贫。少贫中的裴度遇见一位相术大师叫孙秋壑，说他“纵理纹锁口，必冻饿而死”，裴度求其“破解之”，大师答曰：“此乃命中注定，不可破矣。”一日，少年裴度来到了香山寺，也就是闻喜城南矗立着闻喜电视转播塔的那座高岭，见一拜佛妇人遗其包裹而去，内有玉带三条、珍珠九颗。裴度就守包而待，至晚方归。第二天，拿着包裹复往香山等待失主，见一妇人踉跄而来，原来她的父亲周方正因弹劾河堤漏银一事，被政敌诬告陷狱，并连带满门三百余口。她借得玉带三条、珍珠九颗，是为赎她的父亲及周氏满门出牢的。裴度悉数奉还。妇人赠一条玉带为谢。裴度曰：我若贪其一，何不贪其三。妇人赠三颗珍珠为谢。裴度曰：我若贪其三，何不贪其九。那妇人长跪不起，双手抱住裴度双腿放声大哭，以至双眼泣血。这就是民间广为传诵的“裴度还带香山寺”的故事。有一天，少年裴度又碰上那位相术大师，大师见此少年嘴角上锁口的纵理纹消失了，大惑不解，就问裴度，最近是否干了一些为善之事，度说没有。大师说，望细思之，是下必有拯溺救焚之事。度思之良久，终于想起“香山还带”这件事。如此这般说了一遍。大师仰天长叹曰：相随心变，德可医命耳。

后来，裴度成了唐朝的中兴贤相。人们常说命中注定不可更改，但通过这个故事，人们悟出一条道理，那就是后天的德可以改变先天的命。“德可医命”遂成了裴氏家族的家族理念，一脉相承，传到今天，方使裴氏家族踏平坎坷，辉煌迭现。这是一堂生动的德育教育课。故事告诉我们，人多做好事、善事，可以积德，厚德载物，德厚才能干大事。道德可以弥补智慧的缺陷，而智慧却弥补不了道德上的空白。生活中贪财、贪权、贪色的人，没有不迷失心智的，而迷失心智，正是祸害生命的开始。命这东西，天不拿，地不拿，神不拿，鬼不拿，原来就掌握在自己手里。

德政，是裴氏家族廉政的一个重要方面。《裴氏家戒》规定“故为人子孙者，应修身明德，遵守正道。”裴氏为官者重视“德治”，强调德行是治国理政的前提。唐朝河南尹裴宽“以清简为政，故所在莅人皆爱之”，唐玄宗赋诗以资褒奖：“德比岱云布，心如晋水清。”成州刺史裴守真施政不追求威严重刑，很被百姓所爱戴。在他转任宁州刺史离任时，成州百姓数千人一直把他送出州境。

把道德准则贯穿到政务处理中，才能保证廉政的自觉性，这是一种发自内心的廉政，是解决腐败的内在约束，是从思想源头上解决防腐反腐。

**六、“遗子千金不如遗子一经”的家庭情怀**

人的需要，有物质需要和精神需要。精神需要是更高层次的需要。“千金”是指物质，“一经”是指经书、文化，是精神。给后人留下什么样的遗产，反映出一个人的价值观、责任感。

《裴氏家训·严教子孙》指出：“传子一经，金玉薄之。”南北朝时期，裴子野的父亲裴昭明常说：“人生何事须聚蓄，一身之外亦复何须。子孙若不才，我聚彼散。若能自立，则不如一经。”当时的齐武帝曰：“裴昭明当罢郡（太守），还遂无宅，我不谙书，不知古人中谁可比之。”

物质财富不是不能去追求、去积累，但必须通过正当手段，不能坐享其成。常言道，有利必有害，的确不错。财富是福，也是祸，贪污受贿是罪过。对物质财富的创造，应该是对社会作出贡献的重要组成部分。创造更多的物质财富，是一种社会责任，不是仅仅满足于一家一户的私欲，如果仅当成一种私欲去追求，过必生变。我们奋斗一生，带不走一草一木，给子孙留下过多的物质遗产，并不一定是好事。物质需要可分为生存需要与发展需要。从一些贪官的犯罪心理来看，他们的占有已经超出了生存和发展的范围。因为他们所占有的资产几辈子都用不完。那么这些人为什么还如此贪婪呢？除了满足自己的淫欲及花天酒地之外，无非是想给后人留下遗产。这样的遗产给后人带来的是福还是祸呢？不经过自己奋斗而得到的物质财富，往往会产生和助长一种依赖心理、贪占心理，从无偿占有老一辈的财富，发展到无偿占有社会的财富，这种不劳而获的心理越严重，危害越大。由大贪者所形成的大富大贵，表面看来，一时声名显赫，实质上是埋下祸根，令人不齿。人不报，天要报。不是不报，时候未到，时候一到，一切都报。

在漫长的封建社会，无论君主是明是昏，制度是儒是法，国家是贫是富，形势是战是和，贤臣廉吏都是社会推崇和君王赞许的官员典范。社会在发展，形势在变化，但是，无论社会如何发展，裴氏家族的清廉之道，都是利国利民之道。裴氏家族历史上出现的三千多名廉吏都是后人学习的榜样。

**七、清廉**

思裴氏先祖们清廉的动人事迹，观当今反腐倡廉雷钧之势，结合自己的人生经历，对清廉有感而发，写短诗《清廉》如下：

有位朋友问我，
什么是清廉？
我说：
清廉是无私；
清廉是节俭；
清廉是知耻而不占；
清廉是知污而不贪。
清廉是一缕清风，
它能吹散人们心智中的迷雾；
清廉是一副防腐剂，
它能保证国家大厦的安全；
清廉是做官从政的阳关大道，
清廉是古往今来，百姓期盼的青天。

清廉告诉我们：
要廉洁修身，
廉洁齐家，
廉洁处世，
廉洁用权。
人人都有七情六欲，
但情趣和情欲也有底线。
个人爱好要远离低俗，
情欲放纵也会留下后患。
要慎独慎微，警钟长鸣。
心不动于微利之诱矣，
目不眩于五色之惑焉。

一失足将成千古恨，
贪赃枉法必将跌入万丈深渊！
清廉是裴氏文化的一大特色，
清廉是裴氏家族传世的宝典。
清清白白，会一身轻松。
堂堂正正，会心地坦然。
让我们，
不忘初心，慎终追远，
在清廉的大道上轻装向前！

# 后 记

近年来，我翻阅了大量有关裴氏文化的书籍及网络文章，深受教育和触动。在为裴氏先祖们的光辉业绩和灿烂的裴氏文化感到骄傲和自豪的同时，也心存一丝忧虑。我发现，在已经问世的书籍中，特别是一些网络文章中，对裴氏家族历史的表述存在不少问题。这些弊端，严重影响了世人对裴氏文化的认知。一种责任感告诉我，写出一本准确表述裴氏家族历史及裴氏文化的书，已经责无旁贷。

我写《千年荣显》的过程，也是向先祖学习的过程，是以先祖为榜样对照自己的过程。思前想后，感悟人生，自己的思绪不由得又回到了从前。

我于1945年农历正月初二出生于辽宁省葫芦岛市一个偏僻的农村。在高祖年代，此村的村名叫裴八家，当时那里只有八户裴姓人家。我家祖辈务农。凭自己的努力，1964年，我考上了全国重点大学——吉林工业大学。1966年4月7日，我加入了中国共产党。从那时起，我就牢记一个信条：对党和对人民群众负责的一致性，这些就是我们的出发点。几十年来，我一直是这样想，也是这样做的。我二十八岁就担任吉林工业大学团委书记，是当时吉林工业大学最年轻的处级干部。后来转任校学生工作处处长。在大学担任学生工作处处长时，主管大学生分配近十年，经我手分配的毕业生上万人。在计划经济时代，学生工作处对学生的分配地点及单位具有很大的权力。在十年当中，我未收过毕业生及家长的任何钱财及礼物。我认为，主管学生毕业分配，是党交给我的工作，如果利用职权谋取个人私利，那是在给党抹黑。有一年，家在哈尔滨的一位学生家长来到我家，给我送了一个信封，内装人民币若干，言谈中向我提出了对其儿子毕业分配的要求与希望。

我告诉她，请她相信学校，一定会按原则办事，并退回了她的信封。第二天，她又拿着一个厚厚的信封，当然里面装的还是人民币，显然是又增加了一些钱。我拿起信封，再次退回，并十分严肃地对她说：你不要把共产党的干部看得那么黑，你的孩子应该分配到哪里，我们一定会按原则办。后来她的儿子如愿以偿地分配到了她认为比较理想的地点及单位。她在给吉林省委的信中说：“没见过像裴处长这么好的党员干部。”吉林省委将表扬信转到了吉林工业大学党委，党委让我看后返回。我认为，这是对我的勉励。

1991年，在中共吉林工业大学第九次党员代表大会上，我以高票当选为校党委副书记。为了提倡廉洁自律的良好作风，在第一次党委常委会议上，我提出了三点建议：第一，当了学校领导之后，不要立即改善学校领导的待遇，特别是不要立即按学校领导的标准调整住房，待学校的一些老教授的住房标准调整到位后，再考虑学校领导（我当时的住房面积不到50平方米，全家老少三代五口人，按规定学校领导的住房可调到80平方米以上）。第二，学校领导的高级职称评定，不要在校内进行，要拿到省里或北京机械工业部去评，以避免因个人权力的影响而失去公正。第三，今后，凡校内的各种荣誉称号，校领导都不要参与评选（因过去参加评选挤占了一些中层以下干部的名额），要把有限的名额留给下面的干部。校领导可参加横向的校际的评选，比先进，应该与同级相比。这三点意见立即被常委会讨论通过。一直到我调离时，这三条吉林工业大学还一直坚持。

在吉林工业大学，我多次获得荣誉称号。我作为共青团第十一次全国代表大会代表，参加了在北京召开的共青团第十一次全国代表大会，受到了邓小平、胡耀邦、陈云、万里、聂荣臻、徐向前、王震等老一辈无产阶级革命家及党和国家领导人的亲切接见，并合影留念。我作为中共吉林省第六次党员代表大会的代表，参加了这次会议。我先后被评为“长春市思想政治工作研究先进工作者”“吉林省高教研究先进工作者”；中共长春市委授予我“保证职工依法行使民主权力的优秀党委书记”称号；机械电子工业部授予我“教书育人优秀教师”和“先进教育工作者”称号，并授予奖章一枚；我被中共中央组织部、中共中央宣传部等五单位授予“全国普通高等学校优秀思想政治工作者”称号；享受省部级劳动模范待遇。我还是享受国务院特殊津贴的教授。

1993 年 4 月，我被机械工业部调入燕山大学任党委书记。令我终生难忘的是，当我离开吉林工业大学时，包括几任学校老领导在内，300 多名教师、干部和学生代表，自发地将我送到长春火车站。那种难舍难离的场景令我十分动容。

我在燕山大学任党委书记期间，东北重型机械学院从黑龙江省齐齐哈尔市富拉尔基区整体搬迁到河北省秦皇岛市，并更名为燕山大学。我是这项工作的决策者、参与者和见证者之一。当时的机械工业部领导曾在大会上表扬燕山大学的领导班子“是坚强的班子，是优秀的班子”。我深感这是机械部领导对我们工作的充分肯定。在此期间，我被选为中共秦皇岛市委员会候补委员。

1997 年 10 月，我被调任机械工业部驻深圳中机实业开发中心工作组组长。同年 12 月，被任命为深圳中机实业开发中心总经理、党委书记。后被中国机械工业集团公司调任深圳中机实业有限公司董事长、党委书记、总经理。

2000 年 4 月 16 日至 18 日，我作为深圳企业家代表团成员，参加了在北京召开的世界经济论坛中国企业高峰会。江泽民主席和李鹏总理都为大会题了词。江泽民主席的题词是：“预祝世界经济论坛 2000 中国企业高峰会圆满成功。”李鹏总理的题词是:“祝世界经济论坛与中国企联的合作取得丰硕成果”。

2000年4月21日,我作为“第六届全国企业管理现代化创新成果”“第四批中国企业新纪录”的企业代表,参加了在北京人民大会堂召开的会议,受到了国家领导人的接见,并合影留念。

2000年5月,我被选为党代表,参加了中共深圳市第三次党员代表大会。

2002年6月,应日本社会经济生产性本部邀请,中国企业联合会、中国企业家协会首次派50位企业家访问日本,并与日本企业界人士一起参加生产性之船活动,我有幸参加了这一活动,并担任代表团副团长之职。

2004年7月29日,我应邀参加了在北京人民大会堂召开的“中国管理学家论坛暨第六届中国管理创新大会”。国内一些知名管理学家、经济学家出席了会议,并与代表们合影留念。

因为工作政绩突出,在公司全体职工的强烈要求下,经中国机械工业集团公司批准,我延长3年退休。《特区人物志·裴广发传略》中有一首诗称赞我:“北冥浪破起大鹏,振翼南粤啸击空。路途坎坷豪气壮,事业经纬手笔雄。登堂孔门成大儒,入室商海比三公。休问义利何取舍,秉执中正其道同。”

2008年,我退休后,积极参加社区的各项活动,我每年都受社区党委的邀请,为社区党员讲党课,多次被评为社区优秀共产党员。

2010—2012年,我被聘为深圳市工业经济联合会高级顾问、深圳知名品牌评价委员会顾问。

2011年,深圳市开展了评选“迎大运,创全国文明城市标兵行动奖项”活动。我家荣获深圳市“家庭和睦奖”。在获得该奖项的评语中,概括了我家的5个特点:1. 爱的氛围;2. 高的素质;3. 俭的传统;4. 美的环境;5. 学的习惯。

从1990年到2008年,我的名字及事迹被收录到多种出版物中进行宣传。比如，长春出版社1990年出版发行的《当代中青年社会科学家辞典》、中国世界语出版社1999年出版发行的《中华百年人物篇·现代卷》、中国社会经济出版社2004年出版发行的《南粤之子》、海天出版社2008年出版发行的《特区人物志》等。

多年来，我一直积极参与中华优秀传统文化和社会主义先进文化的研究与宣传。在省部级以上刊物发表论文20余篇，其中多篇获奖或被转载。公开出版的论著12部（有5部著作是在退休后完成的），达200多万字。其中《大学生思想品德修养讲话》，1983年由吉林人民出版社出版发行，被全国60多所高等院校选为思想品德课教材，这是全国最早出现的思想品德课教材之一。《思想政治工作原理》，由辽宁人民出版社于1986年出版发行，这是国内最早出现的思想政治工作方面的理论专著之一。1990年，由吉林文史出版社出版发行的《春华桃李》，书名由时任吉林省省长王忠禹题字。

退休后，我十分热心于裴氏文化的研究与宣传。我作为《中华裴氏宗谱》编纂委员会的荣誉主任，参与了稿件的审定工作，并为《中华裴氏宗谱》作序题词。我作为《裴氏文化系列丛书》编辑委员会的顾问，为裴王旗主编的《裴氏碑志集》作序；为裴世平编的《裴氏家训》作序。

2019年10月，我被中国伦理学会、山西省闻喜县县委县政府评为全国“新时代裴氏后裔家风家教传承十大典范”之一。2019年11月，我筹备并经国家有关部门批准，成立了华夏文化促进会裴氏委员会（是面向全国的合法组织）。我被推选为华夏文化促进会裴氏委员会常务理事会理事长（裴委会的领导体制是理事会领导下的会长负责制）。新时代，新荣誉，使我在人生的道路上又注入了新的动力。但是，荣誉总是与责任相连的，荣誉显示的是过去，而责任则面对的是现在和未来。我个人的人生追求是：为国为民作贡献，心怀坦荡守清廉。多为善事积厚德，无愧先祖无愧天。我将不忘初心，继续前进，以传承裴氏家风为己任，以实现中华民族伟大复兴为己任，努力做一名合格的共产党员，做一个无愧于祖先的裴氏孝子贤孙。生命不息，奋斗不止。

在《千年荣显》成书的时候，我要特别感谢一些人。当此书尚未动笔时，深圳市天得一环境科技有限公司总经理裴锋初就对我说："广发叔，我全力支持您搞裴氏文化研究。"锋初的话，反映了裴氏家族一些宗亲的愿望。这种愿望为我注入了巨大的力量。在本书初稿完成后，国防大学原校长、上将裴怀亮，最高人民法院审判委员会专职委员、二级大法官裴显鼎为本书作序，著名书法家裴太平先生为本书封面题字，这是对本书的充分肯定，使我受到了极大的鼓舞。在本书写作与出版的过程中，华夏文化促进会裴氏委员会领导班子成员裴振红、裴新生、裴建民、裴树清、裴秀敏、裴海辰、裴真标以及河东裴氏宗亲会会长裴池善、上海北仁工业设备有限公司总经理裴俊吉、深圳市金城社区党委詹代艺等都给予了大力支持与帮助，书中的人物画像由裴永中、裴新生、裴建民提供，在此一并表示感谢。

裴广发

2020 年 12 月

## 裴太平先生简介

字泰安，号藤石斋主。1939年生，山西运城人，著名书法家、篆刻家、雕塑家，中国书画家联谊会荣誉理事，运城学院客座教授，世界华人华侨华商联合总会书画院副院长，世界华人企业家联合会名誉主席，香港登尼特书画院院长，将军书画院高级研究员，黄河草书研究院副院长。

早年其外祖父请中国近现代著名书法家于右任给他取名“太平”，即“为万世开太平”之意愿。

他的篆书效仿二李，金丝铁线，冷静内敛，但在艺术上又多了自己的斟酌与思考，结构优美颖长，克制中不失舒展，线条精致有力，唯美中透着庄重。

他的隶书博采众家之长，经多年提炼，形成自己独特的艺术风格，于奔放流畅中彰显其宽广阔大的胸怀；于雍容华贵中窥见其质朴自然的本性；于理性约束中体现其浪漫自由的追求。

因受张大千“泼彩”技法的启发，裴太平在传统书法用墨的基础上创造了“爆墨法”，被书法界誉为“中华爆墨艺术第一人”。

爆墨技法通过墨色的浓淡层次的变化，极大地拓展了文字的表现力和书法的美感。用爆墨技法书写的“九龙”形态各异，可展示出鳞片和铠甲，令人心神振奋，爆墨书写“十二生肖”形象生动，活灵活现，可展示出动物的皮毛纹理，可谓独树一帜。

代表作：2009年为庆祝中华人民共和国成立60周年，古稀之年历时10个月创作的209米《万寿图长卷》，爆墨作品《中华神龙》《十二生肖》等。为祝贺嫦娥三号成功登月创作的尊崇科学精神的作品《探月》，为捍卫祖国领土完整创作的充满爱国主义情怀的作品《中国钓鱼岛》，以及《鹳雀楼长联》《关公千字联》《大观楼长联》等作品。